Juden und Nichtjuden nach der Shoah

Europäisch-jüdische Studien
Beiträge

—

Herausgegeben vom Moses Mendelssohn Zentrum
für europäisch-jüdische Studien, Potsdam

Redaktion: Werner Treß

Band 42

Juden und Nichtjuden nach der Shoah

Begegnungen in Deutschland

Herausgegeben von
Stefanie Fischer, Nathanael Riemer und
Stefanie Schüler-Springorum

DE GRUYTER
OLDENBOURG

ISBN 978-3-11-073681-6
e-ISBN (PDF) 978-3-11-057008-3
e-ISBN (EPUB) 978-3-11-056754-0

Library of Congress Control Number: 2019931222

Bibliografische Information der Deutschen Nationalbibliothek
Die Deutsche Nationalbibliothek verzeichnet diese Publikation in der Deutschen Nationalbibliografie; detaillierte bibliografische Daten sind im Internet über http://dnb.dnb.de abrufbar.

Redaktion und Lektorat: Adina Stern
Lektorat der englischen Beiträge: Jon Ashby

© 2020 Walter de Gruyter GmbH, Berlin/Boston
Dieser Band ist text- und seitenidentisch mit der 2019 erschienenen gebundenen Ausgabe.
Umschlagabbildung: Olga Irene Fröhlich vor ihrem Wohnhaus in der Sonnenstraße 10 in Bremen, ca. 1952–1960 © Jüdisches Museum Berlin, Schenkung des Vereins Lastoria e.V., Bremen.
Druck und Bindung: CPI books GmbH, Leck

www.degruyter.com

Inhalt

Vorwort —— VII

Stefanie Fischer
Juden und Nichtjuden nach der Shoah. Begegnungen in Deutschland —— 1

Anna Junge
„Go back to your hometown." Jüdisch-nichtjüdische Konfrontationen im ländlichen Hessen 1945/1946 —— 13

Jack Kugelmass
Strange encounters: Expat and refugee Polish-Jewish journalists in Poland and Germany shortly after World War II —— 31

Froukje Demant
Living in the house of the hangman. Post-war relations between Jews and non-Jews in the German-Dutch border region —— 49

David Jünger
Farewell to the German-Jewish past. Travelogs of Jewish intellectuals visiting post-war Germany, 1945–1950 —— 63

Markus Nesselrodt
(Un)Mögliche Begegnungen: Die Deutschen in Zeugnissen polnisch-jüdischer Displaced Persons in der US-Zone (1945–1950) —— 77

Stefanie Mahrer
Schocken und Merkur. Kontinuitäten des Unternehmens von der NS-Zeit bis in die Nachkriegszeit —— 95

Alexandra Tyrolf
„You can't go home again." Erste Besuche von Gina Kaus, Victoria Wolff und Marta Feuchtwanger in Europa nach dem Ende des Zweiten Weltkrieges —— 117

Irmela von der Lühe
Zwischen Dialogangebot und Versöhnungsdiktat. Jüdisch-deutsche Begegnungen in Literatur und Theater der Nachkriegszeit —— 129

Lina Nikou
„Vollständige Angaben sind unbedingt nötig." Berlins Einladungen an im Nationalsozialismus verfolgte ehemalige Bürgerinnen und Bürger —— 141

Rainer Kampling
„Kommt und lasst uns hinaufziehen zum Berg des HERRN" (Mi 4,2). Die Bedeutung der Staatswerdung Israels für die Jüdisch-Christlichen Dialoggruppen —— 157

Nathanael Riemer
Messianische Juden und ihr Beitrag zu deutsch-jüdischen und deutsch-israelischen Begegnungen —— 167

Linde Apel
Auf der Suche nach der Erinnerung. Interviews mit deutschen Juden im lokalhistorischen Kontext —— 195

David Ranan
Die Schatten der Vergangenheit sind noch lang. Zur Rolle der Juden in Deutschland —— 211

Verzeichnis der Autorinnen und Autoren —— 223

Personenregister —— 225

Vorwort

Im Jahr 2015 wurde das 50-jährige Jubiläum der Aufnahme der diplomatischen Beziehungen zwischen Israel und der Bundesrepublik Deutschland gefeiert. Im Mittelpunkt der zahlreichen Veranstaltungen und Publikationen stand die Geschichte der Annäherung der beiden Staaten nach dem Mord an den europäischen Juden. Dieses Jubiläum nahmen wir zum Anlass, um im Rahmen einer internationalen Tagung nach der Geschichte der Begegnungen von Juden und Nichtjuden nach der Shoah zu fragen, die sich jenseits der diplomatischen Bühne ereigneten. Der vorliegende Sammelband beruht auf den überarbeiteten Beiträgen der Tagung „Zerstörung und Annäherung: Jüdische – Nichtjüdische Begegnungen in Deutschland nach der Shoah (Rupture and Rapprochement: Jewish – Non-Jewish Relations in post-Shoah Germany)", die im Herbst 2015 vom Selma Stern Zentrum für Jüdische Studien Berlin-Brandenburg veranstaltet wurde.[1] Die Beiträge gehen aus dem Zusammentreffen verschiedener Wissenschaftstraditionen und Forschergenerationen hervor. Sie spüren nach, unter welchen Voraussetzungen Begegnungen zwischen Juden und Nichtjuden nach der Shoah stattfanden und welche handlungsleitenden Momente und Erfahrungen, aber auch welche Interpretationen dieser Erfahrungen sich nachzeichnen lassen. Die Voraussetzungen und Grenzen der Konfrontationen zwischen Juden und Nichtjuden werden von Wissenschaftlerinnen und Wissenschaftlern aus so unterschiedlichen Fachdisziplinen wie der Anthropologie, den Geschichtswissenschaften, der Literatur- und Politikwissenschaften, der Judaistik sowie der Theologie beleuchtet.

Die Tagung und der Sammelband wären nicht ohne die tatkräftige Unterstützung zahlreicher Institutionen und Kollegen und Kolleginnen zustande gekommen, denen wir an dieser Stelle unseren Dank aussprechen. Für die großzügige finanzielle und organisatorische Unterstützung der Tagung sowie der Publikation danken wir dem Bundesministerium für Bildung und Forschung, dem Selma Stern Zentrum für Jüdische Studien Berlin-Brandenburg, der Wissenschaftlichen Arbeitsgemeinschaft des Leo Baeck Instituts sowie der Buber-Rosenzeig-Stiftung des deutschen Koordinierungsrates.

Bei Jon Ashby und Adina Stern möchten wir uns für ihre Geduld und das umsichtige Lektorat und Korrektorat bedanken, bei Adina Stern ganz besonders für ihre tatkräftige Mitarbeit bei der Fertigstellung des Manuskripts. Ein herzlicher

---

[1] Die Tagung wurde von Isabel Enzenbach, Stefanie Fischer, Nathanael Riemer und Stefanie Schüler-Springorum konzipiert und fand unter der Trägerschaft des Selma Stern Zentrums für Jüdische Studien Berlin-Brandenburg statt.

Dank geht ebenfalls an Julia Brauch vom De Gruyter-Verlag sowie an Werner Tress, dem Herausgeber der Reihe *Europäisch-Jüdische Studien*, die beide diesen Band kompetent und engagiert begleitet haben.

Die HerausgeberInnen
Stefanie Fischer, Nathanael Riemer und Stefanie Schüler-Springorum

Stefanie Fischer
Juden und Nichtjuden nach der Shoah. Begegnungen in Deutschland

Einleitung

Im Jahr 1950 charakterisierte Hannah Arendt in der Zeitschrift *Commentary* das indifferente Verhalten vieler Deutscher, denen sie auf ihrer Reise durch die junge Bundesrepublik um 1949/50 begegnet war. Sie berichtet von den Reaktionen auf die Frage, wohin sie nach ihrer Flucht aus NS-Deutschland gegangen sei. Die Mehrzahl antworteten Arendt – nachdem sie herausgefunden hatten, dass sie Jüdin ist – mit einem Schwall an Geschichten über ihr eigenes Leid während der Zeit des Krieges. Niemand interessierte sich für das Schicksal von Arendts Familienmitgliedern, niemand fragte, ob sie überlebt hätten oder ermordet wurden.[1] Arendts Bericht macht deutlich, dass Begegnungen zwischen Juden und Nichtjuden nach der Shoah kaum vorstellbar waren. Die Mehrheit der Deutschen war auf ihr persönliches Leid fixiert und weigerte sich, sich emotional auf das der anderen einzulassen, geschweige denn, eine eigene Beteiligung an den nationalsozialistischen Gewaltverbrechen zuzugeben und damit zumindest eine moralische Verantwortung für den Mord an den europäischen Juden anzunehmen. Die allgemeine Stimmung gegenüber Juden war nach wie vor antisemitisch geprägt. Zugleich lehnten aber auch zionistische Kreise und jüdische Organisationen einen Neubeginn jüdischen Lebens im „Land der Mörder" und damit jegliche Verbindung zu Deutschland ab. So stellte der Jüdische Weltkongress auf seiner zweiten Vollversammlung in Montreux im Jahr 1948 die Forderung, dass sich Juden nie wieder auf der blutgetränkten deutschen Erde niederlassen mögen.[2]

Trotz dieser schwierigen Voraussetzungen kam es in den unmittelbaren Nachkriegsjahren jenseits der staatlichen Wiedergutmachungsbemühungen der alliierten Siegermächte und später der Adenauer Regierung[3] zu zahlreichen Be-

---
1 Arendt, Hannah: The Aftermath of Nazi Rule. Report from Germany. In: Commentary (1950). S. 342–353, hier S. 342.
2 Geller, Jay Howard: Jews in post-Holocaust Germany, 1945–1953. Cambridge, NY 2005. S. 62.
3 An dieser Stelle sei auf Tobias Winstel verwiesen, der auf das Spannungsfeld zwischen jüdischen Antragstellern und NS-Tätern im staatlich durchgeführten Wiedergutmachungsverfahren aufmerksam gemacht hat: Winstel, Tobias: Verhandelte Gerechtigkeit. Rückerstattung und Entschädigung für jüdische NS-Opfer in Bayern und Westdeutschland. München 2009. S. 180–190; siehe auch: Sznaider, Natan: Pecunifying Respectability? On the Impossibilty of Moral Restitu-

gegnungen zwischen Überlebenden der Shoah, jüdischen Flüchtlingen und NS-Tätern, Mitläufern, Zuschauern und Profiteuren – teils aus Pragmatismus, teils aus einem ambivalenten Gefühl der Neugierde heraus.

Nur wenige dieser Begegnungen waren anfangs von beiden Seiten erwünscht; viele entstanden eher zufällig, indem Menschen mit unterschiedlicher Vergangenheit im Alltag aufeinandertrafen. Nicht wenige Deutsche waren nach 1945 überrascht, dass es überhaupt noch lebende Juden gab,[4] geschweige denn, dass sie sich mit Fragen zum Weiterleben nach der Shoah oder mit der Schuld an und der Verantwortung für die nationalsozialistischen Verbrechen auseinandersetzen müssten. Diese Begegnungen zwischen Juden und Nichtjuden – die oft negativ endeten, aus denen mitunter aber auch andauernde Freundschaften entstanden – stehen mit all ihren Widersprüchen im Vordergrund des vorliegenden Bandes.[5]

Forschungsstand und Relevanz

Für die Forschung ermöglicht die Beschäftigung mit Begegnungen zwischen Juden und Nichtjuden nach der Shoah einen Einblick in persönliche Auseinandersetzungen mit der Erfahrung von genozidaler Gewalt jenseits der staatlichen „Wiedergutmachungsbestrebungen". Bislang wurde diesen privaten und alltäglichen Begegnungen zwischen Juden und Nichtjuden und ihrer Bedeutung für die Nachkriegsgeschichte nur wenig Aufmerksamkeit geschenkt. Darin spiegelt sich eine Tendenz der Historiografie wider, Juden als lebendige Akteure der deutschen Nachkriegszeit außen vorzulassen. Das, was unter „allgemeiner Geschichte" verstanden wird, bezieht sich oftmals rein figurativ auf „die Juden", meist als Verweis auf die sechs Millionen Ermordeten in der Debatte um die deutsche „Kollektivschuld".[6] Dabei haben aus dem Blickwinkel der jüdischen

---

tion. In: Restitution and Memory: Material Restitution in Europe. Hrsg. von Dan Diner u. Gotthard Wunberg. New York 2007. S. 51–64: Volmer-Naumann, Julia: „Betrifft: Wiedergutmachung". Entschädigung als Verwaltungsakt am Beispiel Nordrhein-Westfalen. In: „Arisierung" und „Wiedergutmachung" in deutschen Städten. Hrsg. von Christiane Fritsche u. Johannes Paulmann. Köln 2014. S. 335–362, hier S. 237.
4 Stern, Frank: Im Anfang war Auschwitz. Antisemitismus und Philosemitismus im deutschen Nachkrieg. Gerlingen 1991. S. 67.
5 Die vorliegende Band befasst sich mit den Begegnungen zwischen Juden und Nichtjuden auf dem Gebiet der alten Bundesrepublik. Für die sowjetische Besatzungszone beziehungsweise für das Gebiet der späteren DDR liegen zu diesen Fragestellungen noch keine Untersuchungen vor.
6 Grossmann, Atina: Jews, Germans, and Allies: Close encounters in occupied Germany. Princeton 2007. S. 6; zum Verhältnis der allgemeinen Geschichte zur jüdischen Geschichte, siehe:

Geschichte verfasste Studien zum Prozess der Demokratisierung der frühen Bundesrepublik beeindruckend gezeigt, wie Juden die deutsche Nachkriegsgeschichte mitgestalteten.[7] Doch auch hier existieren thematische Engführungen. Im Mittelpunkt dieser Geschichtsschreibung stand lange Zeit nur das Schicksal jener Juden, die im „Land der Mörder" verblieben waren und die nun in Konflikte mit den DPs gerieten. Dabei rückten also vorwiegend die innerjüdischen Spannungen zwischen den „alten" deutschen und den „neuen" osteuropäischen Mitgliedern der kleinen jüdischen Gemeinden in der Bundesrepublik in den Blick.[8] Andere Forschungsarbeiten wiederum vernachlässigten die deutschen Juden und richteten ihre Aufmerksamkeit allein auf die osteuropäischen Juden und ihr Schicksal bei der Suche nach einem neuen Zufluchtsort nach dem Ende der nationalsozialistischen Gewaltherrschaft in Europa.[9]

Erst in den letzten Jahren hat sich die Forschung an die Komplexität der Begegnungen zwischen Juden und Nichtjuden in dieser Zeit herangewagt.[10] Dabei hat dieser Forschungsbereich zunächst die politischen Akteure in den Mittelpunkt des Interesses gerückt, allen voran die bundesrepublikanischen und israelischen Staatsoberhäupter bei ihrer Suche nach Formen der Annäherung der beiden Staaten sowie der Entschädigung für die von den Nationalsozialisten verübten Verbrechen.[11] Wie brisant das Thema der alltäglichen jüdisch-nichtjüdischen Interaktionen jenseits der politischen Bühne ist, haben etwa Studien zu Schwarzmärkten gezeigt, welche unmittelbar nach 1945 zu einem sozialen

---

Berek, Mathias, Heinsohn, Kirsten, Jünger, David u. Achim Rohde: Vom Erfolg ins Abseits? Jüdische Geschichte als Geschichte der „Anderen". Ein Gespräch. In: Medaon 11/20 (2017). S. 1–17.
7 Kauders, Anthony: Democratization and the Jews. Munich, 1945–1965. Lincoln 2004; Ders.: Unmögliche Heimat. Eine deutsch-jüdische Geschichte der Bundesrepublik. München 2007; Brenner, Michael: Vorwort. In: Zwischen Erinnerung und Neubeginn. Zur deutsch-jüdischen Geschichte nach 1945. Hrsg. von Susanne Schönborn u. Michael Brenner. München 2006. S. 11.
8 Sinn, Andrea, Schönhagen, Benigna (Hrsg.): Zukunft im Land der Täter? Jüdische Gegenwart zwischen „Wiedergutmachung" und „Wirtschaftswunder", 1950–1969. Augsburg 2013; Tobias, Jim G.: Zeilsheim. Eine jüdische Stadt in Frankfurt. Nürnberg 2011. S. 115–119.
9 Myers Feinstein, Margarete: Holocaust survivors in postwar Germany, 1945–1957. Cambridge 2014; Holian, Anna: Between National Socialism and Soviet communism: Displaced persons in postwar Germany. Ann Arbor, MI 2011.
10 Cichopek-Gajraj, Anna: Beyond violence: Jewish survivors in Poland and Slovakia, 1944–48. Cambridge 2014; Feinstein, Holocaust survivors; Grossmann, Jews, Germans, and Allies; Geller, Jews in post-Holocaust Germany; Brenner, Michael: Nach dem Holocaust. Juden in Deutschland 1945–1950. München 1995.
11 Vgl. Hestermann, Jenny: Inszenierte Versöhnung. Reisediplomatie und die deutsch-israelischen Beziehungen von 1957 bis 1984. Frankfurt/Main 2016; Diner, Dan: Gedächtnis und Restitution. In: Verbrechen erinnern. Die Auseinandersetzung mit Holocaust und Völkermord. Hrsg. von Volkhard Knigge u. Norbert Frei. München 2002. S. 319–325.

Brennpunkt wurden.¹² In den letzten Jahren gerieten darüber hinaus die Bemühungen einzelner Stadtverwaltungen, mit ehemaligen jüdischen Bürgerinnen und Bürgern nach der NS-Herrschaft in Kontakt zu treten, in den Mittelpunkt der Forschung.¹³ Einen entscheidenden Beitrag zur Geschichte von Juden und Nichtjuden nach der Shoah hat insbesondere die Forschung zur jüdischen Remigration geleistet.¹⁴ Dieser Forschungsbereich hat eindrucksvoll auf die Ängste und inneren Widerstände hingewiesen, mit denen Juden und Jüdinnen zu kämpfen hatten, die nach 1945 nach Deutschland zurückkehrten. Diese inneren Konflikte zeigen sich auch in den im vorliegenden Band untersuchten Begegnungen, die oftmals nur von kurzer Dauer, zeitlich und örtlich ungebunden waren. Die Geschichte der Begegnungen zwischen Juden und Nichtjuden knüpft damit an diese Forschungsergebnisse an und nimmt dabei auch die „kleinen Leute" in den Blick, deren Geschichte die Remigrationsgeschichte bislang nur streifte, also Akteure, die nicht einer bürgerlichen, intellektuellen Elite angehörten aber dennoch die Nachkriegsgeschichte entscheidend mitgestaltet haben.

Der Band dockt damit an die deutsche Nachkriegsgeschichte an und präsentiert ein Spektrum äußerst heterogener Ansätze, die die Begegnungen zwischen Juden und Nichtjuden in all ihrer Komplexität beleuchten. Der Sammelband bewegt sich methodisch an der Schnittstelle zwischen jüdischer Geschichte und Zeitgeschichte und zeigt die Relevanz der post-genozidalen Interaktionen zwischen Juden und Nichtjuden für die Historiografie auf. Somit verstehen sich diese Studien als Beiträge zur globalen Geschichte des Holocaust und seiner Wirkung.¹⁵ Die hier ansetzende Geschichtsschreibung nimmt Begegnungen und Kontakte als Situationen komplexer sozialer Interaktionen verschiedener Akteure ernst und benennt die Herausforderungen, Dynamiken und blinden Flecken, die entstanden, wenn Juden und Nichtjuden nach 1945 aufeinandertrafen. Eine der-

---

12 Holian, Anna: The Architecture of Jewish Trade in Postwar Germany: Jewish Shops and Shopkeepers between Provisionality and Permanence. In: Jewish Social Studies: History, Culture, Society N.S. 23/1 (Fall 2017). S. 101–133. Doi: 10.2979/jewisocistud.23.1.04.
13 Siehe dazu: Engelhard, Gal: An „in between"-Heritage: Organized visits of Former German Jews to their Cities of Descendants. Diss. University Haifa 2012; Nikou, Lina: Zwischen Imagepflege, moralischer Verpflichtung und Erinnerungen. Das Besuchsprogramm für jüdische ehemalige Hamburger Bürgerinnen und Bürger. München 2011; Quast, Anke: Nach der Befreiung. Jüdische Gemeinden in Niedersachsen seit 1945. Das Beispiel Hannover. Göttingen 2001.
14 Lühe, Irmela von der, Schildt, Axel u. Stefanie Schüler-Springorum (Hrsg.): Auch in Deutschland waren wir nicht wirklich zu Hause. Jüdische Remigration nach 1945. Göttingen 2008.
15 Siehe auch: Klotz, Anne-Christin u. Ira Fiona Hennerkes: Rupture and Rapprochement. Jewish – Non-Jewish Relations in Post-Shoah Germany, 02.11.2015–04.11.2015 Berlin (Tagungsbericht). In: H-Soz-Kult, www.hsozkult.de/conferencereport/id/tagungsberichte-6603 (08.07.2016).

artige Geschichtsschreibung beleuchtet das soziale Umfeld, Begegnungen im Privaten, in Religionsgemeinschaften, in Literatur und Theater, aber auch im Bereich der Wirtschaft. Sie fragt nach Motiven und Erfahrungen in den Begegnungen und danach, wie die Akteure diese Erfahrungen interpretiert haben.

Zugänge und Ergebnisse

In den einzelnen wissenschaftlichen Abhandlungen des vorliegenden Sammelbandes kommt die Heterogenität sowohl der jüdischen als auch der nichtjüdischen Akteure und Akteurinnen eindrücklich zum Vorschein. Sie zeigen, dass sich hinter den Begriffen „Jude" und „Nichtjude" Menschen beiderlei Geschlechts, verschiedener politischer Überzeugungen und sozialer und religiöser Zugehörigkeiten verbergen, die aus allen Teilen der Gesellschaft, aus dem städtischen wie auch aus dem ländlichen Milieu stammten und sowohl einer akademischen, gebildeten Oberschicht als auch einer sozialen und ökonomischen Mittelschicht angehörten. Und auch hinter „den Deutschen" verbargen sich Frauen und Männer, die als Mitläufer, Täter oder Profiteure, Heimatvertriebene, Kriegsgefangene oder unter ganz anderen Umständen den Krieg erlebt hatten und dann – meist zufällig – Juden begegneten.[16] Aber auch die jüdischen Akteure, um die es in diesem Sammelband geht, blicken alle auf sehr unterschiedliche Kriegserfahrungen zurück. Das Spektrum reicht von deutschen Juden, die in interkonfessionellen Ehen, im Versteck oder im Konzentrationslager überlebt hatten, bis zu denen, die nach der Emigration zurück in ihre ehemaligen Heimatgemeinden zogen oder diesen nach 1945 nur einen kurzen Besuch abstatteten. Zu ersteren zählen etwa 250.000 osteuropäische Juden, die vor den Deutschen in die Sowjetunion geflohen waren und nach dem Krieg als *Displaced Persons* (DPs) unter dem Schutz der Siegermächte auf ein neues Leben außerhalb Europas hofften. Hinzu kamen Juden, die sich als Angehörige der Besatzungsmächte bzw. als Zivilisten nach dem Krieg zeitweise in Deutschland aufhielten. Dazu zählten etwa jiddisch-sprachige Journalisten aus den USA, die für ihre Leserschaft über das Leben osteuropäischer Juden im kriegszerstörten Deutschland und Polen berichteten.

Obwohl für Jeden die Begegnungen mit nichtjüdischen Deutschen eine individuelle Erfahrung darstellte, gab es dennoch viele Gemeinsamkeiten: Sie alle hatten Angehörige und Freunde in der Shoah verloren. Die Trauer um die Ermordeten und die Wut auf die Mörder, die Scham über das eigene Überleben, die

---

[16] Grossmann, Jews, Germans, and Allies, S. 5, aber auch: Feinstein, Holocaust survivors in postwar Germany, 1945–1957, S. 5 ff.

Sprachlosigkeit über das Grauen – all dies schwang in den Begegnungen mit nichtjüdischen Deutschen mit, die stellvertretend für „die Täter" standen. Wie ein roter Faden zieht sich durch die Beiträge eine große Unsicherheit im Umgang miteinander – auf jüdischer wie auf nichtjüdischer Seite. Die einzelnen Studien zeigen, dass in all diesen Begegnungen Fragen nach der moralischen Verantwortung für die Verbrechen und die Frage nach dem Wie des Weiterlebens unbewusst und bewusst (mit-)verhandelt wurden. Diese Begegnungen können somit als eine Form von „Trauerarbeit" verstanden werden, in der symbolisch eine Verbindung zwischen dem Vergangenen und dem Gegenwärtigen hergestellt wurde.

Es ist kein Zufall, dass die Mehrzahl der Beiträge des Sammelbandes sich mit der amerikanischen Besatzungszone auseinandersetzt. Dort lebte die größte jüdische Bevölkerung und daher entfaltete sich in dieser Region eine gesellschaftliche Dynamik, die zahlreiche Begegnungen anstieß, provozierte und über Jahre hinweg beeinflusste. Die US-amerikanischen Besatzer betrachteten nach der Befreiung der Konzentrationslager die Juden explizit als eigene Opfergruppe der nationalsozialistischen Gewaltherrschaft und unterstützten die Überlebenden durch erhöhte Lebensmittelrationen und die Zuweisung von Wohnraum. Zugleich setzten sie eine juristische und bürokratische Aufarbeitung der NS-Verbrechen in den drei westlichen Besatzungszonen durch. Aus den ehemals Ausgestoßenen wurden so – zumindest offiziell – gleichberechtigte Bürger, die allerdings von nichtjüdischen Deutschen als steter Verweis auf ihre (Mit-)Verantwortung oder gar Täterschaft wahrgenommen wurden. Dabei darf nicht vergessen werden, dass die Geschichte der Begegnungen zwischen Juden und Nichtjuden bis Anfang der 1950er Jahre in den westlichen und östlichen Besatzungszonen parallel verliefen.[17]

So heterogen der Hintergrund der jüdischen und nichtjüdischen Bevölkerung nach 1945 in Deutschland war, so unterschiedlich verliefen auch ihre Begegnungen. Beispielsweise wurden zwischen jüdischen und nichtjüdischen Deutschen andere Fragen verhandelt als zwischen osteuropäisch-jüdischen DPs und nichtjüdischen Deutschen.[18] Dabei spielte es natürlich eine große Rolle, ob man sich bereits vor 1933 gekannt hatte, sich also wiederbegegnete, oder ob man nach dem Krieg ohne eine gemeinsame Vorgeschichte aufeinandertraf (siehe hierzu den Beitrag von David Jünger).

---

17 Siehe: Geller, Jay Howard: Jews in post-Holocaust Germany, 1945–1953. Cambridge 2005; für die frühe DDR: Anderson, Edith: Liebe im Exil. Erinnerungen einer amerikanischen Schriftstellerin an das Berlin der Nachkriegszeit. Berlin 2007.
18 Grossmann, Jews, Germans, and Allies, S. 5.

Durch den Fokus auf ausgesprochen unterschiedliche Bevölkerungsgruppen treten in den Beiträgen neben den bürgerlich-intellektuellen Oberschichten auch die sogenannten kleinen Leute hervor. Das gilt einmal mehr für den ländlichen Raum, wo sich nach dem Krieg zahlreiche jüdische und nichtjüdische Personen wiederbegegneten, die auf eine lange gemeinsame Wirtschafts-, aber auch Gewaltgeschichte zurückblickten.[19] Solche Begegnungen bargen oftmals eine große Sprengkraft in sich, da sie auf engstem sozialem Raum unter vormals gut bekannten Individuen stattfanden. Dies war beispielsweise der Fall, wenn jüdische Überlebende als Befreite der Konzentrationslager oder als Soldaten der US-Streitkräfte in ihre ehemaligen Heimatdörfer zurückkehrten, um nach Verwandten zu suchen, ihre früheren Nachbarn für ihre (Mit-)Verantwortung zur Rede stellten oder ihre einstigen Peiniger eigenhändig zur Rechenschaft zogen. Andere wiederum suchten alleine ihre früheren Heimatdörfer auf, wo sie nicht selten bis zu ihrem Tod in völliger Isolation lebten (siehe hierzu den Beitrag von Anne Junge). Unter ihnen waren etwa jüdische Vieh- und Kleinhändler, die nach Ende des Krieges in ihrer alten *medineh* (Jidd. für Handelsgebiet) an ihre früheren Wirtschaftsbeziehungen anknüpften und mit ihrer Rückkehr und in ihrer erneuten alltäglichen Präsenz ehemalige Kunden mit ihren Erfahrungen von Ausgrenzung und Gewalt konfrontierten. Anderen wiederum ermöglichte nur das Schweigen über die Entrechtung, Verfolgung und Todesangst das Verbleiben in ihren früheren Heimatgemeinden. Die Scham, das Grauen überlebt zu haben, wirkte in den Beziehungen zwischen Juden und Juden, aber auch zwischen Juden und Nichtjuden lange fort (siehe hierzu den Beitrag von Froukje Demant).

Jüdische Intellektuelle, die ihr geistiges Zuhause in der deutschen Kultur und Literatur sahen, überlieferten oft ihre Eindrücke, die sie im Nachkriegsdeutschland gewonnen hatten, in literarischen Texten, gedruckten Berichten und Memoiren. Darin kommen ihre ambivalenten Gefühle zur deutschen Herkunftskultur zum Ausdruck, die von Hass bis Sehnsucht reichen konnten. So beschrieb etwa die Lyrikerin Nelly Sachs die Erfahrung, die eigene Opfergeschichte verbergen zu müssen, als einen „Zwang zur Unsichtbarkeit". Ein Leben in Deutschland verlangte Vielen einen hohen emotionalen Preis ab, der sie alle auf die eine oder andere Art ihr Leben lang begleitete (siehe hierzu den Beitrag von Irmela von der Lühe). Dan Diner nannte diese Erfahrung eine „anwesende Abwesenheit". Für viele Juden schien sich der innere Konflikt, im „Land der Mörder" zu leben, nur dadurch aushalten zu lassen, indem man jeglichen Kontakt zu nichtjüdischen Deutschen vermied oder verdrängte: In den Reiseberichten von Juden und Jüdinnen bleibt die nichtjüdische Bevölkerung oftmals schlicht unerwähnt. Den

---

19 Siehe: Feinstein, Holocaust survivors in postwar Germany, S. 7.

jüdischen Reisenden war es vielmehr ein Anliegen, nach der verlorenen, der zerstörten Herkunft zu suchen. Anstatt sich mit nichtjüdischen Deutschen auseinanderzusetzten, bezogen sie sich in ihren Berichten lieber auf die „unschuldige" Landschaft oder Heimatstadt. In dem häufig erwähnten Verweis auf die „Schönheit der deutschen Landschaft" drückt sich die Sprachlosigkeit über die in dieser Landschaft begangenen Verbrechen ebenso aus wie die Sehnsucht nach der verlorenen Heimat (siehe hierzu die Beiträge von Jack Kugelmass, Markus Nesselrodt und Alexandra Tyrolf). Im Topos der „unschuldigen Landschaft" kommen zugleich aber auch markante Unterschiede in der Wahrnehmung der deutschen und osteuropäischen Juden zum Ausdruck. Während die deutschen Juden in der Landschaft ihrer „verlorenen Heimat" nachspürten (Tyrolf), war diese für osteuropäische Juden eher ein möglicher „Ausfluchtort" im „Land der Mörder". Für jiddisch-sprachige Journalisten aus den USA versinnbildlichte die *mameloschn*, das Jiddische, einen Teil der „verlorenen Heimat", der sie in der Muttersprache der osteuropäisch-jüdischen DPs begegneten, die sie in den Lagern auf deutschen Boden trafen. In der Beziehung zum Jiddischen kommt auch der kulturelle Verlust zum Ausdruck, den die Shoah hinterlassen hatte (Kugelmass).

Auch wenn es nach der Shoah kein „Geheimrezept" für „gelungene" Begegnungen zwischen Juden und Nichtjuden in Deutschland gab, so deuten die Studien doch darauf hin, dass Beziehungen, die aus einem alltäglichen Nebeneinanderleben entstanden waren, oft die besten Voraussetzungen für eine gewisse Tragfähigkeit aufwiesen. So etwa, wenn osteuropäisch-jüdische DPs in unmittelbarer räumlicher Nähe zur deutschen Bevölkerung in Lagern lebten und daher tagtäglich mit Nichtjuden in Berührung kamen (Nesselrodt).[20] Daneben war es vor allem die soziale Herkunft und die religiöse oder zionistische Prägung, die die Begegnungen zu nichtjüdischen Deutschen beeinflussen konnten (siehe hierzu den Beitrag von David Jünger). Hinzu kommen ökonomische Faktoren, die die Aufnahme von Beziehungen zu Nichtjuden und deren Ausgestaltung prägten: Dies war beispielsweise der Fall, wenn jüdische Unternehmer, die ihr Geschäft im Zuge der „Arisierung" verloren hatten, nach 1945 Kontakt zu den neuen Geschäftsinhabern oder zur Belegschaft aufnahmen. Aus solchen Konstellationen entwickelten sich in einigen Fällen belastbare und langfristige Beziehungen. In den ausgesprochen seltenen Fällen, in denen Juden während der Jahre der Verfolgung Unterstützung von Nichtjuden erhalten hatten, blieben die Kontakte auch nach 1945 bestehen (siehe hierzu den Beitrag von Stefanie Mahrer). Gleichwohl konnten sich viele, mittlerweile im Ausland lebende Männer und Frauen dieser emotionalen Herausforderung aus gesundheitlichen und finanziellen Gründen

---

20 Siehe: Feinstein, Holocaust survivors in postwar Germany, S. 42.

nicht stellen. Für letztere boten die Besuchsprogramme deutscher Kommunen für ehemalige jüdische Bürger oftmals eine willkommene, wenn auch zwiespältige Gelegenheit, um nach Deutschland zu reisen. Die Begegnungen, die im Rahmen dieser staatlich initiierter Programme stattfanden, waren von zahlreichen Ungleichheiten gekennzeichnet: Juden und Nichtjuden trafen hier nicht als gleichberechtigte Partner aufeinander, sondern in einem hierarchischen Gefälle, in dem sich die jüdischen Antragsteller gegenüber den deutschen Kommunalvertretern abermals in der Rolle der Bittsteller fanden. Trotz dieser ungleichen Voraussetzungen, gingen auch aus diesen Initiativen Kontakte hervor, die auf jüdischer wie nichtjüdischer Seite eine Auseinandersetzung mit der gemeinsamen Geschichte anregten (siehe hierzu den Beitrag von Lina Nikou).

Dennoch – und wenig verwunderlich – blieben Beziehungen zwischen Juden und Nichtjuden auch mit größerem zeitlichem Abstand ausgesprochen schwierig und spannungsgeladen. Einen vielfältigen Anreiz für einen möglichen Dialog zwischen Juden und Nichtjuden boten in den späteren Jahren zahlreiche, zunächst privat-informelle, später institutionalisierte Initiativen in der Bundesrepublik, die sich seit den 1960er Jahren und verstärkt ab den 1980er Jahren für ein vertieftes Verständnis des Judentums einsetzten. Diese Vermittlungsbemühungen, die meist unter dem an sich schon problematischen Begriff der „Versöhnung" firmierten, waren von unterschiedlichen Motiven geprägt und oftmals von antijüdischen Denkfiguren durchzogen. Dazu gehörten diverse Aktivitäten christlicher Religionsgemeinschaften aber auch nichtjüdischer Historikerinnen und Historikern, oftmals Laien, die zwar gut gemeint waren, aber zugleich nicht mit einer offensiven Auseinandersetzung mit den eigenen Vorurteilen und der eigenen Geschichte einhergingen. Insbesondere von protestantischen Christen gingen in den Nachkriegsjahren „Wiedergutmachungsbestrebungen" aus, die nicht immer frei von Vorurteilen und Fehlwahrnehmungen waren. Die Bemühungen um einen Dialog zwischen Juden und Christen mündeten nicht selten in einer einseitigen, philosemitischen Deutung von Israel und Judentum und waren vom Schweigen um die (Mit-)Verantwortung an den nationalsozialistischen Verbrechen geprägt. Israel blieb für viele Christen ein „imaginiertes Land", das helfen konnte – zumindest retrospektiv –, die Ablehnung zum nationalsozialistischen Vorgängerstaat auszudrücken und sich damit selber auf der „richtigen Seite" der Geschichte zu verorten (siehe hierzu den Beitrag von Nathanael Riemer). Insbesondere unter protestantischen Christen vermischte sich die Suche nach den jüdischen Wurzeln im Christentum mit einer Auslagerung der eigenen Verantwortung für die nationalsozialistischen Verbrechen auf das „Handeln Gottes". Aber auch in der katholischen Laienbewegung wurde das Schweigen über die Verbrechen des Nationalsozialismus fortgesetzt (siehe hierzu den Beitrag von Rainer Kampling).

Auch Zeitzeugengespräche, von Laien und Wissenschaftlern und Wissenschaftlerinnen über das Leben und die Verfolgung von Juden in ihren Herkunftsregionen geführt, verliefen keinesfalls spannungsfrei. Diese Art von Begegnungen zwischen Juden und Nichtjuden waren von Unbeholfenheit, Schweigen und Unsicherheit durchzogen. Dennoch gingen daraus erstaunlich viele belastbare Verbindungen hervor, die den jüdisch-nichtjüdischen Dialog in der Bundesrepublik jenseits der staatlichen Wiedergutmachungspolitik seit den 1980er Jahren auf einer persönlichen Ebene voranbrachten (siehe hierzu den Beitrag von Linde Apel).

All dies darf jedoch nicht über den in der deutschen Bevölkerung nach wie vor präsenten Antisemitismus hinwegtäuschen. Jüdisch-nichtjüdische Begegnungen standen oftmals unter einem „Versöhnungsdiktat" und Vereinnahmungsversuchen von nichtjüdischer Seite. Dieses Sentiment, das sich auch als Philosemitismus äußern konnte, findet sich auch in der wissenschaftlichen Literatur wieder. Nicht selten wurde so, in den Worten Irmela von der Lühes, aus einem „vorsichtigen Angebot zum Dialog auf jüdischer Seite [...] eine fortgesetzte Forderung nach Versöhnung auf nichtjüdischer Seite".[21]

Diese äußerst ambivalenten Konstellationen wirken bis in die Gegenwart fort und sind damit ein Teil des Auseinandersetzungsprozesses um die Verbrechen der nationalsozialistischen Vergangenheit und des Demokratisierungsprozesses der bundesrepublikanischen Gesellschaft. Trotz des Vorwurfs in den unmittelbaren Nachkriegsjahren an die jüdische Bevölkerung in Deutschland, Verrat am jüdischen Volk zu begehen, verstetigte sich in den nachfolgenden Jahrzehnten schrittweise das jüdische Leben in der Bundesrepublik. Dennoch pflegt auch die dritte jüdische Generation ein ausgesprochen widersprüchliches Verhältnis zu Deutschland. Das Verhältnis zwischen Juden und Nichtjuden in Deutschland war nie starr, sondern schwankte stets zwischen Augenblicken gegenseitiger Anerkennung und des Umeinanderringens. Wie Juden zu Deutschland standen hing auch immer davon ab, wie die Mehrheitsgesellschaft zur jüdischen Bevölkerung stand. Dies gilt bis auf den heutigen Tag (siehe hierzu den Beitrag von David Ranan).

In der Gesamtschau zeigen die hier vorgestellten Detailstudien, dass der Zivilisationsbruch der Shoah nicht zu einem völligen Abbruch der jüdisch-nichtjüdischen Beziehungen in Deutschland geführt hat. Dabei darf nicht vergessen werden, dass eine Begegnung mit Nichtjuden im Nachkriegsdeutschland die jüdischen Vertriebenen nicht nur mit der biografischen Erfahrung von Ausgrenzung, Vertreibung, Verrat, Raub und Mord konfrontierte, sondern zugleich unter zum Teil erschwerten äußeren Bedingungen stattfand. Beispielsweise war für

---

[21] Beitrag von Irmela von der Lühe in diesem Band, S. 137.

Israelis die Pflege von privaten oder wirtschaftlichen Kontakten zu nichtjüdischen Deutschen nur unter Inkaufnahme von Schwierigkeiten bei der Wiedereinreise nach Israel möglich. Der junge Staat hatte seinen Bürgerinnen und Bürgern bis 1956 die Einreise nach Deutschland offiziell untersagt.[22] Hinzu kam, dass eine Reise nach Europa für viele von ihnen aufgrund der schwierigen wirtschaftlichen Situation eine große finanzielle Herausforderung darstellte und so eine Begegnung mit nichtjüdischen Deutschen schier unmöglich machte. Die Mehrzahl der Juden und Jüdinnen, denen die Flucht aus NS-Deutschland gelungen war, lebte nach 1945 in den USA. Zwar mussten sie nicht mit strukturellen Beschränkungen dieser Art kämpfen, dennoch waren auch sie mit innerjüdischen Vorwürfen konfrontiert. Die inneren Konflikte, die eine Kontaktaufnahme nach Deutschland begleiteten, waren nicht selten so groß, dass Eltern ihren eigenen Kindern verschwiegen, dass sie Verbindungen nach Deutschland pflegten – und später umgekehrt.[23] Das Bewahren des deutschen Erbes, der deutschen Kultur bzw. persönlicher Beziehungen mit Nichtjuden in Deutschland – all dies stieß im eigenen familiären oder weiteren Umfeld oftmals auf völliges Unverständnis.[24] Für viele deutsche Juden und Jüdinnen stellte sich zeitlebens die Frage, welche Verbindungen zur deutschen Kultur, zu Deutschland, sie pflegen, welche sie abbrechen sollten.[25] Selbst wenn Einzelne darauf Antworten für sich fanden, so blieben diese doch immer prekär und konnten rasch ins Gegenteil umschlagen, wenn man zum Beispiel schlechte Erfahrungen mit nichtjüdischen Deutschen machte, was nicht selten der Fall war. Nicht selten blieb der erste Besuch in Deutschland nach dem Krieg auch der letzte (Jünger). Zudem ist die bislang nicht systematisch untersuchte Tatsache in Rechnung zu stellen, dass auch Nichtjuden, die während oder nach dem Krieg Verbindungen zu Verfolgten – seien es ehemalige Nachbarn oder osteuropäische DPs – aufrecht erhielten, häufig massiven Anfeindungen aus ihrem Umfeld ausgesetzt waren.[26]

Die hier versammelten Beiträge zeigen, wie auf jüdischer Seite die Themen Trauer, Ohnmacht, die verzweifelte Suche nach der verlorenen, nach der geraubten Heimat beziehungsweise der eigenen Herkunft im Mittelpunkt der konflikthaften

---

22 Nikou, Lina: Zwischen Imagepflege, moralischer Verpflichtung und Erinnerungen. Hamburg 2011. S. 7.
23 Siehe: Die Wohnung. Deutsch-israelischer Dokumentarfilm von Arnon Goldfinger. 2011.
24 Cichopek-Gajraj, Beyond violence, S. 73.
25 Čapková, Kateřina u. David Rechter: Germans or Jews? German-Speaking Jews in Post-War Europe: An Introduction. In: The Leo Baeck Institute Year Book 62 (2017). S. 69–74, hier S. 73.
26 Fischer, Stefanie: Mit gemischten Gefühlen. Besuche von Holocaust-Überlebenden in ihren ehemaligen Heimatgemeinden. In: Einsicht. 19. Bulletin des Fritz Bauer Instituts 10 (2018). S. 78–85, hier S. 84.

Begegnungen standen. Und auch wenn diese häufig nur kleine Schritte waren im jüdisch-nichtjüdischen Zusammenleben, so trugen sie doch dazu bei, jüdische Existenz in Deutschland wieder möglich zu machen.[27] Diese Begegnungsgeschichte wirkt bis heute in den Beziehungen zwischen Juden und Nichtjuden fort und hat – trotz all ihrer Ambiguitäten – einen bislang kaum beachteten Beitrag zum Weiterleben nach der Shoah geleistet. Die Mauer des Schweigens nach dem Völkermord wurde so zwar nicht durchbrochen, aber die Begegnungen zwischen Juden und Nichtjuden haben in all ihrer Komplexität dennoch zu ersten Rissen geführt, durch die ein erneutes Zusammenleben überhaupt erst denkbar wurde.

---

27 Siehe: Feinstein, Holocaust survivors in postwar Germany, S. 7.

Anna Junge
„Go back to your hometown."
Jüdisch-nichtjüdische Konfrontationen im ländlichen Hessen 1945/1946

[He said:] „Kinder. We won't make it." [...] He meant my mother and him[self]. [...] „[But] you [will] make it. And should you be separated from each other, after the war, you go back to your hometown. [...] Go back to your hometown. And be proud of your name."[1]
(Erinnerung des Shoah-Überlebenden Walter Spier [geb. 1927 in Rauischholzhausen] an die Worte seines Vaters bei ihrer Ankunft in Auschwitz-Birkenau im Mai 1944)

Nach Ende des Zweiten Weltkriegs gab es in Deutschland keineswegs eine Stunde Null und die Shoah bedeutete nicht das Ende jüdisch-nichtjüdischer Beziehungen. Vielmehr ereigneten sich direkt nach der deutschen Kapitulation vielfältige Konfrontationen zwischen Jüdinnen und Juden mit nichtjüdischen Deutschen – nicht nur in deutschen Städten, sondern auch auf dem Land. Doch anders als in der Stadt, fanden diese (Wieder-)Begegnungen im ländlichen Raum in enger Nachbarschaft statt. Die räumliche Nähe, unmittelbare Abhängigkeiten und der Mangel jeder Anonymität prägten auf dem Land nicht nur die antisemitische Verfolgung, Bereicherung und Zerstörung als eine Gewalt zwischen Nachbarinnen und Nachbarn,[2] sondern auch ihre (Wieder-)Begegnungen ab 1945 sowie die Möglichkeiten der Verdrängung und historischer Erinnerung.[3]

Die hier vorgestellte Mikrostudie untersucht jüdisch-nichtjüdische Beziehungen im ländlichen Raum 1945/1946 am Beispiel von acht Ortschaften im hessischen Landkreis Marburg. Unter der Prämisse weitgehender Multiperspektivität wird auch die subjektive Erinnerung jüdischer sowie nichtjüdischer Zeit-

---

[1] Walter Spier, Jahrgang 1927. Interview des USC Shoah Foundation Institute, VHA-Code 7040, 07.01.1996 in New York. Selbst erstelltes Transkript, S. 18, 21 f.
[2] Vgl. Wildt, Michael: Volksgemeinschaft als Selbstermächtigung. Gewalt gegen Juden in der deutschen Provinz 1919 bis 1939. Hamburg 2007. S. 352–374; Sofsky, Wolfgang: Traktat über die Gewalt. Frankfurt/Main 1996. S. 112–118; Hoffmann, Christhard: Verfolgung und Alltagsleben der Landjuden im nationalsozialistischen Deutschland. In: Jüdisches Leben auf dem Lande. Studien zur deutsch-jüdischen Geschichte. Hrsg. von Monika Richarz u. Reinhard Rürup. Tübingen 1997. S. 373–398; Baumann, Ulrich: Zerstörte Nachbarschaften. Christen und Juden in badischen Landgemeinden 1862–1940. Hamburg 2001.
[3] Vgl. Becker, Franziska: Gewalt und Gedächtnis. Erinnerungen an die nationalsozialistische Verfolgung einer jüdischen Landgemeinde. Göttingen 1994. S. 21–26; dies.: Wiederkehr. In: Geschichtswerkstatt 16 (1988). S. 42–45; Jeggle, Utz: Nachrede. Erinnerungen an die Dorfjuden heute. In: Jüdisches Leben. S. 399–411, hier S. 407–411; ders.: Judendörfer in Württemberg. Tübingen 1969. S. 309–326.

https://doi.org/10.1515/9783110570083-003

zeuginnen und -zeugen einbezogen. Der folgende Beitrag zeigt am Beispiel des Ortes Rauischholzhausen zunächst die Vielseitigkeit der Nachkriegsbeziehungen auf und gibt anschließend Einblick in Kernthemen der Zeitzeugen-Interviews.

Jüdinnen/Juden im ländlichen Raum ab 1945

Während sich viele Studien zu jüdischem Leben im Nachkriegsdeutschland auf die Situation in den Städten, die Remigration jüdischer Emigrantinnen und Emigranten aus dem Exil oder auf die Neugründungen jüdischer Gemeinden – beides eher städtische Phänomene – fokussieren, gilt der Blick der neueren Forschung auch dem ländlichen Raum.[4] Es sind insbesondere neuere Regional- und Lokalforschungen, in denen ländliche Rückkehr deutscher Jüdinnen und Juden Erwähnung findet.[5] Zu unterscheiden sind vorab zwei jüdische Akteursgruppen, die sich ab 1945 im (städtischen und) ländlichen Deutschland aufhielten: die (oft ausgebürgerten) deutschen Jüdinnen und Juden, die bereits vor der NS-Zeit vor Ort gelebt hatten, sowie jüdische *Displaced Persons* (DPs) aus Osteuropa.[6]

Zur Gruppe deutscher Jüdinnen und Juden gehörten aus NS-Deutschland geflohene Juden, die nach ihrer Flucht den alliierten Streitkräften beigetreten waren und nach der deutschen Kapitulation als Soldaten der Alliierten ihre Herkunftsdörfer besuchten. Andere hatten zum Teil die gesamte NS-Zeit vor Ort als Ehepartnerinnen oder -partner bzw. als Kinder in sogenannten Mischehen überlebt. Von ihnen zu unterscheiden sind deportierte Jüdinnen und Juden, die

---

4 Vgl. Fischer, Stefanie: Verbindung in die alte Heimat – neue Identitäten. Deutsche Landjuden im Exil (in Vorbereitung); Demant, Froukje: Verre buren. Samenleven in de schaduw van de Holocaust. Amsterdam 2015; siehe auch dies.: Living in an Abnormal Normality: The Everyday Relations of Jews and Non-Jews in the German-Dutch Border Region, 1933–1938. In: The Holocaust and European Societies. Social Processes and Social Dynamics. Hrsg. von Andrea Löw u. Frank Bajohr. New York 2016. S. 33–46; siehe auch die Beiträge in diesem Band.
5 Vgl. Becker, Alexandra: Als die Juden wiederkamen. In: Erinnerungen an die Haigerlocher Juden. Ein Mosaik. Hrsg. von Utz Jeggle. Tübingen 2000. S. 308–319; Wagner, Horst [u. a.]: Die Oberaspher Juden. Wetter 2006. S. 164–174. Zur Nachkriegszeit im Landkreis Marburg siehe Händler-Lachmann, Barbara [u. a.]: Purim, Purim, ihr liebe Leut, wißt ihr was Purim bedeut? Jüdisches Leben im Landkreis Marburg im 20. Jahrhundert. Marburg 1995. S. 235–242; sowie die Beiträge (hier v. a. Schlag, Annemarie: Fronhausen; Traulich, Anne: Mardorf; Hermann, Helmut: Niederklein) im Sammelband: Friedrich, Klaus-Peter (Hrsg.): Von der Ausgrenzung zur Deportation in Marburg und im Landkreis Marburg-Biedenkopf. Marburg 2017.
6 Vgl. die Aufzählung in Grossmann, Atina: Juden, Deutsche, Alliierte. Begegnungen im besetzten Deutschland. Göttingen 2012. S. 12; Grossmann prägt hier den Begriff der „Begegnungen". Zum Verhältnis der beiden Gruppen siehe u. a. Geller, Jay H.: Jews in Post-Holocaust Germany, 1945–1953. Cambridge 2005. S. 17–52.

1945 aus Vernichtungs- und Konzentrationslagern zurückkehrten. Nur sehr wenige hatten versteckt überlebt. Schließlich entschieden sich auch einige, allerdings nur sehr wenige, zivile deutsch-jüdische Emigrantinnen und Emigranten aus dem Exil zur Rückkehr in den ländlichen Raum.[7]

Zu den deutschen Jüdinnen und Juden gesellten sich in einigen westdeutschen Dörfern, vor allem ab dem Sommer 1946, osteuropäisch-jüdische Flüchtlinge als DPs. Die meisten von ihnen, etwa 200.000 polnische Jüdinnen und Juden, hatten die Jahre der Verfolgung in der Sowjetunion verbracht, waren 1945 zunächst nach Polen zurückgekehrt und dann jedoch aufgrund gewaltvoller antisemitischer Ausschreitungen im Nachkriegspolen, wie etwa dem Pogrom von Kielce im Juli 1946, in die westalliierten Zonen in Deutschland geflohen.[8] Hier strandeten die meisten in großen DP-Camps, bis ihnen – oft erst 1948 mit der israelischen Staatsgründung und gelockerten Einreisebestimmungen der USA – die ersehnte Weiterreise gelang. Etwa 12 Prozent der jüdischen DPs in der US-Zone, ohne Berlin, lebten 1947 in städtischen oder ländlichen sogenannten *Hachscharot*, d. h. in kleineren, zionistisch orientierten Ausbildungsstätten. Als Orte dienten vom US-Militär beschlagnahmte Grundstücke, die zuvor deutsches Staatseigentum oder Eigentum hochrangiger Nazis gewesen waren.[9] So wurden einige westdeutsche Dörfer nach der Shoah zum temporären Zufluchtsort jüdischer Flüchtlinge aus Osteuropa.[10]

---

[7] Vgl. Geis, Jael: Übrig sein – Leben „danach". Juden deutscher Herkunft in der britischen und amerikanischen Zone Deutschlands 1945–1949. Berlin 2000; Grossmann, Atina u. Tamar Lewinsky: Erster Teil 1945–1949. Zwischenstation. In: Geschichte der Juden in Deutschland. Von 1945 bis zur Gegenwart. Hrsg. von Michael Brenner. München 2012. S. 67–152, hier S. 122–139; Brenner, Michael: Nach dem Holocaust. Juden in Deutschland 1945–1950. München 1995. S. 62–77; Goschler, Constantin: Wiedergutmachung. Westdeutschland und die Verfolgten des Nationalsozialismus 1945–1954. München 1992. S. 76–90 u. 91–148; die Beiträge in von der Lühe, Irmela [u. a.] (Hrsg.): „Auch in Deutschland waren wir nicht wirklich zu Hause." Jüdische Remigration nach 1945. Göttingen 2008; oder auch Krauss, Marita: Jewish Remigration: An Overview of an Emerging Discipline. In: Leo Baeck Institute Yearbook 49/1 (2004). S. 107–120.
[8] Vgl. Grossmann, Atina: Wege in der Fremde. Deutsch-jüdische Begegnungsgeschichte zwischen Feldafing, New York und Teheran. Göttingen 2012. S. 10–25; Nesselrodt, Markus: Der Vernichtung entkommen. Erfahrungen polnischer Juden in der Sowjetunion, 1939–1948 (in Vorbereitung), vgl. auch seinen Beitrag in diesem Band.
[9] Vgl. Tobias, Jim G.: Vorübergehende Heimat im Land der Täter. Jüdische DP-Camps in Franken 1945–1949. Nürnberg 2002. S. 135–206; Patt, Avinoam J.: Finding Home and Homeland: Jewish Youth and Zionism in the Aftermath of the Holocaust. Detroit 2009. S. 107–154 u. 155–197.
[10] Zu Beziehungen zwischen nichtjüdischen Deutschen und jüdischen DPs siehe Grossmann, Juden, S. 335–378; Feinstein, Margarete M.: Holocaust Survivors in Postwar Germany, 1945–1957. Cambridge 2014. S. 33–43.

Die vorliegende Mikrostudie stellt in ihren Mittelpunkt das Zusammentreffen von Jüdinnen und Juden mit nichtjüdischen Deutschen direkt nach der Shoah auf dörflich engstem Raum. Diese Nachbarschaft kam für die meisten Beteiligten unerwartet: Überlebende hatten oft nicht mit ihrem Überleben, die nichtjüdische Dorfbevölkerung in der Regel nicht mit einer jüdischen Rückkehr und jüdische DPs nicht mit einer Reise durch Deutschland gerechnet.[11] Doch mehr als die DPs standen die deutschen Überlebenden vor der Möglichkeit, langfristig zu bleiben: Aufgrund einerseits ihrer eigenen Vergangenheit vor Ort, andererseits ihrer vereinzelten Lage als häufig einzige oder eine von wenigen Rückkehrerinnen bzw. Rückkehrern pro Ort, stellten sich den deutschen Jüdinnen und Juden Fragen nach dem Umgang und den Beziehungen zur nichtjüdischen Nachbarschaft in anderer und stärkerer Weise. Ihre Situation steht daher im Zentrum der Studie.

Jüdisches Landleben in Hessen

Hessen ist für die Betrachtung ländlicher jüdisch-nichtjüdischer Begegnungen besonders interessant. In der preußischen Provinz Hessen-Nassau lag der Anteil der jüdischen Bevölkerung mit 2,66 Prozent im Jahr 1880 weit über dem Durchschnitt des Kaiserreichs von 1,24 Prozent.[12] Neben den großen städtischen Gemeinden wie Frankfurt, Darmstadt und Kassel existierte noch in der Weimarer Zeit eine kaum überschaubare Zahl kleiner jüdischer Landgemeinden.[13]

---

11 Vgl. Kauders, Anthony: Democratization and the Jews: Munich, 1945–1965. Lincoln 2004. S. 65–136; Bergmann, Werner: „Wir haben sie nicht gerufen." Reaktionen auf jüdische Remigranten in der Bevölkerung und Öffentlichkeit der frühen Bundesrepublik. In: Lühe, Auch in Deutschland, S. 19–39; ders.: „Der Antisemitismus in Deutschland braucht gar nicht übertrieben zu werden..." Die Jahre 1945 bis 1953. In: Leben im Land der Täter. Juden im Nachkriegsdeutschland (1945–1952). Hrsg. von Julius H. Schoeps. Berlin 2001. S. 191–207; Goschler, Constantin: The Attitude Towards Jews in Bavaria After the Second World War. In: Leo Baeck Institute Yearbook 36/1 (1991). S. 443–458; Brenner, Holocaust, S. 77–99; zu Beziehungen zwischen nichtjüdischen Deutschen und amerikanischen Soldaten siehe Höhn, Maria: Amis, Cadillacs und „Negerliebchen". GIs im Nachkriegsdeutschland. Berlin 2008; zu Nachkriegsverhältnissen in einem unterfränkischen Ort mit nichtjüdischem DP-Camp siehe Seipp, Adam R.: Strangers in the Wild Place. Refugees, Americans, and a German Town, 1945–1952. Bloomington 2013.
12 Vgl. Mack, Rüdiger: Otto Böckel und die antisemitische Bauernbewegung in Hessen 1887–1894. In: Neunhundert Jahre Geschichte der Juden in Hessen. Beiträge zum politischen, wirtschaftlichen und kulturellen Leben. Hrsg. von der Kommission für die Geschichte der Juden in Hessen. Wiesbaden 1983. S. 377–410, hier S. 378.
13 Vgl. Arnsberg, Paul: Die jüdischen Gemeinden in Hessen. Bilder – Dokumente. Darmstadt 1973. S. 215–223; Altaras, Thea: Synagogen und jüdische rituelle Tauchbäder in Hessen – Was geschah seit 1945? 2. Aufl. Königstein im Taunus 2007. S. 421–431.

Jüdisches Leben jenseits der großen Städte hat in Hessen, neben anderen süd- und westdeutschen Regionen wie Baden, Württemberg oder Franken, eine jahrhundertelange Geschichte.[14] Wiederholte Ausweisungen aus der Landgrafschaft und ökonomisch motivierte Niederlassungserlaubnisse adeliger Grundherren in ihren Bezirken trieben viele hessische Jüdinnen und Juden im 16. Jahrhundert auf das Land.[15] Ihr Ausschluss aus Zünften und das Verbot von Landbesitz drängten Viele in den Beruf der Kaufleute, vor allem in den Handel mit Agrarprodukten und Vieh. Ihr Kapitalvermögen statt Landbesitz, Kreditvergaben durch jüdische Viehhändler sowie ihre berufliche Mobilität als Händler zwischen Land und Stadt schufen enge wirtschaftliche Beziehungen (und Abhängigkeiten) zwischen jüdischer und nichtjüdischer Bevölkerung.[16] Auch nach der gewonnenen rechtlichen Bewegungsfreiheit im 19. Jahrhundert setzte die Fluktuation in die Stadt unter hessischen Jüdinnen und Juden zunächst nur zögerlich ein. Ende des 19. Jahrhunderts wurde Hessen-Nassau – hier auch vornehmlich der ländliche Raum um Marburg – zur Hochburg der ökonomisch motivierten, radikal antisemitischen Bauernbewegung um Otto Böckel. Die Bewegung verstärkte die nun zunehmend einsetzende Landflucht unter der jüdischen Bevölkerung, die bis in die 1920er Jahre nicht abriss.[17] Dennoch existierten 1933 allein im Landkreis Marburg noch 17 jüdische Landgemeinden, in insgesamt 30 Orten lebte eine jüdische Bevölkerung. Insbesondere die protestantischen Dörfer des Kreises zeigten in den Folgejahren eine äußerst hohe Affinität zu Nationalsozialismus und Gewalt.[18] Während der Novemberpogrome 1938 kam dem Gau Kurhessen eine

---

14 Die zahlenmäßig stärkste jüdische Landbevölkerung im 19. Jahrhundert lebte in den Regionen Westfalen, der preußischen Rheinprovinz, Baden, Württemberg, der Pfalz, Hessen, Franken und dem bayrischen Schwaben. Vgl. Richarz, Monika: Ländliches Judentum als Problem der Forschung. In: Richarz/Rürup, Jüdisches Leben, S. 1–8, hier S. 5.
15 Vgl. Battenberg, J. Friedrich: Aus der Stadt auf das Land? Zur Vertreibung und Neuansiedlung der Juden im Heiligen Römischen Reich. In: Richarz/Rürup, Jüdisches Leben, S. 9–35; Mack, Böckel, S. 378.
16 Vgl. Richarz, Ländliches Judentum, S. 7; zum jüdischen Viehhandel und seiner ökonomischen Bedeutung siehe Fischer, Stefanie: Ökonomisches Vertrauen und antisemitische Gewalt. Jüdische Viehhändler in Mittelfranken 1919–1939. Göttingen 2014; sowie dies.: Economic Trust in the ‚Racial State'. A Case Study from the German Countryside. In: Löw/Bajohr, The Holocaust, S. 47–67.
17 Vgl. Mack, Böckel, S. 379; Toury, Jacob: Antisemitismus auf dem Lande: Der Fall Hessen 1881–1895. In: Richarz/Rürup, Jüdisches Leben, S. 173–188, hier S. 188. Um 1900 verlor die Böckel-Bewegung durch die Erfolge der genossenschaftlichen Raiffeisen-Bewegung, die sich den Antisemitismus auf ihre Weise zu Nutze machte, immer mehr an Bedeutung.
18 Vgl. Händler-Lachmann [u. a.], Purim, S. 11; Kreisausschuß des Landkreises Marburg-Biedenkopf (Hrsg.): Die ehemaligen Synagogen im Landkreis Marburg-Biedenkopf. Marburg 1999. S. 9.

‚Musterrolle' zu, die Ausschreitungen fanden auch im Marburger Landkreis mancherorts bereits am 8. November statt.[19] Zwischen Dezember 1941 und September 1942 wurden in drei Deportationen 154 als Jüdinnen und Juden verfolgte Landkreisbewohnerinnen und -bewohner über Marburg und Kassel nach Riga, zum Vernichtungslager Sobibór, zum KZ Majdanek bzw. nach Theresienstadt deportiert und in den Folgejahren mehrheitlich ermordet.[20]

Ende 1945 lebte in 16 Orten des Landkreises wieder eine jüdische Bevölkerung – Überlebende aus Konzentrationslagern und Verstecken, Zurückgekehrte aus dem Exil, Angehörige christlich-jüdischer Ehen, neu in den Landkreis gezogene deutsche Jüdinnen und Juden sowie osteuropäische jüdische Flüchtlinge.[21]

Rauischholzhausen – eine Mikrostudie

Ausgangspunkt der Studie ist das Dorf Rauischholzhausen.[22] Dieser Teil der protestantisch geprägten heutigen Großgemeinde Ebsdorfergrundd, 15 Kilometer südöstlich von Marburg, beherbergte 1933 eine Bevölkerung von etwa 700 Personen. Rauischholzhausen bildete seit dem 14. Jahrhundert mit umliegenden Gebieten einen adeligen Gerichtsbezirk. Noch während der Weimarer Zeit lag der Großteil des Grundbesitzes in den Händen einer örtlich ansässigen Adelsfamilie als Hauptarbeitgeberin der Bevölkerung.

Der jüdische Bevölkerungsanteil war seit Mitte des 19. Jahrhunderts von über 12 Prozent auf etwa drei Prozent geschrumpft. Während der Weimarer Zeit enga-

---

19 Vgl. Kropat, Wolf-Arno: Kristallnacht in Hessen: Der Judenpogrom vom November 1938. Eine Dokumentation. Wiesbaden 1988. S. 24; ders.: Die hessischen Juden im Alltag der NS-Diktatur 1933–1939. In: Neunhundert Jahre, S. 411–445.
20 Vgl. Friedrich, Klaus-Peter: Zur Einführung. In: Von der Ausgrenzung, S. 1–8, hier S. 2; Händler-Lachmann, Barbara u. Ulrich Schütt: „unbekannt verzogen" oder „weggemacht". Schicksale der Juden im alten Landkreis Marburg 1933–1945. Marburg 1992. S. 12; Kingreen, Monica: Die gewaltsame Verschleppung der Juden aus den Dörfern und Städten des Regierungsbezirks Kassel in den Jahren 1941 und 1942. In: Das achte Licht. Beiträge zur Kultur- und Sozialgeschichte der Juden in Nordhessen. Hrsg. von Helmut Burmeister u. Michael Dorhs. Hofgeismar 2002. S. 223–242.
21 Vgl. u. a. Hessisches Staatsarchiv Marburg (HStAM), Best. 180 LA Marburg, Nr. 3594, Bl. 24: ‚Liste der im Landkreis Marburg lebenden Juden', erstellt vom Landratsamt, nicht datiert, vermutlich von April 1946.
22 Bereits 2009–2010 erforschte ich die lokale NS-Vergangenheit. Die folgenden Angaben entstammen, sofern nicht anders bezeichnet, Junge, Anna: „Niemand mehr da." Antisemitische Ausgrenzung und Verfolgung in Rauischholzhausen 1933–1942. Marburg 2012. S. 30–50, 134–139 u. 140–165; siehe daneben Junge, Anna: Rauischholzhausen. In: Friedrich, Von der Ausgrenzung, S. 217–228.

gierten sich Jüdinnen und Juden im Rahmen des allgemeinen Vereinslebens; der letzte jüdische Gemeindevorsitzende war jahrelang der zweite Vorsitzende des örtlichen Kriegervereins. Doch während sich die Mehrheit der christlichen Bevölkerung als Lohnarbeiterinnen und Lohnarbeiter verdingte, betrieben in den 1920er Jahren alle jüdischen Familien selbständige Gewerbe, insbesondere im Handel und Metzgereiwesen. Überlieferungen zu Bildung, häuslicher Einrichtung und Hausangestellten lassen die jüdischen Familien vor Hitlers Regierungsantritt außerdem bürgerlicher erscheinen als ihre christliche Nachbarschaft. Im Januar 1933 lebten im Dorf noch 20 jüdische Personen.

Die Arbeiterbevölkerung des Ortes stimmte traditionell mehrheitlich für die Sozialdemokratie. Erst 1930 erzielte die NSDAP nennenswerte Erfolge, im Juli 1932 errang sie 35 Prozent, im November 1932 42 Prozent und im März 1933 mit 53 Prozent die absolute Mehrheit der Stimmen. Meine Erforschung der lokalen NS-Zeit ergab das Bild einer ‚braunen Hochburg' und eine Ereignisgeschichte, die staatlichen Anordnungen immer wieder vorauseilte. Nur eine Minderheit zeigte sich den jüdischen Nachbarinnen und Nachbarn gegenüber solidarisch und versorgte sie mit Lebensmitteln, dies bemerkenswert früh schon im Geheimen. Im September 1942 wurden zehn jüdische Personen unter dem Beifall einiger Schaulustiger im Dorf auf LKWs getrieben und nach Theresienstadt deportiert. Sieben von ihnen wurden ermordet. Nach ihrem Abtransport wurden ihre Häuser wild geplündert, die letzten Habseligkeiten wurden bald öffentlich versteigert. Skrupellos bereicherten sich Viele am ehemaligen Eigentum der deportierten Nachbarinnen und Nachbarn.[23]

Als Ende März 1945 das amerikanische Militär das Dorf erreichte, hielt die Bevölkerung zusammen: Einige zurückgekehrte Nazis wurden im Wald versteckt, ohne vom US-Militär aufgespürt zu werden; später halfen Sozialdemokratinnen und -demokraten ehemaligen NSDAP-Mitgliedern in ihren Spruchkammerverfahren.[24] Völlig unerwartet kehrte jedoch auch der ‚alte Feind' ins Dorf zurück: Drei jüdische Rauischholzhausener hatten in westalliierten Einheiten gegen Deutschland gekämpft und einer von ihnen stattete bereits im Mai 1945 seinem Herkunftsdorf den ersten Besuch ab. Und er war nicht der einzige: Drei der nach

---

23 Vgl. Becker, Gewalt, S. 77–84; Meinl, Susanne u. Jutta Zwilling: Legalisierter Raub. Die Ausplünderung der Juden im Nationalsozialismus durch die Reichsfinanzverwaltung in Hessen. Frankfurt/Main 2004. S. 147–153; Sparkassen-Kulturstiftung Hessen-Thüringen (Hrsg.): Legalisierter Raub. Der Fiskus und die Ausplünderung der Juden in Hessen 1933–1945. Ausstellungskatalog. 2. Aufl. Frankfurt/Main 2005. S. 60–65.
24 Vgl. Fischer, Stefanie: „Der hat irgendwie an Christen net den Hals abdreht" – Erinnerungen an jüdische Viehhändler aus Gunzenhausen und Umgebung. In: Alt-Gunzenhausen 63 (2008). S. 226–246, hier S. 241f.

Theresienstadt Deportierten überlebten die Shoah. Walter Spier (geboren 1927 in Marburg) wurde am 5. Mai 1945 in Mauthausen befreit, kurz darauf folgte die Befreiung von seinem Bruder Martin (geboren 1925 in Rauischholzhausen) und Sara Mendel (geboren 1876 in Rauischholzhausen) in Theresienstadt. Die drei machten sich bald auf den Weg nach Rauischholzhausen, allerdings mit ganz unterschiedlichen Gefühlen angesichts dieser Rückkehr. Die 69-jährige Sara Mendel war durch die Lagerhaft sehr gebrechlich, ihr Mann hatte die Shoah nicht überlebt und sie hatte keine Kinder. Aufgrund ihres Alters, der körperlichen Schwäche und der wenigen noch lebenden Verwandten entschied sie sich, ihr Leben in Rauischholzhausen „fortzusetzen". Sie eröffnete ein kleines Kurzwarengeschäft und lebte bis zu ihrem Tod im Jahr 1954, betreut von einer nichtjüdischen Ortsbewohnerin, einsam, krank und in finanzieller Not im Ort.[25]

Die bei ihrer Rückkehr erst 17- und 19-jährigen Brüder Spier hingegen entschieden bald, dass es für sie keine Zukunft in Deutschland geben würde. Gemeinsam mit weiteren jüngeren Überlebenden des Landkreises verübten sie einige Übergriffe auf Nazis in der Region und emigrierten im Juni 1946 zu Verwandten in die USA. In den Monaten vor ihrer Ausreise halfen die Geschwister auch bei der Gründung einer Hachschara-Stätte in Rauischholzhausen, die im Juli 1946 feierlich eröffnet wurde. Daraufhin lebten zwischen dem Sommer 1946 und Ende 1947 in Rauischholzhausen mehr als 100 polnische DPs – die größte jüdische Bevölkerung, die der Ort jemals beherbergte.[26]

Eine Auseinandersetzung mit der antisemitischen Verfolgungsgeschichte und der NS-Zeit fand in Rauischholzhausen bis vor wenigen Jahren nicht statt. Die Ortschronik von 1975 enthält nur einige kurze und verharmlosende Bemerkungen.[27] Der jüdische Friedhof existiert noch, einige Steinplatten der ehemaligen Synagoge sind zu Gehwegplatten verbaut.[28] Es kursieren einige Sprichwörter mit Bezug auf die jüdische Bevölkerung, Schimpfwörter und in den Dialekt übernommene westjiddische Redewendungen. Seit dem Tod der letzten jüdischen Ortsbewohnerin 1954 lebt die Ortsbevölkerung, so scheint es, mit diesen Spuren, so wie Utz Jeggle es am Beispiel baden-württembergischer Orte formuliert, in

---

25 Vermutlich hatte Frau Mendel (zusammen mit ihrem ermordeten Mann) bereits während der frühen 1930er Jahre außer einer Metzgerei auch ein kleines Kurz- und Textilwarengeschäft betrieben, so dass sie den alten Betrieb nach ihrer Rückkehr entsprechend wiedereröffnete.
26 Vgl. Archiv des Jüdischen Museums Berlin (JMB), Dependance Wiener Library, Coll. Post-War Europe, hier u. a. HA6A-1/5, Bl. 19 u. HA6B-2/13, Bl. 10: Schriftwechsel der Jewish Relief Unit im Sommer 1947.
27 Vgl. Kaiser, Franz: Rauisch-Holzhausen, das ehemals freie Reichsdorf. Marburg 1975. S. 119.
28 Vgl. Junge, Anna: Spuren der Verfolgung. Orte der ehemaligen Synagogen in Rauischholzhausen und Mardorf. In: Jahrbuch für den Landkreis Marburg-Biedenkopf (2012). S. 210–215.

einer Art „Stillhalteabkommen mit der Geschichte".[29] In ihren Zweckmäßigkeiten als Gehwegplatte oder Sprachbereicherung akzeptiert sie die Spuren, aber eine Tradierung an nachfolgende Generationen, an Außenstehende oder gar Infragestellung der eigenen Deutung hatte bis zum Beginn meiner Forschung kaum stattgefunden.[30]

Methodische Überlegungen

Mikrohistorisches Forschen erfordert das Aufspüren unterschiedlicher Quellenarten, die es gilt, eng zueinander in Beziehung zu setzen.[31] Ein wichtiger Quellenbestand zur jüdischen Nachkriegssituation im hessischen Landkreis Marburg sind die Rückerstattungs- und sogenannten Wiedergutmachungsakten im Landesarchiv. Bis Ende der 1940er Jahre wurden staatliche, den Landkreisverwaltungen unterstehende Betreuungsstellen und Sonderfonds für NS-Verfolgte eingerichtet. Wichtige Auskünfte geben auch die Aktenbestände jüdischer Hilfsorganisationen und der bereits ab 1945 neu gegründeten Marburger Jüdischen Gemeinde. Über genealogische Internetforen wie www.jewishgen.org oder www.ancestry.com lassen sich Angehörige der jüdischen Landkreisbevölkerung ermitteln, die bei der Suche nach Fotos, Briefen und anderen persönlichen Aufzeichnungen helfen können. Aufschluss bietet der Schriftwechsel zahlreicher Behörden: Landratsamt, Bürgermeister und Polizei stritten über Grundstücksfragen, Beschlagnahmungen, Gewerbegründungen jüdischer Rückkehrerinnen und Rückkehrer sowie strafrechtlich relevante Vorkommnisse. Hinzu kommen Spruchkammerverfahrensakten, Akten der US-Militärverwaltung, örtliche Vereinsarchive und die zeitgenössische Medienberichterstattung.

Was nicht zeitgenössisch dokumentiert wurde, überlebte zum Teil als persönliche Erinnerung derjenigen, die am Geschehen teilnahmen. In bereits existenten Oral History-Quellen mit jüdischen Überlebenden spielt die Nachkriegszeit in Deutschland jedoch meist nur eine marginale Rolle. Dies gilt umso mehr für die Fragestellung nach (auch positiven) Beziehungen zu nichtjüdischen Deutschen.

---

29 Jeggle, Nachrede, S. 409.
30 Vgl. Becker, Gewalt, S. 61–76; Jeggle, Nachrede, S. 407–411; Fischer, Erinnerungen, S. 242f.
31 Vgl. Medick, Hans: Mikro-Historie. In: Sozialgeschichte, Alltagsgeschichte, Mikro-Historie. Hrsg. von Winfried Schulze. Göttingen 1994. S. 40–53; zur Methode lebensweltlicher Betrachtung siehe Haumann, Heiko: Lebenswelten und Geschichte. Wien/Köln 2012. S. 85–95 u. 96–105.

Daher werden für diese Studie eigene Gespräche mit jüdischen sowie nichtjüdischen Zeitzeuginnen und -zeugen geführt.[32]

Überraschenderweise sind viele nichtjüdische Zeitzeuginnen und -zeugen bereit, mir detailreich und unverblümt von der örtlichen NS- und Nachkriegszeit zu berichten. Dies dürfte vor allem dem Umstand geschuldet sein, dass die meisten hochbetagt und einsam sind. Sie wollen, so wirkt es, nun kurz vor ihrem Tod noch einmal ‚Zeugnis ablegen'.[33] Doch Oral History schafft Probleme, wenn es darum geht, Geschichte zu rekonstruieren. Besonderheiten ergeben sich über den Entstehungsrahmen: das Interviewsetting und meinen Einfluss als Interviewende, Nichtjüdin und städtische Akademikerin. Ein Ortsbewohner entgegnete mir auf die Frage nach seinem Beruf: „Proletarier. Kennen Sie das? Haben Sie das in der Schule gehabt?"[34] Mein Alter, unterschiedliche politische Einstellungen, meine Reaktionen, Vorannahmen und Vorurteile beeinflussen die Frage, was mir gegenüber zur Sprache gebracht wird.[35] Wichtig aber ist vor allem sich zu vergegenwärtigen, dass zwischen Ereignis, Erinnerung und Erzählung zu unterscheiden ist.[36] Was die Interviews hervorbringen, sind Erzählungen, lediglich ein Ausschnitt der subjektiven Erinnerungen einer Gesprächspartnerin. Diese decken sich nicht mit dem Verlauf der Ereignisse, sondern unterlagen Zeit ihres Lebens einem Veränderungsprozess, sind geprägt von Sinn und Bedeutung, die die Interviewte dem Ereignis beimisst, dem Grad der Verarbeitung und entstanden in Abhängigkeit ihrer sozialen und kulturellen Umgebung.[37] So berichtete etwa ein

---

32 Neben meinen eigenen Interviews existieren Interviews des USC Shoah Foundation Institutes mit jüdischen Überlebenden des Marburger Landkreises sowie eine Interviewsammlung des Geschichtswerkstatt Marburg e.V. von 1987–1992 mit jüdischen und nichtjüdischen Zeitzeuginnen und -zeugen aus dem Marburger Raum.
33 Vgl. Fischer, Erinnerungen, S. 242.
34 Herr G., Jahrgang 1926. Eigenes Interview, 31.07.2009 in Rauischholzhausen. Transkript S. 6.
35 Vgl. Welzer, Harald: Die Konstruktion des „anderen Nazis". Über die dialogische Verfertigung der Vergangenheit in einem Zeitzeugeninterview. In: Aus einem deutschen Leben. Lesarten eines biografischen Interviews. Hrsg. von Christian Geulen u. Karoline Tschuggnall. Tübingen 2000. S. 74–85; Jureit, Ulrike: Erinnerungsmuster. Zur Methodik lebensgeschichtlicher Interviews mit Überlebenden der Konzentrations- und Vernichtungslager. Hamburg 1999. S. 28–35 u. 92–100.
36 Vgl. Wierling, Dorothee: Oral History. In: Aufriss der Historischen Wissenschaften 7: Neue Themen und Methoden der Geschichtswissenschaft. Hrsg. von Michael Maurer. Stuttgart 2003. S. 81–151, hier S. 94–105.
37 Vgl. Wierling, Dorothee: Zeitgeschichte ohne Zeitzeugen. Vom kommunikativen zum kulturellen Gedächtnis – drei Geschichten und zwölf Thesen. In: BIOS. Zeitschrift für Biographieforschung, Oral History und Lebensverlaufsanalysen 21/1 (2008). S. 28–36; Welzer, Harald: Das kommunikative Gedächtnis. Eine Theorie der Erinnerung. München 2002. S. 185–206; Tschuggnall, Karoline: Sprachspiele des Erinnerns. Lebensgeschichte, Gedächtnis und Kultur. Gießen 2004. S. 69–92; Thießen, Malte: Geschichte und Psychoanalyse revisited. Praxis und

nichtjüdischer Rauischholzhausener, der die gesamte NS-Zeit im Ort verbracht hatte, mit Nachdruck, die örtliche Synagoge sei 1935 abgerissen worden.[38] Das stimmt nicht – es gibt eindeutiges Archivmaterial zur Pogromnacht 1938 – doch genau so fehlerhaft steht es in der Ortschronik. Die Erzählungen der Zeitzeuginnen und -zeugen eignen sich somit nur begrenzt zur historischen Wahrheitsfindung.

Trotzdem halte ich Oral History für die Fragestellung nach jüdisch-nichtjüdischen Beziehungen für gewinnbringend, denn die Gespräche stoßen Themen an, die in anderer Form nicht überliefert sind. Zur Frage nach Freundschaften und jüdischen Racheakten gibt es kaum andere Quellen als mündliche Erzählung. Über zahlreiche Ereignisse gibt es irgendeine Art schriftlich-zeitgenössischer Berichterstattung, doch Oral History bringt mich häufig erst auf ihre Spur: den Namen der noch lebenden Haushälterin einer verstorbenen jüdischen Rückkehrerin. Viele hilfreiche Quellen wie Briefe oder Fotos schlummern im Privatbesitz, und die Gespräche mit den Ortsbewohnerinnen und -bewohnern sind der Schlüssel, auch ihre Sammlungen einsehen zu können. Daneben helfen die Gespräche, das heißt die Art und Weise wie erinnert und was erzählt wird, dabei, ein Verständnis für die damalige Gesamtdynamik zu erlangen. Die Worte der am damaligen Geschehen Beteiligten unterstreichen die Ungeheuerlichkeiten.

Interviewausschnitte

In Bezug auf jüdisch-nichtjüdische Nachkriegsbeziehungen werden in den Rauischholzhausener Interviews regelmäßig drei Themen angesprochen: Freundschaften, Eigentumsfragen und Gewaltübergriffe.[39] Im Folgenden werde ich hierzu aus drei Interviews zitieren.

Mein erster Gesprächspartner ist der Überlebende Walter Spier. Er und sein Bruder Martin wurden im Sommer 1944 in Auschwitz-Birkenau voneinander getrennt und in verschiedene Zwangsarbeitslager verschleppt. Die Eltern der bei-

---

Potenziale interdisziplinärer Forschungen für die Oral History. In: Es gilt das gesprochene Wort. Oral History und Zeitgeschichte heute. Hrsg. von Knud Andresen [u.a.]. Göttingen 2015. S. 146–160.
38 Herr N., Jahrgang 1920. Interview des Geschichtswerkstatt Marburg e.V., 28.11.1989 in Rauischholzhausen. Transkript S. 3.
39 Hinzu kommen vor allem Fragen zu Erwerbstätigkeit und ökonomischen Beziehungen. Auf das Verhältnis zu jüdischen DPs wird in diesem Beitrag nicht eingegangen.

den wurden in Birkenau ermordet.⁴⁰ In der Hoffnung, Familienangehörige zu finden, machten sich die Brüder nach ihrer Befreiung auf den Weg zurück nach Rauischholzhausen. Martin war als Erster vor Ort und zog zunächst zur ehemaligen Haushälterin der Familie, die ihn aufnahm und versorgte. Walter Spier berichtet von ihrem Wiedersehen:

> And I went into the room and Martin was sleeping. I opened up his eyes. [...] And, once Martin saw me and I saw him, it was just like when you [...] are sick and all of a sudden you get your strength back, you're happy. [...] We hugged each other for a long time. [...] And then Lisbeth [die ehemalige Haushälterin, A.J.] came and said: "Macht Euch auseinander. Ich hab' Kaffee und Kuchen hier."⁴¹

Herr Spier beschreibt hier etwas ganz Besonderes: Das enge Verhältnis zwischen den Geschwistern und ihrer ehemaligen Haushälterin hatte die Shoah überlebt. Lisbeth Deubel kümmerte sich 1945 um die beiden genauso, wie sie es in der Kindheit der Brüder getan hatte. Am 6. September 1942, dem Tag der örtlichen Deportation, hatte Frau Deubel verzweifelt an einer Ecke des Marktplatzes gestanden und geweint. Sie und der örtliche Schneider waren die einzigen Ortsbewohner, die sich 1942 von der Familie verabschiedeten.⁴² Die hier beschriebene Szene hat etwas sehr Vertrautes, fast Familiäres: ein selbstverständliches Dazwischengehen in die Wiedersehensfreude, um für das leibliche Wohl zu sorgen. Die Haushaltshilfe war ein Zuhause, wo die Geschwister 1945, nach allem was ihnen passiert war, Kuchen essen mochten.

Auch für die dritte Überlebende, Sara Mendel, die im August 1945 aus Theresienstadt zurückkehrte,⁴³ wurde eine ehemalige Haushälterin zur zentralen Bezugsperson.

Von diesem Verhältnis erzählte mir meine Gesprächspartnerin Frau M., Jahrgang 1944. Frau M., selbst Enkelin einer polnischen Jüdin, zog 1953 als Neunjährige mit ihren Eltern nach Rauischholzhausen. Ihre Mutter hatte als Kind einer sogenannten Mischehe überlebt. Frau M. berichtet von ihren Kindheitserinnerungen an Frau Mendels Freundin:

---

40 Vgl. Hessisches Hauptstaatsarchiv, Wiesbaden (HHStAW), Abt. 518, Nr. 1700/22: Inhaftierungsbescheinigung des International Tracing Service vom 17.03.1969.
41 Walter Spier, Jahrgang 1927. Eigenes Interview, 23.10.2015 in Marburg. Transkript S. 2f.
42 Zur Bedeutung der Verabschiedung für emigrierte oder deportierte NS-Verfolgte, auch aus der Perspektive der Zurückbleibenden, siehe Krauss, Marita: Zurückbleiben und Abschied. In: Zurückbleiben. Hrsg. von Andreas Gestrich u. Marita Krauss. Stuttgart 2006. S. 27–48.
43 HHStAW, Abt. 518, Nr. 5902: Protokoll einer eidesstattlichen Versicherung Sara Mendels vor dem AG Kirchhain vom 14.04.1950.

> Bettchen [die ehemalige Haushälterin; A. J.] wohnte, offiziell wohnte die nicht bei Sara Mendel, aber sie war jeden Tag da. [...] Diese beiden Freundinnen. Die waren wirklich eng befreundet. [...] [Sie] war vielleicht 'n bisschen die Haushälterin von Frau Mendel, weil die Frau Mendel konnte nicht mehr gut [laufen]. [...] Ich glaube, dass Frau Mendel eigentlich schon eine ziemlich [alte Frau war]. Ja, wie alt ist sie denn geworden? [...] Ich erinnere sie immer nur sitzend.[44]

Auffällig in beiden Interviews ist die besondere Betonung, die die engen Beziehungen zu den nichtjüdischen Haushälterinnen erfahren. Walter Spier kommt immer wieder auf Lisbeth zurück. Frau M. ergänzt ihren Bericht sogar mit folgender Erzählung:

> Und ich finde diese Geschichte, ich fand sie einfach wunderbar. Dass diese [nichtjüdische Freundin] [...] neben der Frau Mendel begraben worden ist. [...] Und es ist ein Symbol einer Freundschaft, eigentlich was ganz Rührendes. Worauf die Dorfleute auch heute stolz sein könnten.[45]

Der Grabstein für Frau Mendel am jüdischen Friedhof in Rauischholzhausen trägt die Inschrift „Im ewigen Andenken. Ihre Nichten, Neffe und Bettchen". Doch Bettchen Scheldt liegt auf einem christlichen Friedhof im Wetteraukreis begraben. Die übersteigerte Erinnerung von Frau M. an die enge Freundschaft zwischen Frau Mendel und ihrer Haushälterin unterstreicht jedoch die Besonderheit und Rarität des Verhältnisses. Denn abgesehen von dieser Hilfe verbrachte Sara Mendel, davon zeugen ihre Briefe an zahlreiche Behörden, ihre letzten Lebensjahre in absoluter Einsamkeit.[46] Interessant ist, dass in den Interviews mit nichtjüdischen Zeitzeuginnen und -zeugen die wenigen Freundschaften zwischen Überlebenden und einzelnen nichtjüdischen Personen weit weniger Betonung erfahren und auch als weniger eng beschrieben werden.

Einen thematischen Schwerpunkt für beide Seiten, jüdische wie nichtjüdische Gesprächspartnerinnen und -partner, stellen die Konflikte um Rückforderungen jüdischen Eigentums.[47] So erzählt etwa Walter Spier:

---

44 Frau M., Jahrgang 1944. Eigenes Interview, 22.07.2009 in Bremen. Transkript S. 5, 7.
45 Frau M., Jahrgang 1944. Eigenes Interview, 22.7.2009 in Bremen. Transkript S. 5, 16f.
46 Vgl. HHStAW, Abt. 518, Nr. 5902: Schreiben Sara Mendels an die Bundesregierung vom 26.06.1952 und an das Kasseler Regierungspräsidium vom 22.02.1954.
47 Vgl. Wagner [u. a.], Oberaspher Juden, S. 164.

> And there were Gentiles living in our house. And since my father never sold the house, my parents I should say, we [kicked] them out, and we moved back into our house. And we tried to put the pieces together, which was very hard.[48]

Walter Spier beschreibt im Interview die Schwierigkeiten, Möbel und Hausrat zu organisieren.[49] Einige Wertsachen hatten die Eltern vor der Deportation bei nichtjüdischen Nachbarinnen und Nachbarn in Verwahrung gegeben. Vom örtlichen Schneider erhielten die Geschwister den guten Anzug des Vaters zurück – fürsorglich auf ihre Größe gekürzt und umgenäht. Die eigenen Möbel aufzufinden erwies sich jedoch als unmöglich.

Überlieferter Schriftwechsel belegt, dass das Landratsamt auf Anordnung der US-Militärregierung für ihre Wohnungseinrichtung schließlich Beschlagnahmungen aus ehemaligem Eigentum anderer deportierter jüdischer Landkreisbewohnerinnen und -bewohner anordnete. Daneben erfolgten Ersatzbeschlagnahmungen bei höheren Nazis.[50] Bei den Beschlagnahmungen mussten die Brüder Spier zur Identifizierung der Gegenstände bisweilen selbst zugegen sein.[51] So berichtet diesbezüglich mein dritter Gesprächspartner, Herr F., ein nichtjüdischer Zeitzeuge des Jahrgangs 1930:

> Kochs [...]. Die ham das Haus zwei Mal bezahlt. Hat's geheißen. [...] Ei, einmal da. Und nachher waren die Juden [wieder] da und [...] [haben] nochmal Geld verlangt! Denn die Juden waren ja nachher auch hier. Und die sind Radios abholen [gekommen], gerade die drei. [...] Ja. Bei den Nazileuten usw. Radios, Fotoapparate. All' solche Wertsachen. Ließen die da abholen. Ei, die gingen da hin und der hatt' 'n Radio. Ham die einfach [ab]geholt![52]

---

48 Walter Spier, Jahrgang 1927. Interview des USC Shoah Foundation Institute, VHA-Code 7040, 7.01.1996 in New York. Selbst erstelltes Transkript, S. 25.
49 Vgl. Geis, Übrig sein, S. 43–89; Becker, Gewalt, S. 87–91; Goschler, Constantin: Schuld und Schulden. Die Politik der Wiedergutmachung für NS-Verfolgte. Göttingen 2005. S. 65–72; siehe auch Porter, Jeff: Occupiers, Nazi Robbery and a Restitution Law for the Whole of Germany: Missed Early Opportunities or Historical Inevitabilities? In: Justice, Politics and Memory in Europe after the Second World War. Landscapes after Battle. Vol. 2. Hrsg. von Suzanne Bardgett [u.a.]. London 2011. S. 61–80.
50 Vgl. HStAM, Best. 180 LA Marburg, Nr. 3594, Bl. 35: Schreiben des Marburger Landrats an den Marburger Oberbürgermeister, Erfassungsstelle für das jüdische Eigentum, vom 13.08.1945.
51 Vgl. HStAM, Best. 330 Kirchhain, Nr. 2659, Bl. 34, Rückseite: Schreiben des Marburger Landrats an den Bürgermeister von Kirchhain vom 30.11.1945; vgl. Becker, Wiederkehr, S. 44.
52 Herr F., Jahrgang 1930. Eigenes Interview, 31.07.2009 in Rauischholzhausen. Transkript S. 22f. Vgl. Fischer, Erinnerungen, S. 241; Becker, Juden, S. 308–319; Händler-Lachmann [u.a.], Purim, S. 240; Baumann, Ulrich: The Object's Memory: Remembering Rural Jews in Southern Germany. In: Restitution and Memory. Material Restoration in Europe. Hrsg. von Dan Diner u. Gotthart Wunberg. New York/Oxford 2007. S. 117–140.

In der Erzählung von Herrn F. bereichern sich die jüdischen Überlebenden am Eigentum ihrer nichtjüdischen Nachbarinnen und Nachbarn. Auffällig ist, dass hier von Wertsachen – von Fotoapparaten statt von Bettwäsche – die Rede ist. Der Bericht negiert die Existenznöte der Überlebenden und die Notwendigkeiten, um die es bei den Ersatzbeschlagnahmungen ging. Überlieferter Schriftwechsel zwischen nichtjüdischen Ortsbewohnerinnen und -bewohnern mit Behörden bezeugt die damalige Entrüstung auf nichtjüdischer Seite, günstig ersteigerten Hausrat oder vertragsmäßig gepachtete Grundstücke zurückzugeben. Von den Ersatzbeschlagnahmungen Betroffene versuchten, ihre Naziaktivitäten zu widerlegen, und ihre Eingaben waren nicht selten von Erfolg beschieden.[53] Geschichten von Einsicht und freiwilliger Rückgabe ersteigerter Gegenstände hingegen konnte ich für Rauischholzhausen bisher nicht ermitteln. Vor diesem Hintergrund überrascht es nicht, dass die Zeitzeuginnen und -zeugen, auf beiden Seiten, auch von körperlicher Gewalt berichten.

Zentral im Interview mit Walter Spier sind die ‚letzten' Worte des Vaters bei ihrer Trennung in Auschwitz-Birkenau. Der Vater habe seinen Söhnen aufgetragen, mit Stolz nach Rauischholzhausen zurückzukehren: „Go back to your hometown. And be proud of your name."[54] Spier versteht die Worte auch als Auftrag, Rache zu üben. Er berichtet von einem Tag, an dem er und sein Bruder bei Frau Mendel zum Mittagessen waren und durch das Fenster einen Ortsbewohner sahen, der ihren Vater Jahre zuvor körperlich angegriffen hatte:

> And all of a sudden we saw [him] [...] going into the fields. [He was] [...] back from the war. And we were –, I mean you can't blame [us], when you saw thousands of people being killed and die that you had a hate. [...] And I looked at my brother and my brother looked at me. [...] And I wanted to [...] take the cleaver. I wanted to kill him, I wanted to kill him. And Mrs. Mendel said: "[Schlagen – ja, totschlagen – nicht.[55]] You leave the cleaver here." My brother and I, we went out. [...] And we beat him up, [...] but we didn't kill him. And till today I'm thankful to Mrs. Mendel [that] I didn't kill him.[56]

---

53 Vgl. HStAM, Best. 330 Kirchhain, Nr. 2659: Schriftwechsel zwischen Landratsamt und Kirchhainer Bürgermeister, 11/1945–4/1946; vgl. Händler-Lachmann [u. a.], Purim, S. 237.
54 Walter Spier, Jahrgang 1927. Interview des USC Shoah Foundation Institute, VHA-Code 7040, 7.01.1996 in New York. Selbst erstelltes Transkript, S. 21 f.
55 Walter Spier, Jahrgang 1927. Eigenes Interview, 20.08.2009 in New York. Transkript S. 23.
56 Walter Spier, Jahrgang 1927. Interview des USC Shoah Foundation Institute, VHA-Code 7040, 7.01.1996 in New York. Selbst erstelltes Transkript, S. 26 f; vgl. Geis, Übrig sein, S. 207–237; Tobias, Jim G. u. Peter Zinke: Nakam. Jüdische Rache an NS-Tätern. Berlin 2003. Zur Sammlung von Augenzeugenberichten und Beweisdokumenten durch Jüdinnen und Juden zur Verfolgung von NS-Tätern in der ersten Nachkriegszeit siehe Jokusch, Laura: Collect and Record! Jewish Holocaust Documentation in Early Postwar Europe. Oxford 2012. S. 3–17 u. 36–45; vgl. auch Cesarani, David: A New Look at some Old Memoirs: Early Narratives of Nazi Persecution and Geno-

Doch auch mein nichtjüdischer Gesprächspartner Herr F. weiß von Gewalt zu berichten:

> Die [Juden] ham sich ja das [Abholen von Wertsachen] nachher nicht mehr [getraut]. Da kamen ja [auch] die SA-Leute und die SS-Leute so langsam zurück. [...] Die ham sich [vor den Amerikanern] im Park versteckt. [...] [Und dann] ham sie den einen von den Juden in den Bach geworfen. Da unten bei Jirje [Name einer Gastwirtschaft; A. J.]. Und da: Feierabend. Da waren die Juden weg. [...] Da wurde nichts mehr abgeholt bei den Leuten. [...] Den älteren, in der Uniform, in der englischen Uniform, der nach England ausgewandert ist. Wie hieß er? [...] Der war kurz hier, 'n paar Tage im Ort, in englischer Uniform. [...] Und den ham sie in den Bach geworfen, das weiß ich noch. [Das] wurde erzählt. [Der] wurde in den Bach geworfen und [dann] waren [die Juden] wieder fort![57]

Herrn F. zufolge hat das Dorf seine jüdische Bevölkerung 1945 oder 1946 erneut zur Flucht getrieben. Es ist allerdings unwahrscheinlich, dass dieser Übergriff tatsächlich stattfand, denn in den Interviews mit zwei der drei hier in Frage kommenden ehemaligen jüdischen Soldaten findet er keine Erwähnung. Die Geschwister Spier geben an, nie von Übergriffen dieser Art gehört zu haben. Andere Quellen konnten nicht gefunden werden.[58] Doch auch sofern der Übergriff stattfand, handelt es sich zumindest bei der Kausalitätskette, die Überlebenden seien durch die Tat vertrieben worden, um eine örtliche Legende – blieb zumindest Sara Mendel doch bis zu ihrem Tod im Jahr 1954 in Rauischholzhausen.

Bemerkenswert ist, dass die Geschichte der jüdisch-nichtjüdischen Wiederbegegnung von beiden Seiten als Heldengeschichte erzählt wird. Walter Spier berichtet voller Stolz von seinen Racheübergriffen; Herr F. betrachtet die nichtjüdische Bevölkerung als Sieger der Geschichte, denn am Schluss habe sie die Kontrolle über die Situation behalten.

Fazit

Am Beispiel Rauischholzhausen wird ersichtlich, wie wenig von einem Ende, aber auch wie wenig von einem Neubeginn jüdisch-nichtjüdischer Beziehungen 1945 im ländlichen Raum Deutschlands gesprochen werden kann. Vielmehr wird

---

cide. In: Justice, Politics. S. 121–168. Zu jüdischen Ehrengerichten und Verfahren gegen der Kollaboration beschuldigte Jüdinnen und Juden siehe Jewish Honor Courts. Revenge, Retribution, and Reconciliation in Europe and Israel after the Holocaust. Hrsg. von Laura Jokusch u. Gabriel N. Finder. Detroit 2015.
57 Herr F., Jahrgang 1930. Eigenes Interview, 31.07.2009 in Rauischholzhausen. Transkript S. 23 f.
58 Ein örtliches Gemeindearchiv für den Nachkriegszeitraum existiert heute nicht mehr.

in den Interviews ein ausgesprochen spannungsgeladenes Bild gezeichnet. Positive Verbindungen für jüdische Überlebende bestanden grundsätzlich nur zu den wenigen bereits ehemaligen nichtjüdischen Freundinnen und Freunden. Ein neues Verständnis oder Einsichten, neue positive Beziehungen oder Annäherungen erfolgten nicht. Statt den Überlebenden der Shoah vorsichtiger zu begegnen, erfolgten offene Konfrontationen voller Wut, Missverständnissen und Gewalt. Denn die Wiederbegegnungen waren Fortsetzungen der bestehenden Beziehungen und die Rauischholzhausener Nachkriegsdynamik eine Fortschreibung der gewaltvollen Vorgeschichte in einer braunen Hochburg – unter neuen Kräfteverhältnissen, die nun Rückforderungen und jüdische Rache ermöglichten.

Erste Ergebnisse zu Nachbarorten, in der die NS-Zeit weniger gewaltvoll verlaufen war, zeigen auch die Wiederbegegnung in einem friedlicheren Licht.[59] Seit einigen Jahren werden im Landkreis, auch in Rauischholzhausen, eine Reihe öffentlicher Erinnerungsprojekte entwickelt. Gedenkveranstaltungen fanden statt, zu denen auch emigrierte Jüdinnen und Juden eingeladen wurden. In einigen Dörfern wurden Stolpersteine verlegt oder Gedenktafeln mit den Namen der ermordeten jüdischen Ortsbewohnerinnen und -bewohner errichtet. Die Initiativen sind eine wichtige Hilfe für die vorliegende Forschung, denn sie ermöglichen mit ihren Forschungsergebnissen zur NS-Zeit einen Rahmen zur Interpretation der Nachkriegsereignisse.

Doch ländliche jüdisch-nichtjüdische Beziehungen in Deutschland sind nicht nur Geschichte. In einer Ortschaft im Nordwesten des Marburger Landkreises wurde in den Jahren 2000 – 2005 die örtliche Synagoge restauriert. Im Ort lebt bis heute die Tochter eines jüdischen Überlebenden, der 1947 aus der Emigration ins Dorf zurückkehrte. Sie erzählte mir, dass sie weder zu den Restaurierungsideen befragt, noch zur Eröffnungsfeier eingeladen wurde. Im Landkreis lebt auch noch ein Überlebender sowie Nachkommen weiterer jüdischer Familien. Doch die meisten von ihnen wollen nicht mit mir sprechen.

Bei aller Erzählbereitschaft einiger emigrierter Überlebender und der nichtjüdischen Bevölkerung betrachte ich es als eine wichtige Aufgabe und Herausforderung an meine Studie, auch das Schweigen der vor Ort Gebliebenen, der heute im Landkreis lebenden Jüdinnen und Juden und die Gründe für ihr Schweigen als aussagekräftige Perspektive in meine Interpretation einzubeziehen.

---

59 Zum Zusammenhang der Rückkehrerfahrung mit der Verfolgungserfahrung am Beispiel jüdischer Remigrantinnen und Remigranten aus dem Exil siehe Koch, Anna: Italian and German Jews' Remigration after the Holocaust. In: Migrations in the German Lands, 1500 – 2000. Hrsg. von Jason Coy [u. a.]. New York/Oxford 2016. S. 173 – 190.

Jack Kugelmass
Strange encounters: Expat and refugee Polish-Jewish journalists in Poland and Germany shortly after World War II

The "Old Country"

Accounts of Nazi atrocities long predated the termination of the war. Information from the killing fields filtered out by various means – through official Soviet press briefings with extensive photographic documentation,[1] through Polish diplomatic channels and Jewish soldiers and chaplains, or through embedded Western and Red Army correspondents as they made contact with survivors in newly liberated territory.[2] Although what came to be known as the Holocaust was of concern to Jews in general, Yiddish readers were particularly eager to learn about what remained of Jewish life in occupied Europe and especially in Poland. A very large number had originated there and, long after emigrating to Western Europe, the Americas and elsewhere, they generally retained familial and personal connections to that country either through visits or through correspondence.[3] Consequently, with the cessation of hostilities, immigrant Jewish journalists were eager to report on the land of their birth; and quite a few managed to do so between 1945 and 1948. These correspondents produced a substantial body of reportage which for a time appeared regularly in the Yiddish and Hebrew press in the U.S. and elsewhere. It was sufficiently popular as reading material for a good deal of it to be republished in book form, and in a few cases in English translation. Of course, the period in which they wrote was one of increasing dispersion of survivors out of, and away from, regions within the Soviet sphere of influence. So, Polish Jews were as likely to be found in DP camps in Germany as they were in the land of their birth. Not surprisingly, during the same period, a

---

[1] David Shneer, *Through Soviet Jewish Eyes: Photography, War, and the Holocaust* (New Brunswick: Rutgers University Press, 2012), esp. 164–167.
[2] Alex Grobman, *Rekindling the Flame: American Jewish Chaplains and the Survivors of European Jewry, 1944–1948* (Detroit: Wayne State University Press, 1993), 135; Philip S. Bernstein, *Rabbis at War: The CANRA Story* (Waltham, Mass: American Jewish Historical Society, 1971).
[3] Jack Kugelmass, ed., *Yivo Annual, Volume 21, Going Home* (Evanson, Ill.: Northwestern University Press, 1993).

number of writers made trips to the American Zone in Germany and their reportage, too, was compiled and republished in separate volumes.

For those visiting the DP camps in Germany, the emotional resonance of their journeys lay not in the landscape nor in the sense of return to idyllic scenes of childhood. It was limited to the narratives collected. Nor did the recent past hold much fascination – even in a dystopian sense, as it would eventually – since the recent past in post-war Germany was, to paraphrase William Faulkner, not only not dead, but not even past. In Poland the past was, relatively speaking, more dead. And besides narratives, there were relics that could be gathered up, some of considerable historical value, or even things as ordinary as a piece of stone from a former residence or a snapshot taken of a family tombstone. Like all mother countries, Poland had a certain erotic charge for its émigré Jews. And returning to it, or trying to uncover it, by sifting through the ruins, had the fundaments of a modern-day quest narrative. Indeed, a particularly striking feature of the Polish material is how readily it maps itself onto the conventions of travel writing. It does so by foregrounding the means of transportation getting to and from Europe and the infrastructure of travel within it, including descriptions of hotels, drivers (both reliable and untrustworthy) and restaurants – the latter less for the food purveyed than for the goings-on within it.[4] In the immediate post-war world, a restaurant in Warsaw's only remaining luxury hotel might have the semblance of an intergalactic café in the film *Star Wars*. It could accommodate foreign visitors and cater for diplomats, military attachés, journalists with government accreditation, black-marketeers, and even couriers from ultranationalist resistance groups who believed that the presence of foreign diplomats within the establishment's confines gave them a certain degree of immunity. For any journalist who made these journeys, transatlantic air travel and treks across Europe were grist to the mill. It was a novelty to them and their readers, and all the more so because civilian transportation had been heavily curtailed, and on some routes almost nonexistent, during the war years. Travel was particularly adventuresome under early post-war conditions in which the use of American Lend Lease and hand-me-down, rickety ex-military craft (originally intended for parachutists and largely unadapted for civilian use) were commonly used vehicles, and these sometimes lacked properly functioning navigation equipment.[5] Ground transportation for civilian use had only partly been reinaugurated in Poland – which meant the absence of glass panes in train and bus windows

---

[4] See, for example: Ya'akov Zerubavel, *Barg khurbn: Kapitlen Poyln* (Buenos Aires: Tsentral farband fun poylishe Yidn in Argentina, 1946), 28–29.
[5] Samuel Wohl, *Mayn rayze kayn Varshe* (New York: Samuel Wohl, 1947), 5.

and non-functioning heaters, passengers having to resort to vegetable sacks for blankets. And this is not to mention the ruined state of the terminals and stations along the way, which made train travel painfully slow.[6] Despite these difficulties, accounts of journeys to Poland, unlike those in Germany, convey a sense of excitement at returning to once-familiar haunts. But excitement or no, the accounts also highlight a descent into a now unfamiliar world, an alterity: trauma had caused friends and acquaintances to age almost beyond recognition,[7] and places connected with youth and childhood had been transmuted by the obliteration of Jewish landmarks. The destruction had come both from the Germans during the war, and from locals who, after the war's end, used the wooden interiors of abandoned synagogues for firewood or removed the roofing from Jewish communal buildings, which now stood eerily empty like useless shells. Even the walls of concentration camp barracks had been plundered to build new dwellings or home additions for Polish families.[8]

But that sense of alterity, at least for Poland, is only part of the story. In contrast to the feelings they had towards Germany, the Yiddish journalists felt a profound emotional connection with Poland. For many, Polish was as much their native tongue as was Yiddish. They often had an attachment to the national literature and great respect for its writings. And, raised in the public culture of early twentieth-century Europe, they were intimate with the country's landscapes, both natural and human-made; and they savored them.[9] They were, after all, not just Jews, but Poles. Indeed, these journeys to the homeland were undertaken not just to document the plight of survivors and assess the prospects of a resurrection of Jewish communal life there; they were also a "return home", a deeply personal encounter with the past – if only via memory and whatever physical traces remained.

Despite the personal nature of many of these reports, the accounts exhibit varying degrees of professionalism in style and objectivity. Hayyim Shoshkes was an accomplished travel writer who crafted his narratives accordingly; Sh. L. Shneiderman specialized in literary and political reportage and used the opportunity, while in the field, to report on social and cultural developments through lengthy interviews with significant players on the national scene.

---

6 Shimon Samet, *B'voi l'mkhorat: masa b'Polin – 1946* (Tel Aviv: Ts. Laynman, 1946), 28–29.
7 Hayyim Shoshkes, *Poyln 1946: ayndrukn fun a rayze* (Buenos Aires: Tsentral farband fun poylishe Yidn in Argentina, 1946).
8 See especially: Mordkhe Tsanin, *Iber shteyn un shtok: a rayze iber hundert khorev-gevorene khiles in Poyln* (Tel Aviv: Letste nayes, 1952), 44–48.
9 See, for example: Hayyim Shoshkes' travel pieces within interwar Poland in his book, *Lender un shtet* (Vilna: Kletskin 1930).

Most of the journalists, if not all, were sympathetic to the politics of the new government in Poland, which was relatively progressive – certainly in contrast with the reactionary regimes that had been in power in the 1930s. And officials were cooperative with the journalists too, arranging excursions to the newly acquired territory in Silesia, and even air transport to witness the trial and sentencing of the perpetrators of the Kielce Pogrom.[10] They extended visas when needed, warned would-be travelers where security could not be guaranteed, and provided letters of access to sites closed to the general public.[11] None of the journalists reported any interference in their work. This was so despite the fact that their pieces were serialized in the Yiddish press and sometimes appeared while the writers were still in Poland, where copies were obtainable and could be read by at least some government officials and security staff. One journalist did indeed face retribution – but this was for his critical assessment of the state of Jewish patrimony in Poland, and it came not from the government but from official representatives of the Jewish community, who had him pulled from a train on the border with Slovakia as he was about to depart from Poland. They subjected him to an inquest for supposedly defaming the country to readers abroad.[12]

Encountering Germans

Although a number of the journalists concerned themselves exclusively with Jewish subjects, some had broader interests and reported accordingly. Shimen Samet, from *HaAretz*, was one of the first of the journalists to write about the condition of surviving Jews in Poland. Born in the Ukraine in 1904, he had left for Palestine in the 1920s but had visited the land of his birth frequently afterwards, one of these visits being just before the outbreak of World War II. Born in Kazimierz, Poland in 1906 and trained as a journalist, Sh. L. Shneiderman emigrated to France in the early 1930s departing for South Africa at the outbreak of the war, and a year later moving on to New York.[13] He visited Germany at around the same time as his journey to Poland and, in June 1946, reported on the Nuremberg Trials for New York's *Morgn Zhurnal*. He had already commented briefly on the DPs in the fall of 1945. Regrettably for us, he did not produce

---

10 S. L. Shneiderman, *Tsvishn shrek un hofenung*, 90–119.
11 Shimon Samet, *B'voi l'mkhorat: masa b'Polin – 1946* (Tel Aviv: Ts. Laynman, 1946), 127–137.
12 Mordkhe Tsanin, "*Forverts korespondent dertseylt vi azoy er iz arestirt gevorn baym aroysforn fun Poyln,*" *Forverts*, Friday 16 January 948, 2, 7.
13 *Leksikon fun der nayer yidisher literatur* (New York: Alveltlekhn yidishn kultur kongres, 1961), 761–2.

enough material on his German visit for a book or even an extended series, as he did on the Polish visit in a lengthy volume.¹⁴

In Poland, the journalists' itineraries generally focused on Warsaw or what remained of it, and wherever possible included visits to their own towns or cities of origin. The more inquisitive used the opportunity to see the country's reconstruction firsthand – an interest already apparent in the subtitle of Shneiderman's book: *A rayze iber dem nayem Poyln* ('A Journey through the New Poland'). Both Samet and Shneiderman visited Lower Silesia, and in both cases what they reported on was not just the increasing Jewish presence in villages and towns that had had no Jewish inhabitants for well over a century, but also the condition of the German population then being displaced.¹⁵ Samet's account is largely one of statistics along with snippets from interviews with government officials overseeing the resettlement of Poles in Silesia. These Poles were being repatriated from the former eastern parts of the country, which now belonged to the Ukraine. Samet does, however, include a photograph of a pathetic-looking German farmer, his bags packed, on the road that will take him to Germany. The caption of the photo reads, "The last German." It is an eloquent image, still very powerful despite the abysmal quality of reproduction.¹⁶ Indeed, what it manages to do, perhaps inadvertently perhaps not, is to represent a human tragedy that unexpectedly evokes a degree of compassion in the Hebrew reader – especially now, so many years after the war's end.

Aside from the photograph, Samet's narrative tells us nothing about his response to the ongoing expulsion of Silesian Germans, though – somewhat counter-intuitively – Shneiderman's account laments their departure obliquely. When he interviewed newly relocated Jews in Lower Silesia who had opened stores in the area, they reported having very good relations with the local Germans. With the newly settled Poles, relations were not so good. The latter had already started a boycott of Jewish establishments, much as they had done in the later interwar years.¹⁷

---

14 S. L. Shneiderman, *Tsvishn shrek un hofenung: a rayze iber dem nayem Poyln* (Buenos Aires: Tsentral farband fun poylishe Yidn in Argentina, 1947).

15 Between 1945 and 1947 some two million Poles of German background were transferred to the Soviet Zone in Germany. But many ethnic Germans had already fled the area in the wake of collapse of the German army towards the end of the war. Joseph Schechtman, *Postwar Population Transfers in Europe, 1945–1955* (Philadelphia: University of Pennsylvania Press, 1963), 180–212.

16 Samet, photos inserted between pages 80 and 81.

17 The treatment of Jews in the "Recovered Territories" is a complex story. In part, Jews were used by the Polish authorities to help re-Polonize the region, but the Polishness of settlers was sometimes a matter of dispute, especially in the case of non-native Polish speakers – includ-

Although calls for retribution are not really present in the narratives, an explicit sense of *Schadenfreude* is. And this is certainly evident when some of the journalists describe passing through ruined German cities on the way in and out of Poland or, in the case of Hayyim Shoshkes, while traveling through the Sudetenland after leaving Poland. There, without any empathy at all, he witnessed Czech mistreatment of local Germans, to whom they issued special ration cards, putting markers on their clothing.[18]

Shoshkes was born in Bialystok in 1891, lived in Warsaw, and arrived in the U.S. as a refugee in December 1939. An applied economist who traveled throughout Poland in the 1920s to set up and inspect local cooperative banks, his vignettes on the places he visited were a regular feature of *Haynt*, Warsaw's premier Yiddish daily. The columns were popular enough for him to extend the range of his travels to include parts of Europe, North America and the Middle East. He was the most traveled of all the journalists but, although he wrote about other parts of Europe, he seems to have avoided Germany. Particularly telling is his account of a tour of Majdanek in the late 1950s during one of his frequent return trips to Poland. In an episode he recounts: while resting on a bench, he was approached by two visitors from East Germany, a father and son. The older man, a professor and engineer, proclaimed his shame as a German for what took place in the camp and suggested that all Germans should be brought to it, "to see with their own eyes what war and fascism can lead to, how a civilized and cultured people were transformed into animals." Probably dismayed by the common obfuscation of substituting war for genocide, Shoshkes was unwilling to engage in further discussion: "Don't denigrate animals. They aren't capable of such things," he admonished. And he then continued, "I have no idea what kind of education and how many generations it will take to transform the Germans. So let's better be silent. It's too soon to find a way to speak to one another."[19]

Perhaps, had Shoshkes been more open to his German interlocutors, the Yiddish reportage I've been examining on early post-war Germany could have had a somewhat different feel to it. It might have included elements of the travel writer's nose for the marvelous and his proclivity for finding remarkable individuals. (Actually, there is some of that even in this account, since the professor was

---

ing some German-speaking Jews indigenous to the region. Anna Cichopek-Gajraj, *Beyond Violence: Jewish Survivors in Poland and Slovakia, 1944–48* (Cambridge: Cambridge University Press, 2014), 152–165.

18 *Poyln 1946: ayndrukn fun a rayze* (Buenos Aires: Tsentral farband fun poylishe Yidn in Argentina, 1946), 188–189.

19 Hayyim Shoshkes, *Fun Moskve biz Ever HaYarden* (Tel Aviv: I.L. Peretz, 1961), 278–279.

Count Nolde, who was an engineer in General Paulus's staff at Stalingrad, and who then spent eight years as a prisoner of war. The brief account suggests what Shoshkes's reportage on Germany might have been like had he been one of the visitors.) But for Jewish travel writers, the marvelous typically had to do with finding a Jewish presence where one would least expect it, or a personage of some significance to Jews; and, along with either, some appreciation of the twists of fate that had been part and parcel of the European Jewish experience during and after the war. Perhaps Shoshkes's remarkable book on early postwar Poland, *Poyln 1946*, with its mix of adventure, remarkable characters, plethora of people in unlikely disguises, and dark humor, could not have been written about the people found within the DP camps.[20] I will have more to say about that shortly.

The "Old Country" displaced

Although many of the journalists traveled to Poland via Germany, their observations on the latter were perfunctory. They were either in a hurry to get to their Old Country or to return to the New World, their current home. Some went, as noted above, to report on the Nuremberg trials. But those in Germany most concerned with Polish-Jewish survivors were principally drawn not to the few German Jews who had survived the war or recently returned from exile, but to the DP camps. There were a lot of them,[21] and those who visited traveled to the parts of the American Zone where the camps were located. Here, too, newspaper reports often made their way into books: Yisroel Efros's *Heymloze Yidn* (1947), Emma Schaver's *Mir zaynen do* (1948), Ilya Trotsky's *Goles Daytshland* (1950) and H. Leivick's *Mit der sheyres hapleyte* (1947) – the latter not surprisingly the most compelling of these, given Leivick's reputation as a poet and writer.

---

20 This issue is probably more complex than can be properly assessed from the limited data looked at here. Certainly in camps not specifically intended for Jewish DPs, one could find Jewish individuals who had passed as non-Jews during the war and continued to do so for a time afterwards. Adam R. Seipp, *Strangers in the Wild Place: Refugees, Americans and a German Town, 1945–1952* (Bloomington: Indiana University Press, 2013), 60.
21 By January 1946 more than 30,000 Jews living in the American Zone of Germany were in DP camps while a little more than half that number lived privately in homes or in larger German cities. By the end of the year more than 94,000 lived in 64 camps, while just over a third of that number were scattered over 143 communities. Zeev W. Mankowitz, *Life Between Memory and Hope: The Survivors of the Holocaust in Occupied Germany* (Cambridge: Cambridge University Press, 2002), 21–22.

Like the authors who traveled to Poland, these reporters were all of East European provenance. Yisroel Efros was born in 1891 in Ostrog, Poland and emigrated with his family to the U.S. at the age of 13. He wrote in Yiddish, was a Hebrew poet and a professor of Hebrew. Emma Schaver was born in Russia and emigrated to the U.S. before reaching the age of two in 1906. She was a singer of Yiddish and Hebrew songs and a member of the first cultural mission to Europe sponsored by the World Jewish Congress. Ilya Trotsky was born in Romny in the Ukraine in 1879. He later moved to Berlin and in 1933 to Buenos Aires; he settled in the U.S. in 1949. Trotsky wrote in Yiddish and Russian. H. Leivick was born in White Russia in 1888. He was exiled to Siberia for Bundist activity and escaped to the U.S. in 1913. Leivick was one of the world's most popular Yiddish poets.

To some extent, the books produced by the visitors to Germany replicated those recounting journeys to Poland. Both involved travel from the New World to the Old; both recorded traveling within an environment where danger lurked (although probably less in Germany than in Poland, because of the occupation); and both brought the travelers face to face with Jews whose stories they had come to collect. Since the travelers were just as likely to come across familiar faces in the DP camps as they were in a visit to their former homeland, one might assume that the kinds of narrative collected in Poland and Germany would be more or less the same. But they were not. Perhaps this may have been a function of different writers having different sensibilities. The latter group of those mentioned contained a preponderance of artists and literati. They took it as a given that they would be ministering to despondent, homeless Jews. The mission of the group mentioned before them was more inflected by certain conventions of journalism, especially travel narratives. But I believe the difference also had a great deal to do with *place*, as the writers anticipated and then experienced it. Poland was the "Old Country" for the journalists, albeit more a memory than a living reality. So, even if family and friends were no more, locations themselves held considerable significance. Germany had never been "home" and was not an object of longing for the latter group. The difference may also have had something to do with the camps, their continuing centrality in the lives of the DPs and the fact that the Jews who remained in Poland were relatively more settled – though many were considering emigrating, especially after Kielce – and were attempting to move on with their lives.

Encounters

In Germany, the visitors were escorted by private jeep and stayed in accommodation reserved either for American military personnel or UNRRA (the United Nations Relief and Rehabilitation Administration). So these visitors inhabited the equivalent of the tourists' or journalists' bubble in ways those traveling within Poland seldom did. That bubble was reinforced by the fact that none of the writers other than Ilya Trotsky had lived in Germany before the war. Moreover, the DP camps were not comparable to the places the journalists visited in Poland. They were not former hometowns, but camps, and their inmates were often sealed off from the surrounding non-Jewish population. Visits were controlled by UNRRA, and sometimes tightly so, with officials asking to read scripts of speeches in advance of their delivery or insisting that the visitors dine with UNRRA personnel away from the DPs.[22] And UNRRA staff controlled both the visitors' itineraries and their duration, refusing to make time extensions if the intended itinerary was not yet complete. Of course, Germany was an occupied country and there were no government officials with whom the visitors could interact. They had recourse only to representatives of the primary NGO that hosted them; and, unlike Polish government representatives, these had no vested interest in how the country would be portrayed by the visitors. Supervised by UNRRA, the visitors also had next to no contact with local Germans – only here and there the owner of a house in which they boarded, or a driver, cook or porter.

No efforts were made either by UNRRA or by the journalists to meet with local German intellectuals and artists with whom, one assumes, the visitors might have had things to discuss. There may have been good reason for this. Trotsky describes being invited to a meeting by a group of journalists and artists in Munich. All were anti-Nazis and they included both exiles and those who had been imprisoned during the Nazi regime because of their convictions. There was much to agree on when it came to social problems and their solutions. But German responsibility for the murder of European Jewry was a different matter. That, the hosts insisted, was entirely the responsibility of the Nazi leadership and not of ordinary Germans.[23] The latter, they maintained, had known nothing

---

22 Yisroel Efros, *Heymloze Yidn: A bazukh in di yidishe lagern in Daytshland* (Buenos Aires: Tsentral farband fun poylishe Yidn in Argentina, 1947), 178–181.
23 Given the focus of the most prominent of the war crimes trials on the Nazi leadership and the fact that the Jewish genocide was only one factor among many with which the accused were charged, it is not hard to understand how easily this obfuscation could hold. For a summary of the Jewish presence and absence in the Nuremberg trials see: Laura Jockusch, "Justice at Nur-

about the camps.[24] "The same German woman who had asked me if I believed in the legend of millions of gassed and burnt Jews tried to argue that the German nation had already paid for the bestiality of the brown barbarians."[25] Much to the astonishment of the others present, she further argued that the Jewish nation had already had its revenge. "What revenge?" Trotsky inquired. Her answer: the conditions in which German children were growing up, living within ruins, going to school in empty cold classrooms and playing on mounds of rubble. These children would be psychological cripples unable to contribute much to Germany's future. "Is that not sufficient revenge?"[26] Indeed, as Tony Judt has noted in regard to early post-war public opinion, Germans certainly resented the consequences of Hitler's actions, but more because of the harm he had caused to them than to others. From this perspective, the decision to eliminate the Jews "was not so much Hitler's greatest crime as his greatest error." Judt then adds that in a survey conducted in 1952, "nearly two in five adults in West Germany did not hesitate to inform pollsters that they thought it was 'better' for Germany to have no Jews on its territory."[27]

Landscapes of terror

As noted, unlike the visiting journalists in Poland, those sojourning in Germany remained isolated from the locals, especially when they had come to investigate Jewish DPs living in camps and were not paying attention to the large number who lived outside these institutions. It is hard to say how much language difficulties interfered with the work of the correspondents. One assumes that Ilya Trotsky was a proficient German-speaker, having spent fifteen years in the country. The others, probably had some facility with the language, being middle European intellectuals and Yiddish speakers. But German had certainly never been their everyday language and being surrounded by German-speakers would have offered none of the pleasures of an immersion in the familiar tongue of Jewish intellectuals raised in Poland. Still, the most striking difference in the German and Polish accounts has less to do with language and culture than with re-

---

emberg?: Jewish Responses to Nazi War-Crime Trials in Occupied Germany," *Jewish Social Studies*, Vol 19, no. 1 (Fall 2012): 107–147, especially 130.
24 Ilya Trotsky, *Goles Daytshland* (Buenos Aires: Tsentral farband fun poylishe Yidn in Argentina, 1950), 103.
25 Ibid.
26 Ibid., 102–103.
27 Tony Judt, *Postwar: A History of Europe Since 1945* (London: Pimlico, 2007), 809.

sponse to the landscape. In Poland, the areas the journalists traveled through were by no means the country's most scenic. But, though flat and unimpressive, the terrain they visited, was familiar and to a degree comforting – albeit disturbing, frequently without a Jewish presence either in the form of people or of many historic buildings, or even intact family tombstones. In Germany, the opposite was true. There was nothing home-like about the country, since the journalists had grown up elsewhere. Yet the visitors were in awe of the landscape. Perhaps, this is not so surprising, given the location of the American Zone where the main DP camps were. Indeed, because of their connection with the Nazi leadership and their setting, Hitler's Bavarian Alpine retreats were a must-see for the journalists.[28] Of course, the visitors could not disassociate the landscape from the crimes that had been perpetrated or planned there. Repeatedly they spoke of Germany as a bloodied land or a bloody "Naziland" – a description they never used for Poland, despite the numerous sites of killings and mass burials they encountered, the unpleasant and ample evidence of a lingering hatred for Jews and the frequent news of attacks on, and murder of, survivors. The truth is that, even in Poland, the past was not entirely the past.

Disguise

However, the most striking difference between the accounts of the journeys to Poland and those of observers who went to Germany has to do with the nature of the narratives gathered. There were some similarities, it is true. Both included ample testimony to the rampant murder and destruction that had befallen European Jewry over the war years, and to the terrible losses of family that those narrating the accounts had endured. But the Polish accounts have a different feel to them. They are often enigmatic and sometimes even darkly humorous. They sometimes convey a certain degree of optimism about Poland's future; Shneiderman's book is titled *Tvishn shrek un hofenung* ('Between Fear and Hope'). Undoubtedly, some of this is due to the fact that, unlike those living in the DP camps of Germany, those who remained in Poland had begun to rebuild their lives. Although, many felt as though they were in limbo, were uncertain of their future and wondered whether or not to emigrate, they were much closer to a normal existence than those in the DP camps. Consequently, the narratives almost always reflect the resilience of survivors, a redeeming quality seemingly absent in the DP narratives.

---

28 Trotsky, "In di Alpn-berg," 107–116.

Also, the Polish material has a certain libidinal quality to it, probably stemming from the fact that disguise plays a very prominent role, since generally this is how the narrators survived the war. The nightmare they lived through was often enough not just the camps, but the ever-present fear of discovery. Robert J. Lifton speaks of the imprint on survivors who have experienced death as something profoundly inappropriate, because it has occurred randomly and pervasively with "no reasonable relationship to life span or life cycle."[29] This "Death Anxiety" seems less pronounced a feature in the Polish accounts. That is not to say that it is absent; just less pronounced. This is probably because many of those living in that country after the war were sufficiently Polonized to have survived in hiding, or else they had fled to the Soviet Union and escaped much of the killing. Though the randomness of death is often present in their narratives, the dramatic weight of their accounts is more about survival and the remarkable way they managed to come through. This is certainly true of Shoshkes's reportage on Poland. Indeed, early on, he presents us with a person he describes as a quintessentially authoritarian concierge, determining the fate of would-be guests at Warsaw's Hotel Polonia. He presumes that this figure is an anti-Semitic Polish type, only to find that it is a Jew he had known from a remote shtetl he had visited before the war.[30] And he mentions a female acquaintance who had once stood out among Warsaw's Jewish elite as a dark beauty. Her family was murdered during the war but, because of her attractive appearance, this woman escaped the initial deportations and assumed the identity of an Armenian, settling in a village near Warsaw. Having survived the Shoah disguised as a Christian, she was terrified that her neighbors might learn the truth and seek revenge for her having deceived them. When her uncle, who had moved in with her, died suddenly, she circumvented the village burial society lest in washing the corpse they should discover that the uncle was circumcized. The narrative concludes with the woman unable to sleep, tortured in her dreams by her deceased uncle for having buried this former Hasid clasping a cross in a decrepit Christian cemetery.[31]

The German accounts, collected in the world of the DP camps, are more singularly dark. Humor does not figure in them. Nor does disguise, hiding or escape. And this, I think, is because their narrators had no faith in the surrounding population and, at least at that time, could see no future for Jews in post-war Germany. This absence of simulation makes a significant difference, for disguise

---

29 Robert Jay Lifton, *Death in Life: Survivors of Hiroshima* (New York: Vintage, 1969), 487.
30 Shoshkes, *Poyln 1946*, 53.
31 Shoshkes, *Poyln 1946*, 78–80.

was a critical and often continuing factor in the lives of a great many survivors the reporters met in Poland. Moreover, where it does occur, disguise in the postwar German accounts has little to do with resilience. In one case it is much more about counterfeit and the corruption of Jewish and non-Jewish life brought about by Nazi ideology. Trotsky, for example, concludes his chapter on the Jews of postwar Germany with an anecdote concerning two young men arrested in Belgium after police became suspicious of their lavish lifestyle. One of the men was German, the other a Jew who had made a career in Viennese cabarets as a Hitler impersonator. After the war's end, the German had organized a scam to collect money from naïve Nazi sympathizers to help rescue "Hitler's son" from Soviet imprisonment. (Obviously no such person existed.) The two managed to gain access to a secret radio transmitter and broadcast Hitler parodies performed by the Jewish actor. Apparently, a good number of people accepted the speeches as real because a lot of money was sent in. An amusing anecdote, certainly. But for Trotsky, it is a symptom of the persistence of a pernicious ideology among ordinary Germans, who "have learned nothing from their national debacle."[32] The past was not the past.

But Trotsky relates a much darker account of disguise, told to him while he was being escorted by a survivor, Zhenye Shakhnovski, and her daughter, Sonye, through the Alps. The scenery was breathtaking and presented a stark contrast to the horrific story the woman related about her daughter's near-miraculous survival during the round-up of children in Stutthof (east of Gdansk), the concentration camp in which she and her daughter had been held. The mother bribed the guard of the morgue and instructed the daughter that, if she wanted to live, she would have to spend the next twenty-four hours hidden among the gassed corpses.[33] It is a story about disguise, but not of the libidinal kind gathered in Poland describing acts of impersonation and requiring an exquisite virtuoso performance. As one Polish-Jewish survivor explained: "We were all actors [...] We had to play the role of *goyim*. We even played the part of priests, of nuns, of sisters of mercy, of shepherds, of drunks, of hunters, of beggars, of wealthy magnates. For a false note [or] improper expression one paid with one's life."[34] Here, the disguise was entirely silent pantomime – to lie still and play dead.

---

32 Trotsky, "In di Alpn-berg," 185–186.
33 Ibid, 108–109.
34 Jacob Pat, *Ash un fayer* (New York: CYCO, 1946), 94–95.

Thanatos

By contrast, even a story of seemingly successful disguise from a chapter in Emma Schaver's book *Mir zaynen do!* ends in death. The narrative is of Dr. Zalmen Grinberg (Chair of the Central Committee of the Liberated Jews in the American Sector), who had managed to shield his child from a likely round-up by lugging him around in a backpack while he went off to work each day. When no longer able to keep this up, he drugged the child to make him unconscious, then threw the bag into the courtyard of a Lithuanian peasant. After the liberation, the father was reunited with his wife and the two were able to get their child back. They emigrated to Israel. But the child soon died of leukemia – the father attributing the disease to the hardships the boy had endured during the war.[35] The book also includes very brief accounts of survivors unable to persevere much beyond their liberation,[36] or dying from suddenly eating too much.[37] Such narratives do not appear in the accounts from Poland.

Let me finish with a few brief examples that further elucidate the difference between the DP narratives and those gathered among survivors in Poland. First, the penultimate chapter of Shoshkes's *Poyln 1946*.[38] Here we find him standing in the lobby of Warsaw's Hotel Polonia waiting for the car that will take him to the airport; and there in the lobby he bumps into an old acquaintance, a very funny man named Shleyen. Shoshkes asks his friend the "usual" question, meaning, "How did you survive the war?" The answer: simple, as a priest. Shleyen proceeds to narrate a story of hiding in the eastern part of the country in the home of a good-natured Orthodox priest who reasoned with him that the war could go on for some time and he could not spend forever holed upt. Knowing that Shleyen had a good baritone voice, the priest suggested that he learn the Orthodox liturgy and work as his deacon. Shleyen agreed, and let his beard grow long and unkempt. Every Sunday he would sing the appropriate prayers while swinging a burning incense censer as he followed behind the priest. Eventually, a bishop learned of his knowledge of the Hebrew Bible and came to rely on him to write his sermons. Fortunately, Shleyen adds sardonically, the bishop never discovered that he was also learned in the Talmud. "And that's how I survived the war until liberated by the Red Army."

---

[35] Emma Schaver, *Mir zaynen do! Ayndrukn un batrakhtungen bay der sheyres hapleyta* (New York, 1948), 37–38.
[36] Ibid, 38.
[37] Ibid, 67.
[38] Shoshkes, "*Farshtelt zikh vi a dyakon*," 180–184.

Shoshkes then completes the book with a chapter on leaving Warsaw by hitching a ride on a large Soviet plane. Designed for airborne troops, the plane had no seats, only benches along the side and a rope to hold on to. Since Shoshkes was the only passenger, the cabin wasn't heated either. Increasingly uncomfortable because of the cold, he finally mustered the courage to knock on the cockpit door. The crew invited him to join them as they raised glasses in repeated toasts of vodka and sang odes to comrade Stalin.

From the writers who visited the DP camps, there is nothing even remotely as ironic or darkly comical and libidinal as what sometimes appears in the accounts of the Polish travelers. Even the survival narratives gathered from the DPs leave us unpleasantly suspended in the realm of death. *Thanatos* reigns in these accounts. Yisroel Efros describes a meeting he had with political activists in Feldafing and tells his readers how stridently they condemned the lack of world effort to resolve their situation. Then, out of nowhere, someone whispered into his ear, "'Me, the SS castrated.' What made him tell me that? There are sufferings here that should burn and extinguish themselves in secret, without seeking something to contain the smoke. There is suffering here for which the redemption of language does not exist and a person must carry within himself to the grave. Pain and shame enveloped me."[39]

A liminal space

Leivick was arguably the most talented of the Yiddish writers to visit Germany, and not surprisingly, the most proficient at ferreting out compelling narrative. His anecdote from a survivor of a death march is only one of a series of utterly macabre accounts he presents. In the following story, SS guards had escorted camp inmates away from the approaching American soldiers. Eventually the captives flee into the forest and then come to a clearing where they discover an abandoned freight train filled with clothing, food and alcohol.

> No one could possibly imagine what kind of tumult erupted among us. What kind of ecstasy. What kind of a carnival of satiation. We swallow, we drink, and at the same time we toss away our lice ridden rags and don new clothing, shoes, uniforms, coats and hunt for bottle after bottle of things to drink—cognac, liquor and what not. We become inebriated and we exit the train heading into the nearby woods with revelry, dancing and with wild impassioned singing. And here at the edge of the forest lay dozens of our campmates – those who could not hold out and fell dead. We jump over them, we circle around them in a

---

39 Efros, *Heymloze Yidn*, 162–163.

dance – drunk, entranced. From afar we hear shooting. Closer. Someone runs to us shouting jubilantly: "The Americans are coming!" Our dance becomes more frenzied. Our throats hoarse. We collapse and sink into a deep sleep.[40]

Where does this account leave us? In the world of the living, or the dead? Or, perhaps in a liminal space which, in a more concrete sense, is precisely what the DP camps were. It is as if place itself was a conditioning factor of the narrative. The DPs may have been the same types of survivor the journalists encountered in Poland, with the same cultural background, and they may even have gone through the same experiences. But they had not yet returned to a *normal world* and their narratives reflect this. For survivors in Poland it was a different story, at least in 1946, when most of the accounts were recorded. The country's Jews oscillated ambivalently between fear and hope, to use the title of Shneiderman's book. They weren't entirely sure about their future there. But for a brief period of time, when it seemed that a new Poland might be emerging, they could not write off the country as a place where there could be continued Jewish existence. By contrast, Germany was a conquered land, many of its residents resentful of the Allied occupation, and there was no telling what the fate of Jews would be without the presence of an outsider military force.[41] Nor, right after the war, did Germans who accepted the Holocaust as fact believe that responsibility for the extermination of European Jewry went beyond the inner circle of Hitler's regime. And, fairly or not, they viewed the DPs of foreign origin (Jews well represented among them) as black-marketeers and counterfeiters, and some, especially among the non-Jews, as much worse – hardly as the paragons of virtue who could make ordinary Germans ashamed of their treatment of others.[42]

---

40 H. Leivik, *Mit der sheyres-hapleyte: Tog-bukhfartseykhenungen fun mayn rayze iber di yidishe lagern fun der amerikaner zone in Daytshland* (Toronto: H. Leivick yubeley fond, CYCO, 1947), 149–150.

41 For negative German attitudes towards the occupation, see: Giles MacDonogh, *After the Reich: The Brutal History of the Allied Occupation* (New York: Basic Books, 2009), especially 240–241.

42 For a brief description of black-marketing within DP camps of various nationalities, see: Mark Wyman, *DPs: Europe's Displaced Persons, 1945–1951* (Ithaca: Cornell University Press, 1998), 116–117; also Adam R. Seipp, *Strangers in the Wild Place*, op. cit., 97–141; Atina Grossmann, *Jews, Germans, and Allies: Close Encounters in Occupied Germany* (Princeton: Princeton University Press, 2007), 124. Focusing largely on non-Jewish black-marketeers, Giles MacDonogh provides graphic examples of the criminal brazenness of some DPs, especially Polish and Russian ones. and describes how they took advantage of a divided city like Berlin to escape from one zone into another: Giles MacDonogh, *After the Reich* (New York: Basic Books, 2007), 372–380.

It goes without saying that the Yiddish journalists visiting the DP camps were very sympathetic to their subjects, even when they recognized the presence among them of certain "pathologies". As one observer remarked, having endured what they did during the war, the inmates felt justified in doing nothing; they did not even clean their own dwellings. That same observer noted that, for the typical American soldier who had not been at the front, the relatively friendly and hospitable Germans whom he now encountered, living in clean surroundings and properly dressed, made a much more positive impression than the disheveled Jewish DPs.[43] The same must have been true for Germans encountering Jewish survivors. Perhaps partly for this reason, the reconciliation that would soon begin to take place between Germans and Jews occurred not with those Jews living on German soil (most of whom were foreign-born and largely in transit), but with the newly proclaimed political/geographical representation of the Jewish people—the state of Israel. Whatever Chancellor Adenauer's motivation may have been to accept the American idea of reconciliation through reparations – whether it was simply an attempt to rehabilitate Germany's name, or was meant to secure Jewish support for state loans from western banks[44] – the positive impact was considerable. It is a great irony of history that in the course of time, the Jewish responses to Germany and to Poland would become reversed. Germany would, in a certain sense, be not exactly forgiven, but have its crimes relegated to the past; Poland has remained suspect for much longer.

---

43 Schaver, *Mir zaynen do!*, 39–42.
44 Jay Howard Geller, *Jews in Post-Holocaust Germany, 1945–1953* (Cambridge: Cambridge University Press, 2005), 238.

Froukje Demant
Living in the house of the hangman. Post-war relations between Jews and non-Jews in the German-Dutch border region

In 1950, Bernhard Oppenheimer, a 42-year-old cattle trader, bought a large piece of land in the centre of his hometown, a small village in the Emsland, near the Dutch border.¹ He built a new house with a big garden and a swimming pool, so he could live there with his second wife, Elsa, who was 15 years his junior, together with their three children. Bernhard was a well-known member of the local community; he was active in the sports and skittles clubs, and always attended the local parties and events. The Oppenheimers were just another ordinary family in the town – or so it seemed.

In fact, Bernhard was one of the two survivors of approximately 50 Jews who had lived in this primarily Catholic town before the Nazis came to power. His first wife and their little son had been murdered in Auschwitz-Birkenau, as were his parents. Bernhard himself had been arrested in 1939, following a denunciation by a non-Jewish colleague who had been jealous of his salary, and he had endured six years in the concentration camps at Neuengamme, Sachsenhausen and Auschwitz. After the war, he decided to return to his hometown and for a couple of years, he lived on his own in his parental home. Then, in 1947, he remarried. His new wife, Elsa, a young Jewish woman, was also an Auschwitz-survivor. They started a new family.

Although, after the end of World War II and the destruction of European Jewry, it seemed inconceivable that Jews and non-Jews could ever live together again on German soil, Bernhard Oppenheimer was not the only Jewish survivor who decided to rebuild his life in "the land of the murderers." While the huge majority of Holocaust survivors left Europe after the establishment of the state of Israel in 1948 and after the United States liberalized its immigration laws the same year, a small group decided to stay, or, in the case of those who had survived abroad, to return to Germany.² At the end of the 1940s, over 100 Jewish

---

1 Bernhard and Elsa Oppenheimer are pseudonyms, and I have left out identifying details about their town of residence. I will discuss the reasons for this at the end of the chapter.
2 Despite harsh warnings against any return, around 10,000 German Jews left their countries of exile to find their way back "home" between 1945 and 1959, see: Lynn Rapaport "The Cultural

communities had been re-established in Germany, consisting of Jewish DPs (displaced persons) originating from Eastern Europe, as well as German Jews.³

In this chapter, I will focus on the experiences of a specific group: German Jews who survived the war and came back to live in their former hometowns,⁴ and German Jews who fled abroad and returned after the war. I will concentrate on a specific region bordering the Netherlands: the Grafschaft Bentheim, the Emsland and the Münsterland. Due to the small-scale character of the villages in this rural region, returning Jews came to live among their former neighbors, acquaintances and friends. To explore daily relations between the Jewish returnees and their non-Jewish neighbors, material gleaned from oral histories has been combined with written sources. Interviews were conducted with Jewish and non-Jewish contemporary witnesses from the border region and insights from these have been interwoven with earlier oral histories, citations from memoirs and letters, and information from local literature and educational material.⁵

The daily cohabitation of Jews and German non-Jews was marked by uneasiness and ambivalence, as exemplified in Bernhard Oppenheimer's case. Bernhard's decision to return to his hometown meant that he would live in the same town as the former colleague who had betrayed him. It seems that he reintegrated quite smoothly, but then – as his wife, Elsa, recounted – the following incident occurred:

> And one time, we were attending a party again, I don't know, a fun fair, *Schützenfest*, something like that. [...] And the music was so loud that one could not hear a thing. And then just like that came a man, I see a man with a beer coming towards my husband, and I see that my husband becomes red in the face and talks with him, becoming more and more red in the face, and then he jumps up. Boom! Jumps up. And I don't know if he said something,

---

and Material Reconstruction of the Jewish Communities in the Federal Republic of Germany," *Jewish Social Studies* 49, no. 2 (1987): 141–142.

3 Michael Brenner, *After the Holocaust. Rebuilding Jewish Lives in Postwar Germany* (Princeton, N.J.: Princeton University Press, 1997), 45; Eva Kolinsky, *After the Holocaust. Jewish Survivors in Germany after 1945* (London: Pimlico, 2004), 150.
4 My usage of the term "hometown" follows the way people themselves used the term: as the place they felt they belonged to emotionally. In most cases this was also their place of birth, and their place of residence in 1933.
5 This study was part of an investigation into the everyday relations of Jews and non-Jews living in the region of the Dutch-German border – on both sides – between the 1920s and 1950s. In this project, new interviews were conducted with 40 people, and a re-analysis was made of 63 interviews from the Visual History Archive and from previous research projects. See Froukje Demant, *Verre buren. Samenleven in de schaduw van de Holocaust* [Distant Neighbors. Jews and Non-Jews in the Shadow of the Holocaust] (Enschede: Ipskamp Drukkers, 2015).

I couldn't hear a thing, and the other left with his beer. And then my husband motioned to me and said, "Come, let's go home'" [...] And then he said to me, "That was H., who had me sent to the camp. He came to me and said, 'Couldn't we forget the whole thing?'". That was his actual attitude, you see. Well yes, we should forget it, the man wanted to clink glasses with my husband, do you understand?[6]

Silence on the topic of the Holocaust has been described as constitutive in postwar German society.[7] However, in recent years, several authors have deconstructed this "myth of silence". There was a wide variety of responses to the Holocaust, ranging from survivors' efforts to document Nazi atrocities, through the portrayal of life and suffering during the Holocaust in theater productions in DP camps, to the interviews David Boder conducted with over 100 DPs in 1946.[8] Nor was there any taboo on representing or discussing German suffering.[9] Yet, this – quite painful – example of how silence might be broken shows, first of all, that until that moment there had been no communication between Bernhard and his colleague about what had happened between them. And second, it shows that this non-communication had a function. This raises questions about the meaning of "the myth of silence". What does the "myth" actually refer to? Who was silent about what?

Jay Winter argues that post-conflict societies construct silences to enable a collective dealing with a violent past.[10] The sociologist Eviatar Zerubavel speaks in this regard of a "conspiracy of silence": a situation in which people collectively ignore something that they are all personally aware of.[11] These are *undiscussables*, or even *unmentionables:* public secrets that constitute uncomfortable and

---

6 Interview for author's research, 19 May 2011.
7 See among others: Cordula Lissner, *Den Fluchtweg zurückgehen. Remigration nach Nordrhein und Westfalen 1945–1955* (Essen: Klartext Verlag, 2006); Hermann Lübbe, "Der Nationalsozialismus im deutschen Nachkriegsbewußsein," *Historische Zeitschrift* 236, no. 3 (1983): 579–599; Hermann Lübbe, *Vom Parteigenossen zum Bundesbürger. Über beschwiegene und historisierte Vergangenheiten* (Paderborn: Wilhelm Fink Verlag, 2007).
8 David Cesarani and Eric J. Sundquist, eds., *After the Holocaust. Challenging the Myth of Silence* (New York: Routledge, 2012).
9 Helmut Schmitz and Annette Seidel-Arpaci, eds., *Narratives of Trauma. Discourses of German Wartime Suffering in National and International Perspective* (Amsterdam: Rodopi, 2011); Bill Niven, ed., *Germans as Victims* (Basingstoke: Palgrave Macmillan, 2006).
10 Jay Winter, "Thinking about Silence," in *Shadows of War. A Social History of Silence in the Twentieth Century*, ed. Efrat Ben-Ze'ev, Ruth Ginio and Jay Winter (Cambridge: Cambridge University Press, 2010), 3–31.
11 Eviatar Zerubavel, "The Social Sound of Silence. Toward a Sociology of Denial," in Efrat Ben-Ze'ev, Ruth Ginio and Jay Winter, eds., *Shadows*, 32–46.

therefore openly concealed truths. Such a situation is further complicated by the underlying meta-silence: the fact that the silence itself is never discussed.[12]

Winter describes three motives for collective silence in post-conflict societies.[13] First, a "liturgical" motive: silence as a reflection of the sacral themes of loss, mourning, sacrifice and redemption that are inherently part of any public dealing with war and violence. Second, a "political" or strategic motive: silence as a strategy to postpone or scale down conflict over the meaning and/or justification of the violence. The violence is a morally contested chapter in the society's recent history, and the silence, in a way, protects the existing order at the expense of the truth. Third, an "essentialist" motive: the silence is connected with privilege. Such silence can result from reasoning like this: only those who have experienced violence themselves have the right to speak about it; others, who were not there, cannot know or judge, and therefore should keep quiet.

Winter's categorization is very helpful for understanding post-conflict collective silences, yet it raises the question whether silence has similar functions for different groups *within* the collective. Here, I analyze the post-war relations of German Jews and non-Jews in light of the concepts Winter and Zerubavel put forward, and I discuss the function(s) silence had for non-Jews and returning Jews in post-war Germany.

The return of Jewish survivors and social reintegration

The German-Dutch border region comes within the German states of Lower Saxony and North Rhine-Westphalia. In March 1949 the German-Jewish population of these two states amounted to some 2,000 individuals.[14] Given the rural char-

---

12 Ibid., 9.
13 Winter, "Thinking about Silence," 4–6.
14 This number is based on registered membership of Jewish communities. The post-war Jewish communities in Germany included both German Jews and displaced Jews, but regional variations were considerable. In regions that were located in the American zone of occupation and whose borders had been open to refugees from Eastern Europe, displaced Jews outnumbered German Jews. In the other zones of occupation, Jewish communities in March 1949 were predominantly German-Jewish. The numbers for Lower Saxony and North Rhine-Westphalia are: Lower Saxony – 594 German Jews and 181 DP Jews; North Rhine-Westphalia – 1,454 German Jews and 453 DP Jews (Kolinsky, 150). Kolinsky cites numbers that were compiled and published

acter of the border region, we can assume that only a fraction of these 2,000 lived in this specific region of Germany. For this handful of people, it was very hard to rebuild satisfactory lives after their return. The region was part of the British Zone, and, in contrast to the American Zone, the British regarded and treated German Jews not as a specific group of victims but as part of the German population – a policy with disastrous humanitarian and social effects.[15]

The returning Jews met with a perplexing mix of blatant anti-Semitism and friendly, even subservient behavior. On the one hand, they were confronted with open manifestations of anti-Semitism. For example, Paul Spiegel (later president of the Central Council of Jews in Germany), who grew up in hiding and returned to his father's hometown of Warendorf after the war, recalled that on his first school day after returning, a classmate called him a dirty Jew.[16] When his father met an old acquaintance at the station, he was greeted with the words: "Hey Jew, back again?" In Gildehaus in the Grafschaft of Bentheim, tensions arose between a Jewish couple, the Wertheims, and their neighbors who owned a forge. Heinz Wertheim had already complained a couple of times about the noise of the forge in the mornings, when these neighbors parked a gritting wagon of a make called "Mengele" in front of the glass entrance of the Wertheims' textile store. There it stood for days in spite of protests by the Jewish pair.[17]

These instances were not rare exceptions. Investigations have shown that negative attitudes towards Jews remained widespread in Germany even after the beginning of the 1950s.[18] Most of the hostility was directed at the Eastern European Jewish DPs, but there are also sources mentioning verbal assaults and acts of violence against German Jews. A clear symptom of post-war anti-Semi-

---

by the Advisor for Jewish Affairs in March 1949, and were re-published in: Harry Maor, "Über den Wiederaufbau der Jüdischen Gemeinden in Deutschland seit 1945," Ph.D. diss, Mainz 1961.
15 This was a result of the British stance, in light of the Palestine issue, not to grant Jews the status of a national group. Frank Stern, *The Whitewashing of the Yellow Badge. Antisemitism and Philosemitism in Postwar Germany* (Oxford: Pergamon Press, 1992), 80.
16 Paul Spiegel, "Interview 26657," in *Visual History Archive*. (USC Shoah Foundation. The Institute for Visual History and Education, 1994–2014), accessed 28 July 2010, http://www.vha.fu-berlin.de. This event is also described in his memoirs: Paul Spiegel, *Wieder Zu Hause? Erinnerungen* (München: Ullstein, 2003), 94–95.
17 Hella Wertheim and Manfred Rockel, *Immer alles geduldig getragen. Als Mädchen in Theresienstadt, Auschwitz und Lenzing, seit 1945 in der Grafschaft Bentheim* (Bielefeld: Verlag für Regionalgeschichte, 2004), 51–53.
18 Constantin Goschler, "The Attitude Towards Jews in Bavaria After the Second World War," *Leo Baeck Institute Yearbook* 36, no. 1 (1991): 443–458.

tism was a series of desecrations made on Jewish cemeteries. By 1949 more than a hundred such cases had been officially recorded.[19]

However, this open anti-Semitism was complemented by an opposing phenomenon: the so-called *Persilschein*. This was a document attesting to a person's good relations with Jews that had to be signed by a "non-Aryan". Once they possessed such a document, individuals could avoid denazification. German non-Jews approached Jewish survivors, sometimes with money or food, to persuade them to sign these documents.[20] An example is a letter written by a Jewish couple called Bendix to the former mayor of what had been their hometown, Burgsteinfurt. On 3 March 1947 the couple wrote that they wanted to thank the mayor for his help during the Nazi years, and that they were willing to testify in his favor if needed. This is indeed a surprising offer, since the mayor had taken an active stance in the exclusion and persecution of the Jews of Burgsteinfurt. What motives the couple had for writing this letter are unknown, yet the letter was very helpful in the rehabilitation of the mayor.[21]

Another complicating factor in Jewish/non-Jewish relations in later years was the issue of reparations. Many Germans responded to the restitution (*Rückerstattung*) and reconciliation (*Entschädigung*) claims of Jewish survivors with hostility. Most Germans understood themselves to be victims rather than victimizers, a phenomenon that has been described by contemporaries as the "enigma of irresponsibility."[22] Therefore, most saw indemnification as a "dictate of the occupying powers" to which they only reluctantly submitted.[23]

---

19 Brenner, *After the Holocaust*, 52. The public authorities, however, stated that not all the desecrations were motivated by anti-Semitic intent: Andreas Wirsching, "Jüdische Friedhöfe in Deutschland 1933–1957," *Vierteljahrshefte für Zeitgeschichte* 50 (2002): 32.
20 Atina Grossmann, *Jews, Germans, and Allies. Close Encounters in Occupied Germany* (Princeton: Princeton University Press, 2007), 110–111; Jael Geis, *Übrig sein – Leben "danach". Juden deutscher Herkunft in der britischen und amerikanischen Zone Deutschlands 1945–1949* (Berlin: Philo Verlag, 1999), 258–263; Stern, *The Whitewashing*, 147.
21 Parts of the letter have been published in Willi Feld, *Mir ist, als tropfe langsam alles Leben aus meinem Herzen. Der lange Abschied der Familie Herz aus Burgsteinfurt. Eine Dokumentation – Die Juden in der Geschichte der ehemaligen Stadt Burgsteinfurt Teil III* (Münster: LIT Verlag, 2008), 209.
22 Moses Moskowitz, "The Germans and the Jews. Postwar Report; The Enigma of German Irresponsibility," *Commentary* 2 (July-December 1946), cited in Grossmann, 7.
23 Tobias Winstel, "'Healed Biographies'? Jewish Remigration and Indemnification for National Socialist Injustice," *The Leo Baeck Institute Yearbook* 49, no. 1 (2004): 137–152. In this publication there is also a reference to the Allensbach survey, according to which 31% of those surveyed in 1949 disagreed with the statement that Germany had a duty to compensate German Jews who were still alive.

Jews who returned to their hometowns had to find their own way in this complicated and ambivalent social reality. Their recent experiences of social and physical extinction and the subsequent indifference to, and denial of, these experiences produced vast psychological cleavages between them and their non-Jewish neighbors, cleavages most returnees were not able or willing to bridge. At the same time, they lived in close proximity with non-Jews in at least three different ways. First, very literally, they shared the same space. In daily life, they came across one another in public spaces, for example in the streets, in shops and in local clubs. Several returning merchants took up their cattle businesses again and traveled around the countryside, where they interacted with farmers from the region.[24] Their children attended the local schools and sports clubs. Second, there was a situation of economic proximity; the returnees were economically dependent on their non-Jewish neighbors. Most returnees were self-employed, trading in cattle, pelts and old metal or running small textile businesses. Their clientele consisted of the local communities of their hometowns and the more scattered population of farmers in the vicinity. Last but not least, there still existed a kind of emotional proximity. Although economic factors were important in their decision to return and to stay, for all the returnees practical reasons were intertwined with emotional ones of identity and belonging. They were drawn back out of a strong emotional attachment to their home region. They did not know where to go or how to rebuild a life somewhere else. In spite of everything they had gone through, they still felt German and bound to their *Heimat*.

The daily interactions between Jewish and non-Jewish residents took place within this reality of distance and proximity. For the returnees, this meant they had to find a way to navigate the proximity, but within acceptable boundaries. To whom could each Jew relate? Who was to be trusted? How could they feel safe among murderers?

---

24 The cattle trade was a domain of Jewish/non-Jewish interaction with specific characteristics. As a business that was mainly based on trust, it withstood the Nazi measures against the Jews for an unusually long time – sometimes well into the second half of the 1930s. After the war, returning Jewish cattle traders could sometimes built on these old trust relations. On the cattle trade during the Nazi period, see: Stefanie Fischer, *Ökonomisches Vertrauen und antisemitische Gewalt: Jüdische Viehhändler in Mittelfranken (1919–1939)* [Hamburger Beiträge zur Geschichte der deutschen Juden, vol. 42] (Göttingen: Wallstein Verlag, 2014); Demant, *Verre buren*, 118, 123–125.

Diverging strategies of social behavior

In this complex daily reality of living together with non-Jews, the Jewish returnees established different strategies in their social behavior. One strategy was to engage in uncomplicated interaction in the economic field, but opt for social withdrawal from other spheres of life. An example of this can be found with the couple Heinz and Hella Wertheim, who have already been mentioned. They ran a small textile shop in Heinz's hometown of Gildehaus. Like Bernhard Oppenheimer, Heinz Wertheim had survived several concentration camps and had returned to his hometown, where he found out that he was the only surviving member of his family. He decided to stay in Gildehaus and remarried. His new wife, Hella, was an Auschwitz survivor. According to Hella, her husband's decision to return was based on a strong attachment to his hometown. Yet, he did not manage to rebuild the relations he had had with the non-Jewish villagers before the persecution: "It was all very hard for him. He was a gentle man, but the experiences were too deep. He could not act as if nothing had happened."[25] The couple was in contact with the customers at their store on a daily basis, but otherwise led a secluded life.

These returnees appear to have regarded only those people who had actively supported them (or other Jews) during the Nazi period as trustworthy. They lived in constant suspicion that the rest of the non-Jewish population around them might still hold anti-Semitic views. The Wertheims always had the feeling that the people in Gildehaus were avoiding contact with them – a situation that made Heinz Wertheim sigh that they were still wearing the yellow star, although invisibly.[26]

A second strategy resembled the first, but here, in addition to economic contact, relations in public life were re-established. Bernhard and Elsa Oppenheimer are a clear example. Bernhard reintegrated socially quite well after his return, but Elsa emphasizes that he maintained relations with others only from commercial motives; the prosperity of his cattle trade depended on his having good relations in the region. He did not rebuild deeper relationships. Elsa, who came from a different part of Germany, always kept herself at distance from her non-Jewish neighbors. Like the Wertheims, she felt uncomfortable in the company of non-Jews, suspecting anti-Semitic sentiments under the surface of daily interactions.

---

[25] Interview for author's research, 31 May 2011.
[26] Wertheim and Rockel, *Immer alles*, 111.

A third strategy was one of social restoration in all spheres of life. Some returnees took up their old businesses, took an active stance in local public life and renewed relationships with old acquaintances. An example is Hugo Spiegel. After his liberation from the concentration camp at Dachau, Hugo returned to his hometown Warendorf, where he was reunited with his wife and small son Paul, who had survived in hiding. According to Paul, his parents had many non-Jewish friends and were so active in their town that his father became the local *Schützenkönig* ('shooting champion') at the beginning of the 1960s, a clear sign of popularity and social standing.²⁷

Similarly, after the end of the war, Mr. and Mrs. Frank from Goldenstedt resumed their life just as they had left it in 1938. The couple had survived the war, together with their two daughters, on the Dutch side of the border and they returned to their hometown immediately after the end of the conflict. The daughters, who were almost grown up by then, decided to stay in the Netherlands. One of them, Els Denneboom, has recounted:

> And when my father returned to Germany, the farmers immediately started to trade with him again, from one day to the next, so he instantly had enough work.
> *FD: And how was it to return as a Jew to Germany?*
> Nothing was the matter, it was a small village, from Day One the farmers traded with him again.
> *FD: And he didn't find it hard?*
> No, I don't think so. [...]
> *FD: Did your parents directly feel at home again?*
> Yes, I think so, I never heard about that. They also had acquaintances again right away; I don't know if they were friends, but good acquaintances.²⁸

It appears that these returnees were only able to live in their hometowns again if they ignored how circumstances had changed and resumed their old ways of living as quickly as possible. In the tension between distancing themselves from and approaching non-Jews, they seem to have categorized the majority of their non-Jewish neighbors as trustworthy and safe to be with.

Yet, regardless of whether they kept their distance from the non-Jewish population or reintegrated fairly smoothly, all the returnees experienced non-Jewish evasion and silence on the topic of the recent persecution and mass murder. And

---

27 Paul Spiegel, "Interview 26657," in *Visual History Archive* (USC Shoah Foundation. The Institute for Visual History and Education, 1994–2014), accessed 28 July 2010, http://www.vha.fu-berlin.de. A picture of Hugo Spiegel as *Schützenkönig* appears in Paul Spiegel, *Wieder zu Hause? Erinnerungen* (München: Ullstein, 2003), 131.
28 Interview for author's research, 11 January 2011.

all of them linked this silence more or less explicitly to the "enigma of irresponsibility" explained above. In accordance, the returnees themselves kept silent too regarding their recent experiences of social and physical violence.

(Non)communication

To help us understand this silence, I would like to describe two more instances of Jewish/non-Jewish (non)communication over the recent persecution and murder of the Jews. By analyzing these instances, we can gain more insight into the function(s) the silence had.

Carla Vosmann is a Dutch Jewish woman who, as a young girl, came to live in Nordhorn, a town in the Grafschaft of Bentheim, near the Dutch border. Her father, Salomon Cohen, had grown up there, but had moved to the Netherlands in the 1920s. His brother Isaak, who owned a butcher's shop in Nordhorn, was deported and murdered at Auschwitz in 1943. In 1952, Carla's father got the butcher's shop back as restitution, and Carla's parents decided to move in and re-open the family business. They were acquainted with Walter Salomonson, a Jewish man who had fled Nordhorn in 1938 and now lived in London. Carla remembers how, one day, a former Nazi approached her in the local pharmacy to ask for Walter's forgiveness for what he had done to him and his family:

> I went to the pharmacy and one of those old Nazis came along, and he said I should say to Mr. Salomonson, or ask him, if Salomonson could forgive him. And I said, "No, no, that you have to do yourself." I am sure that Salomonson would have thrown him out. Because I can't, eh. They always think that, but I cannot forgive things that people have done to my family. I can only forgive the things someone did to me personally, and then I can say, "Well, okay". But I can't forgive for people who are dead, can I? Sometimes they have this idea, that the people who are still there should ... eh? When you're behaving friendly, then they think, "Yes, everything is okay," but it is not okay at all. I can't do that, can I? I can't do that for my uncles and aunts and whoever, I can't say, "Okay guys, it is not that bad," can I?[29]

The second case to present was described by Josef Klüsekamp, a non-Jewish man from the town of Ahaus in Westmünsterland. He was born in 1928 and worked, from 1943 on, as an apprentice administrator for the local municipality. He was drafted into the army and imprisoned in the Netherlands for half a year after Germany's defeat. After his return, he continued working for the town administration, now at the municipal treasury. There he had an encounter with the Jewish

---

[29] Interview for author's research, 18 May 2011.

sisters Marga and Miriam Cohen, who were the only ones from their family to survive the Holocaust. They had been in several concentration camps and had experienced a death march. Nevertheless, they returned to Ahaus in August 1945.

> Well, I didn't have anything to do with them really. I knew them from sight, but not more than that. And when they returned, they were so ... they were really arrogant.
> *FD: What do you mean?*
> Well they, yes, they could not bear the others, they didn't speak to us at all anymore. [...] Well, they had been through a lot. [...] They came to us at the savings bank and collected their money, they had a remittance and we had to pay that then. But one couldn't start a conversation with them. No.
> *FD: Why not?*
> "You are all Nazis. Something like that. And we didn't dare to reply to that. We were not Nazis, but we were like, *"mit gefangen, mit gehangen"* ['you were there, so you share in the blame'] – yes that's the way to say it. Maybe you think that is a cheap excuse to say something here, eh? But it wasn't a cheap excuse at all, we were glad that we were alive, that we had made it through the war.[30]

These cases reveal just how difficult relations between Jews and non-Jews were in the decades after the end of the war. And they show something else as well: communication on the topic of the persecution of the Jews was bound up with sore feelings of guilt and responsibility. The case of Carla Vosmann (like the case of Bernhard and Elsa Oppenheimer) was told from the Jewish-returnee perspective and therefore it is not possible fully to understand the motives of "the old Nazi" (and of Bernhard's former colleague as well) for wanting to break the silence. However, it is clear that their neighbors' behavior could arouse great doubt and unease among Jews. How should they interpret words of supposed reconciliation? As shame or even remorse? Or as an insult: as a way to "get it over with"? Both Carla Vosmann and Elsa Oppenheimer believed it was the latter. They felt discomfort and were annoyed, because they interpreted the communication as a facile way for non-Jews to relieve the burden of their heavy consciences.

The third case was told from a non-Jewish perspective and was somewhat ambiguously formulated, leaving it open to various interpretations. On the one hand, the case could be understood as one illustrating what could happen to Jews who did not submit to the rule of silence: they were branded "arrogant". Josef Klüsekamp felt the implied message from the Cohen sisters as an assault – an assault that left him (and by implication most other non-Jewish residents) speechless. Yet, he does not make it clear whether the Cohen sisters actually

---

30 Interview for author's research, 20 April 2011.

said to him, "You are all Nazis." An alternative explanation is that, in reality, the sisters never accused him, but that their presence, and everything their presence stood for, made him nervous and insecure. He may have projected his own feelings of uneasiness and guilt upon them. But whether the sisters really accused him or whether he only imagined them doing so, the consequence was the same. What he implies in his story is that their accusations were false and should therefore be excluded from conversation. He is thus turning the issues of silence and guilt upside down, making the sisters responsible for his own shameful feelings.[31] The sisters left Ahaus half a year later, never to return.

A pact of silence

Jews who returned to their hometowns found themselves living in "the land of the murderers". They had survived annihilation and genocide, had lost most of their relatives and had come to live in the midst of people who had sometimes actively, often passively, supported their persecution – but who were now convinced that they themselves were the primary victims of the Nazi era. To mitigate the tension between their psychological boundaries and the daily reality of physical, economic and emotional proximity, the returnees established different patterns of social behaviour. In this difficult situation, the topic of the recent annihilation of the Jews was a taboo, and even an "unmentionable".

This "unmentionable" had different functions for the non-Jewish population and the returning Jews. For non-Jews, the silence protected them against embarrassment and nagging feelings of guilt. By remaining silent they could circumvent difficult aspects of the recent past, and so keep the enigma of irresponsibility going. For returning Jews, the silence had a much more fundamental function: keeping silent was a prerequisite for rebuilding a life in Germany. Breaking the taboo could upset the precarious patterns of relations and thus cause a social crisis.[32] In a way, the silence constituted a dividing line between the cruel barbarism and total unpredictability of the Nazi past, and the relative

---

[31] Other non-Jews from Ahaus recalled how the sisters, reacting to a refusal by some townspeople to lend them their bicycles, had shouted at them: "Nazi pigs." *Auf der Suche nach Marga Cohen und ihrer Familie. Tagebuch einer Annäherung, erstellt von Schülern der Kl. 9a, 10a und 10d der Anne-Frank-Realschule Ahaus*, March 2009, 10.

[32] The sociologist Lynn Rapaport makes a similar argument in her analysis of the silence between second-generation Jews and Germans. See Lynn Rapaport, *Jews in Germany after the Holocaust. Memory, Identity, and Jewish-German Relations* (Cambridge: Cambridge University Press, 1997).

safety of the post-war situation. Furthermore, most Jews maintained a basic mistrust in the type of information that might be communicated by non-Jews. In the end, there was not much to gain from an open confrontation with the people they would meet time and again in the foreseeable future.

Understood in the framework of Jay Winter's three types of post-conflict silence, this non-communication can best be described as an example of "political silence". Although it is certainly conceivable that there were also forms of liturgical and essentialist silence in play in post-war German society, the silence described here functioned first and foremost as a buffer against open conflict between the returnees and their non-Jewish neighbors.

Zerubavel's concept of a "conspiracy of violence", however, is less applicable in this case, as this concept suggests that the parties involved were equal in their positions relative to each other and in their interest in maintaining the silence. This was clearly not the case; the handful of Jewish individuals who returned to their hometowns found themselves surrounded by a non-Jewish society on which they were dependent in several ways. As Theodor W. Adorno famously observed: "In the house of the hangman, you don't mention the noose. It stirs up resentment."[33] Thus post-war relations between German Jews and non-Jews could better be characterized as a "pact of silence".[34]

This pact should not be interpreted as a deliberate or explicitly formulated agreement of the Jewish returnees to mute themselves. Nor should it be understood as a reformulation or reconstruction of the myth of silence in general. Many Jewish survivors were not silent at all; they discussed, gave evidence and published writings about their experiences. Yet in everyday life German Jewish returnees and their non-Jewish neighbors kept silent about the suffering of the Jews during the Nazi past. It might not have been the reaction that was wished for, but in the complicated and precarious circumstances in which the Jewish and non-Jewish cohabitation was rebuilt, it made day-to-day interactions possible.

---

33 Theodor W. Adorno, "Replik zu Peter R. Hofstätter's Kritik des Gruppen-experiments," *Kölner Zeitschrift für Soziologie und Sozialpsychologie* 9 (1957): 105–117. Adorno was revising the old saying: "In the house of the hanged, one does not mention the noose."
34 The term "pact of silence" originally referred to the decades-long Spanish silence about the repression imposed by Franco and the Spanish Falange (fascist party). This *pacto de silencio* was established by Spanish policymakers in charge of the transition to democracy. The legal expression of this pact was the Amnesty Law of 1977. For more information, see, among other sources, the Spanish Civil War Memory Project, accessed 18 July 2012, http://libraries.ucsd.edu/speccoll/scwmemory/. I would like to thank Professor Selma Leydesdorff for pointing out the origin of this term to me.

Nowadays, Elsa Oppenheimer still lives in the small village near the Dutch border where she has dwelt since 1947. She has been interviewed several times about her experiences during the Nazi years, and she regularly gives lectures in local high schools to teach younger generations about the Holocaust. Nevertheless, when she spoke about the denunciation of her husband by his colleague, she became very uneasy and asked me not to share the specifics of this story with others. There could be several reasons for her uneasiness: maybe she felt that she was betraying her late husband by telling this story without his consent; she might have been nervous about possible negative reactions from people in the village; or her discomfort may have sprung from the half-conscious fears, mistrust and restrictions she had felt during all the years of her post-war life in Germany. It appears that the pact of silence has still not lost its spell completely. I have therefore tried to respect the reticence she still wants to maintain by leaving out identifying details in her story and giving her and her husband pseudonyms.

David Jünger
Farewell to the German-Jewish past. Travelogs of Jewish intellectuals visiting post-war Germany, 1945–1950

Introduction

On 8 July 1948, Kurt Grossmann (1897–1972) traveled from his temporary residence in Geneva to the small town of St. Margarethen on the Swiss-German border. He was making a visit to Germany. For more than fifteen years he had not been in that country, which had been his *Heimat* before the Nazis forced him to leave. Kurt Grossmann had been one of the most famous lawyers of Weimar Germany, the general secretary of the *Deutsche Liga für Menschenrechte* (German League for Human Rights) and a public and ardent adversary of the rising Nazi movement.[1] On the evening of 27 February 1933 he was on his way home when he saw the fierce glow of the burning Reichstag. Shortly afterwards he learned that his life was in danger. Within a couple of hours he made the decision to leave Germany. He packed and left for Prague without any farewell or goodbye. In Prague he would become one of the leading figures in aid to refugees – until 1938, when he was again forced to flee.[2] He left for Paris and, in 1939, went on to New York, where he became an executive assistant to the World Jewish Congress. He remained in the United States until his death on 2 March 1972.

However, on 8 July 1948 he returned to Germany for a visit. This was the first time he had been in the country for 15 years, and he was nervous and fearful, but also curious about how the trip would turn out. He asked himself: "What will be Germany's first greeting to me?"[3] Within minutes he would receive a revealing answer. In an article published in a Swiss newspaper a few weeks later, he described his first encounter with post-war Germany:

---

[1] For Grossmann's life see: Lothar Mertens, *Unermüdlicher Kämpfer für Frieden und Menschenrechte. Leben und Wirken von Kurt R. Grossmann* (Berlin: Duncker & Humblot, 1997).
[2] Ibid, 19–27, 63–120; Kurt R. Grossmann, *Emigration. Die Geschichte der Hitler-Flüchtlinge 1933–1945* (Frankfurt/Main: Europäische Verlagsanstalt, 1969), 25–27.
[3] Kurt Grossmann, "Wiedersehen mit Deutschland," *N.Y. Staats-Zeitung und Herold*, 14 October 1948. The second part of the article was published on 15 October 1948. Unless indicated otherwise, all translations from German into English are done by the author.

> When our train stopped for a rather long time in Immenstadt, a German passenger train arrived. From the opposite window three German girls looked outside. They were laughing and making jokes like all other kids do all over the world. Since the weather was nice, I walked the corridor of the train back and forth. I was looking at the girls and when they recognized me, one of them screamed: "There are Jews!" This was my first encounter with Germany (*mein erstes Erlebnis im wiederbesuchten Deutschland*). Encouraging?[4]

The encounters and experiences Kurt Grossman had during the following twelve days could not reconcile him to this first shock in the new post-war Germany. Rather, the opposite: the whole trip was a devastating disappointment to him, as far as the German people, the political establishment and the whole country were concerned.[5]

Grossmann was not an exception. He was one of a great number of Jews who came to Germany in the immediate post-war years in order to analyze the Displaced Persons (DP) problem, to investigate the current German state of mind, and – most important of all – to weigh up the chances of a Jewish future in Germany. Their travelogs – some published, some not – offer deep insights into the immediate post-war years and reveal the tremendous entanglement German politicians, German clergy and the ordinary German population still had with Nazi ideology, which continued to exert its influence despite the fall of the Third Reich. Although these visits were planned as investigations into post-war Germany, most of the accounts eventually turned into self-reflection in which the authors confronted their own German-Jewish past.

The most prominent travelog is probably Hannah Arendt's "The aftermath of Nazi rule. Report from Germany," published in the American Jewish monthly *Commentary* in early 1950.[6] The fact that it took almost 40 years for the first German translation to be published is a telling example of German society's way of glossing over the Nazi past in the post-war years. The report first became available in German in 1986,[7] but it would be another seven years before it received proper attention following a re-edition by Eike Geisel and Henryk M. Broder for the left-wing publishers Rotbuch-Verlag.[8] Even though the report was meant to

---

4 Ibid.
5 Kurt R. Grossman, *Report on Germany* [1948]. Central Zionist Archives, C3/347/1; Kurt R. Grossman, "Germany Revisited," *Congress Weekly* Vol. 15, No. 24 (17 September 1948): 6–7.
6 Hannah Arendt, "The aftermath of Nazi rule. Report from Germany," *Commentary* 10 (1 January 1950): 342–353.
7 Hannah Arendt, "Besuch in Deutschland 1950. Die Nachwirkungen des Naziregimes," in *Zur Zeit. Politische Essays*, edited by Marie Luise Knott (München: dtv, 1986), 43–70.
8 Hannah Arendt, *Besuch in Deutschland*, trans. Eike Geisel, with a foreword by Henryk M. Broder and a portrait by Ingeborg Nordmann (Berlin: Rotbuch-Verlag, 1993).

inform both the American public and its policy-makers and also influence potential Jewish returnees, its neglect by German historiography during the post-war years is revealing.⁹ Right up to our own day, the history of Nazi continuities after the war tends to be blurred by the well-known stories of democratization, westernization and reconstruction. In recent years, an ever-increasing body of research literature has been dealing with different aspects of these continuities, especially within government authorities.

This interest comes with a tremendous increase in studies on Jewish history in post-war Germany – most of them only published after 2000. These studies cover various topics such as: the return of Jewish (intellectual) émigrés to Germany;¹⁰ Jewish life in Germany in the immediate post-war years, including the Jewish DP situation;¹¹ and, more general reviews of German-Jewish history after 1945.¹²

---

9 For the purpose and meaning of the report, see: Elisabeth Gallas, "Hannah Arendt. Rückkehr im Schreiben," in *'Ich staune, dass Sie in dieser Luft atmen können.' – Jüdische Intellektuelle in Deutschland nach 1945*, edited by Monika Boll and Raphael Gross (Frankfurt/Main: Fischer Verlag, 2013), 233–263.
10 Monika Boll and Raphael Gross, eds., *'Ich staune, dass Sie in dieser Luft atmen können'* (Frankfurt/Main: Fischer Verlag, 2013); Alexander von der Borch Nitzling, *(Un)heimliche Heimat. Deutsche Juden nach 1945 zwischen Abkehr und Rückkehr* (Oldenburg: Paulo-Freire-Verlag, 2007); Irmela von der Lühe, ed., *'Auch in Deutschland waren wir nicht wirklich zu Hause.' Jüdische Remigration nach 1945* (Göttingen: Wallstein Verlag, 2008).
11 Ruth Gay, *Safe among the Germans. Liberated Jews after World War II* (New Haven: Yale University Press, 2002); Jay Howard Geller, *Jews in Post-Holocaust Germany 1945–1953* (Cambridge: Cambridge University Press, 2005); Atina Grossmann, *Jews, Germans, and Allies: Close Encounters in Occupied Germany* (Princeton: Princeton University Press, 2007); Wolfgang Jacobmeyer, *Vom Zwangsarbeiter zum heimatlosen Ausländer: Die Displaced Persons in Westdeutschland, 1945–1951* (Göttingen: Vandenhoeck & Ruprecht, 1985); Angelika Königseder and Juliane Wetzel, *Waiting for Hope: Jewish Displaced Persons in Post-World War II Germany* (Evanston, Ill.: Northwestern University Press, 2001); Zeev W. Mankowitz, *Life between Memory and Hope. The Survivors of the Holocaust in Occupied Germany* (Cambridge: Cambridge University Press, 2002); Avinoam J. Patt and Michael Berkowitz, eds., *'We Are Here': New Approaches to Jewish Displaced Persons in Postwar Germany* (Detroit: Wayne State University Press, 2010); Julius H. Schoeps, ed., *Leben im Land der Täter. Juden im Nachkriegsdeutschland (1945–1952)* (Berlin: Jüdische Verlagsanstalt, 2001); Frank Stern, *The Whitewashing of the Yellow Badge. Antisemitism and Philosemitism in Postwar Germany* (Oxford: Pergamon Press, 1992).
12 Michael Brenner, ed., *Geschichte der Juden in Deutschland von 1945 bis zur Gegenwart: Politik, Kultur und Gesellschaft* (München: Beck, 2012); Anthony Kauders, *Unmögliche Heimat. Eine deutsch-jüdische Geschichte der Bundesrepublik* (München: Deutsche Verlags-Anstalt, 2007); Micha Brumlik, ed., *Jüdisches Leben in Deutschland seit 1945* (Frankfurt/Main: Athenäum, 1986); Jürgen Bertram, *Wer baut, der bleibt. Neues jüdisches Leben in Deutschland* (Frankfurt/Main: Fischer-Taschenbuch-Verlag, 2008); Y. Michal Bodemann, *Jews, Germans, Memory. Reconstructions of Jewish Life in Germany* (Ann Arbor: University of Michigan Press, 1996); Michael

Confrontation with the past: First impressions of a devastated land

In the years following the end of World War II, many Jews traveled to Germany to see with their own eyes what might remain – or still be reverberating – from the Nazi past. They came as representatives of Jewish organizations like the American Jewish Joint Distribution Committee, the American Jewish Committee, and the World Jewish Congress; as journalists writing for Jewish and non-Jewish journals; and in private missions with the aim of getting personally involved. One of the visitors was Leon S. Lang (1898–1956), a conservative rabbi who was part of a delegation of clergymen sent by the U.S. government to get in touch with their German counterparts. After his return, writing in the journal *Conservative Judaism*, Lang confessed that he had been entirely unprepared for what he experienced on his two-week trip. He wrote:

> After my first week in Germany, I remarked to some of my colleagues on our mission, that we could have been more adequately briefed for this tour before leaving the States. Had we spent a week or two in some institution for the insane, previous to coming to Germany, we might have been better prepared for the distortion of values one finds prevailing there today. Of course, one expects to find the stark evidences of mass destruction and devastation in the major cities and many towns. It was hard to imagine beforehand, however, the depressing gloom which engulfs one on witnessing those sheered walls, ghost-like 'air-conditioned' shells of buildings and mounds of rubble, amidst a people, which has failed, for the most part to draw the grave lessons of its own defeat, misery and humiliation. There are no noticeable signs of penitence among the German people today.[14]

This kind of mission, along with the subsequent reports and travelogs – published in journals and newspapers, submitted to closed circles of policy-makers or delivered to public audiences – were a widespread phenomenon in those days. They built on a tradition stemming from the nineteenth century, when eyewitness accounts had been the main source through which Jewish organizations

---

Brenner, *After the Holocaust. Rebuilding Jewish Lives in Postwar Germany* (Princeton, NJ: Princeton University Press, 1997); Andreas Nachama and Julius H. Schoeps, eds., *Aufbau nach dem Untergang. Deutsch-jüdische Geschichte nach 1945* (Berlin: Argon, 1992); Lynn Rapaport, *Jews in Germany after the Holocaust. Memory, identity, and Jewish-German relations* (Cambridge: Cambridge University Press, 1997); Andrea Sinn, *Jüdische Politik und Presse in der frühen Bundesrepublik* (Göttingen: Vandenhoeck & Ruprecht, 2014); Olivier Guez, *Heimkehr der Unerwünschten. Eine Geschichte über die Juden in Deutschland nach 1945* (München: Piper, 2011).

14 Leon S. Lang, "Notes on a Tour through Germany," *Conservative Judaism* 6:1 (1949): 68–73, quote: 68.

in the western hemisphere could learn about beleaguered co-religionists, mostly in the Eastern and South-Eastern parts of Europe, and act on their behalf. Such reports were to retain their importance even after World War II. Jewish travelers came to Germany with the same spirit of enquiry.[15]

While Rabbi Lang felt utterly unprepared for his trip, Jews who were returning to a country that used to be their own home had a much better sense of the calamities they might be confronted with. But they too were shocked, though for slightly different reasons. The first and most disturbing impression for most of them came from the devastated cities, especially Berlin. Many contemporaries had adored the Berlin of the 1920s, regarding it as a special place so unique and pre-eminent that it was beyond comparison with anything else. Berlin was not "Germany"; it seemed to have existed out of time and space. This adulation of Berlin was shared not only by the cultural avant-garde but among many more ordinary Jews and, last but not least, by some of the clergy. The Zionist rabbi Joachim Prinz (1902–1988), one of the most prominent rabbis in late Weimar and early Nazi Berlin, was a keen participant in the nightlife of Berlin before the Nazis took over the city and turned it into a hostile place for Jews. Even after World War II and the Holocaust, which had been planned and operated from this very city, that had once been famed as a cosmopolitan metropolis, Prinz would not hold Berlin responsible for the Nazi atrocities, but maintained the opposite. He depicted the city as the Nazis' counterpart. His autobiography, written almost 50 years after his emigration from Germany, contains the passage:

> Berlin was one of the most exciting cities in the world. [...] To have lived in Berlin in the twenties was an indescribable experience. It was probably at that time the most creative city in the world. It was cosmopolitan and far removed from German nationalism. [...] If we had any free evenings, we went either to the theatre, opera, or concerts. It was, in short, a great, creative, marvelous life, which cannot be repeated because it was a time of mankind's great hopes for a world of justice and peace.[16]

---

15 As yet there are no studies dealing explicitly with the reports of Jewish travelers sent by Jewish organizations to provide information on different issues – figures who could be dubbed envoys or emissaries. One of the best books using material from their reports is probably: Yehuda Bauer, *My Brother's Keeper. A History of the American Jewish Joint Distribution Committee 1929–1939* (Philadelphia: Jewish Publication Society of America, 1974). Independent (Jewish) travelers, more tourists than envoys, have been the topic of some works, already cited, by Nils Roemer: "Jewish Traveling Cultures and the Competing Visions of Modernity"; *Crossing the Atlantic: Travel and Travel Writing in Modern Times*.

16 Joachim Prinz, *Rebellious Rabbi. An Autobiography – The German and early American Years*, ed. and introduced by Michael A. Meyer (Bloomington: Indiana University Press, 2008), 57.

Surely, this uncritical fascination with Weimar Berlin was much more a retrospective projection than a precise depiction of what, in actuality, Berlin was. But this projection was a common one, expressed by others too. It can also be read as a political statement about the progressive potential of Weimar and how that political experiment was not doomed to fail from its beginning but might perhaps have blazed a completely different path from the one eventually taken.¹⁷ Thus, the devastation of Berlin was a symbol of the devastation of the German mind and of the destruction of all the hopes and dreams German Jews had cherished in 1920s Germany. Otto Friedrich wrote a passionate pean to the city, which appeared in 1972 and demonstrates – mostly through Jewish voices – an enduring adoration of Berlin as a vanished world:

> Berliners are not at all like other Germans. They are the New Yorkers of Central Europe. [...] Above all, Berlin in the 1920's represents a state of mind, a sense of freedom and exhilaration. And because it was so utterly destroyed after a flowering of less than fifteen years, it has become a kind of mythical city, a lost paradise.¹⁸

When Rabbi Prinz returned to Berlin in 1949 for the first time after his emigration to the United States in 1937, he could not help being struck by the ruin of his once beloved city: "A return after so many years to the city of Berlin is a strange experience. The city is one of the most devastated in Germany. The destruction is visible in almost every part of the huge city."¹⁹

Adolf Schoyer (1872–1961), who was a long-serving member of the Berlin Jewish community before he left Germany in 1938, testified to the London-based refugee journal *AJR Information* after a visit in 1946: "Berlin is now a

---

17 The common perception of Weimar as a republic in permanent crisis, doomed to fail almost from its beginning, has been challenged in recent research literature: Rüdiger Graf. *Die Zukunft der Weimarer Republik. Krisen und Zukunftsaneignungen in Deutschland 1918–1933* (München: Oldenbourg, 2008); idem. "Either-Or: The Narrative of 'Crisis' in Weimar Germany and in Historiography," *Central European History*. 43:4 (December 2010): 592–615; Jochen Hung, ed., *Beyond Glitter and Doom. The Contingency of the Weimar Republic* (München: Iudicium, 2012); Moritz Föllmer and Rüdiger Graf, eds., *Die 'Krise' der Weimarer Republik. Zur Kritik eines Deutungsmusters* (Frankfurt/Main/New York: Campus, 2005); Tim B. Müller, *Nach dem Ersten Weltkrieg: Lebensversuche moderner Demokratien* (Hamburg: Hamburger Edition, 2014).
18 Otto Friedrich, *Before the Deluge. A Portrait of Berlin in the 1920s* (New York: Harper & Row, 1972). Other compelling accounts of – Jewish – contemporaries can be found in: Iain Boyd Whyte and David Frisby, eds., *Metropolis Berlin: 1880–1940* (Berkeley et al.: University of California Press, 2012), 367–410. See also Emily D. Bilski, ed., *Berlin Metropolis: Jews and the New Culture, 1890–1918* (Berkeley: University of California Press, 1999).
19 Joachim Prinz, *Memorandum on a Trip to Germany, July 1949*, American Jewish Archives, Prinz, Joachim: Nearprint, p. 8.

vast heap of rubble and wreckage, destroyed to an extent which surpasses all imagination, and there is a lot of human wreckage among the ruins."[20] Herbert Freeden (1909–2003), who – as Herbert Friedenthal – had been a prominent Zionist author in Weimar and Nazi Germany, was also overwhelmed by the tremendous devastation he saw on a visit in late 1947, but he had conflicting feelings:

> I now passed those houses which formed a macabre lane of burned out ruins, trod over debris which for two years now had been piled up on the pavements, through districts which were wiped out. I felt two conflicting sensations: sadness and deep satisfaction. The sadness came from the experience of someone who makes a journey into his own past and finds out that his memories do not fit the reality any more; that the face of a town, once dear, was distorted into a terrible grimace. We once thought that cities were something permanent and men ephemeral. The few friends whom I found in Berlin had hardly changed. But Berlin had come to an end. Still, there was a deep satisfaction within me. We have long lost the belief in worldly justice, yet as never before I felt that here a kind of cosmic balance had been restored.[21]

Indeed, an ambiguous mix of sadness and satisfaction was felt by most former German Jews who returned to Germany after the war, even if they could not express this clash of feelings as candidly as Herbert Freeden did. For them, the question arose whether a trip back was meant to be a homecoming, a return, a regular visit or maybe something completely different. For example, while he was on the plane to Berlin, a co-passenger asked Adolf Schoyer how he felt, now that he was returning home. Schoyer replied "that it was not at all like 'returning home' – it was rather like traveling into an unknown and uncannily foreign land. During all the weeks I spent in Berlin I never lost that feeling."[22] Bruno Weil (1883–1961), who had been a famous lawyer for the *Centralverein deutscher Staatsbürger jüdischen Glaubens* in the 1920s and 1930s, returned to Germany in late 1948. At first, unlike Schoyer, Weil was not at all sure how the the visit would turn out. But after three months in Germany, he felt certain.

> I know I do not want to return to Germany. And I do not even talk about a permanent return; not even temporarily either, if most urgent and most important issues would require [me] to be there. [...] I do not want to get entangled in the conflicts of feelings that everyone

---

20 A[dolf] Schoyer, "Back in Berlin After Eight Years," in *AJR Information* 11 (Nov. 1946): 1–2, quote: 1.
21 Herbert Freeden, "Berlin – To-Day," *AJR Information* (Nov. 1947): 83.
22 Schoyer, "Back in Berlin".

has, who was born German, grew up into the German culture, speaks and talks German and is still far away from the people and the issues of his former heimat.²³

Continuities of Nazi ideology

These personal conflicts were always present, and sometimes even dominated the visits the travelers made. They were the source of ongoing self-questionings about how a Jew could live in this strange German environment. The main, or at least the official goal many of the travelers had was to evaluate the post-war situation. This was to be gaged in conversations with people from a broad spectrum of German society. On 4 August 1949, Dolf Sternberger (1907–1989), editor of the journal *Die Wandlung*, wrote to Hannah Arendt (1906–1975): "Meanwhile I've had a couple of very pleasant opportunities to talk with visitors from you, such as Rabbi Joachim Prinz, who [...] – like so many others – is searching for nationalism and anti-Semitism here in the German wild, in order to gain a perspective."²⁴ Prinz himself had put it this way:

> The purpose of my trip to Germany was to investigate public opinion in the Germany of today. Anti-semitism will be one of the many problems of democracy and is to be treated as such. I was also interested in the attitude of the German people toward problems of militarism, totalitarianism, and other remnants of the Nazi regime. Indeed, we are interested in whatever is left in the German people of the period of Hitler.²⁵

When Prinz came to Germany, he met not only Sternberger and his wife, but also the Christian clergymen Hermann Maas (1877–1970) and Heinrich Grüber (1891–1975), the chief prosecutor Richard Preuss, the editors of the social democrat journal *Der Telegraf*, the Broadcasting Service of the American Sector (RIAS) and the economics and sociology professor Alfred Weber (1868–1958), along with German students, representatives of the Jewish community and ordinary non-Jewish Germans. After all these encounters and conversations, his verdict was clear and unequivocal. In his final report, he stated: "Undoubtedly, the

---

23 Bruno Weil, *Reisetagebuch 1948, Nürnburg [sic] Nazi Trial*, p. 4, Leo Baeck Institute New York, Bruno Weil Collection, 1854–1965, AR 7108 / MF 516, Box 3: Notebooks and Diaries, undated, 1930–1948, Folder 1: Reisetagebuch 1948, Nurnberg Nazi Trial – Carbon Copies, 1948.
24 Dolf Sternberger to Hannah Arendt, 4 August 1949, The Hannah Arendt Papers at the Library of Congress, General Correspondence, 1938–1976, n.d. – Sternberger, Dolf – 1946–1953 (Series: Correspondence File, 1938–1976, n.d.). I thank Elisabeth Gallas for referring me to this source.
25 Prinz. *Memorandum*, 1.

Nazi ideology has survived."²⁶ In a detailed analysis, he expressed his surprise and disappointment:

> There is not the slightest willingness on the part of the broad masses with almost no exception in the ranks of leadership, to accept any guilt whatever, not only in matters concerning the Jews, but also in matters concerning the war, political affairs, the re-armament, etc. [...] In general, [Hitler] is considered a great man whose basic views were quite right, who brought happiness and employment to his people, and who might have made several mistakes, one of them being the harsh treatment of the Jewish people and the other, having entered into war against America. Almost everyone whom I talked to said that the attack upon Russia would have been successful had it not been for American help to the Soviet Union.²⁷

If Prinz sounds quite outspoken in his critique of Germany, there were others who went even further. Bruno Weil, for example, was shocked and almost paralyzed after just three months spent on German soil. When he and his wife took their departure, he wrote: "We both are happy to leave Germany. The air is morbid; the morality of most of the people is rotten; they live like shadows. [...] We cannot get rid of the feeling that there is still something raging deep in the Teutonic mind. The kettle will boil over again, as soon as the lid is lifted."²⁸

Prinz's impression that, within German society, there was not "the slightest willingness to accept any guilt whatever" was shared by all the travelers. Hannah Arendt, for example, remarked on the wholesale devastation of German cities and the corruption of the German mind, and she was appalled at the German reaction: "But nowhere is this nightmare of destruction and horror less felt and less talked about than in Germany itself. A lack of response is evident everywhere, and it is difficult to say whether this signifies a half-conscious refusal to yield to grief or a genuine inability to feel."²⁹ Arendt wrote that the "lack of emotion", with its "apparent heartlessness", was "the most conspicuous outward symptom of a deep-rooted, stubborn, and at times vicious refusal to face and come to terms with what really happened."³⁰ This "escape from reality", as Arendt called it, was, she further explained, "of course, an escape from respon-

---

26 Ibid., 17.
27 Ibid., 15–16.
28 Weil. *Reisetagebuch*, 1–2. The much more prosaic German original reads: *"Bei alledem wird man das Gefühl nicht los, dass es unten in den Tiefen der teutonischen Seelen weiter brodelt. Der Kessel wird wieder überkochen, sobald der Deckel nicht fest genug unter Verschluss gehalten wird."*
29 Arendt, "Aftermath", 342.
30 Ibid.

sibility."[31] Rabbi Leon S. Lang, who had no German background whatsoever, made a similar comment: "The German people suffers no sense of guilt, only a feeling of disgrace that men in power fumbled and betrayed them in the presumed great moment of their national destiny."[32] And Kurt Grossmann confirmed this judgment: "What has happened to the Jews and other people is forgotten."[33]

On their various tours through Germany, the travelers noticed not only a complete refusal to take responsibility for the atrocities of the Nazi years but, even worse, they sensed a resurgence of nationalism and anti-Semitism. This led Kurt Grossmann to conclude: "As a whole, the chances of the emergence of a democracy in Germany, are very slim. Everywhere there is a strengthening of the old nationalistic forces visible in Germany."[34] Joachim Prinz shared this impression, writing: "Every one of the existing parties has, during the [election] campaign at least, shown the kind of extreme nationalism which led to the Hitler regime."[35] These observers differed only in their assesments of which party was the worst. Whereas Grossmann thought that the most radical nationalists were in the Christian Democratic Party, Prinz believed that the most vicious nationalist forces were to be found amongst the communists and social democrats.[36]

The most disturbing phenomenon witnessed, however, was how the German population reacted to the Jews. It was not just that almost nobody showed any empathy, compassion or feeling of guilt, but that there was active hostility. The few remaining German Jews and the DPs were still met by most Germans with a show of contempt and hatred. Graveyards were desecrated, Jews attacked on the streets and houses tagged with slogans like "Here lives a Jew".[37]

In a confidential unpublished report, Grossmann wrote: "As a whole, it must be said that anti-Semitism is growing."[38] Interestingly, hardly anyone spoke of remnants or continuation of anti-Semitism, but almost all the observers sensed that there was an increase and a worsening. When Adolf Schoyer reported to a Jewish audience about his visit to Berlin, the famous Zionist journalist Robert Weltsch (1891–1982) listened carefully. In the German-Jewish periodical *Aufbau* he quoted Schoyer's verdict concerning the "growing anti-Semitism" and contin-

---

31 Ibid., 343.
32 Lang, "Notes", 68.
33 Kurt Grossman, *Report on Germany* [1948], 3. Central Zionist Archives, C3: World Jewish Congress: The Office in Geneva 1936–1997, 347/1: Postwar Germany.
34 Ibid., 6.
35 Prinz, *Memorandum*, 16.
36 Ibid.; Grossmann, *Report*, 6.
37 Stern, *Whitewashing*, 53–105.
38 Ibid., 1.

ued: "It is almost unbelievable if one hears such words after the end of the Hitler era. One wonders how this German anti-Semitism could actually still grow?"[39]

With the observers keenly aware of this situation, the reports were full of warnings against any withdrawal of the Allied powers from Germany. Joachim Prinz cautioned: "We must make it our business to watch the political developments in Germany carefully. There is no question in my mind that Germany might become the headquarters of world anti-Semitism."[40] Kurt Grossmann even feared a surge of pogroms flooding the country, post-occupation: "New Hitlers are already working for power. If the U.S. Occupation forces would leave, not only the Jews would be menaced, but the few German democrats who are still holding out too."[41] And Prinz collected accounts from various, mostly Jewish, people living in Germany who predicted the outbreak of anti-Jewish violence immediately after the retreat of the Allied forces.[42]

Given these circumstances, the prospects of a future for Jews in Germany seemed utterly uncertain. Yet, while the travelers' observations on the current situation were similar, their future predictions diverged. Joachim Prinz, for example, did not believe in a German-Jewish future in any broad sense, but he insisted that the Jews already in Germany would stay for the next years or even decades and that they must therefore be taken into account.[43] Adolf Schoyer was the only one who was optimistic and excited about what he saw as a resurgence of Jewish life in Berlin and other parts of Germany. He wrote:

> It is a great thing that a Jewish Community has been set up again with its head offices in the former Building of the Community in Oranienburgerstrasse. [...] What the Community has achieved under very trying circumstances certainly deserves our praise. [...] For years [the German Jews] have been isolated – it is up to us to tighten again the bonds between them and the outside world. [...] Only thus can they be reintegrated into the community of Jews all over the world amongst whom their suffering and endurance have earned them a place of honour.[44]

Rabbi Leon S. Lang came to a completely opposite conclusion: "To sum up the situation, neither now nor in the immediate future can there be peace or security for such Jews who persist in remaining in Germany. There need be no regrets that

---

39 Robert Weltsch, "Bericht aus Berlin," *Aufbau* (3 January 1947): 1.
40 Prinz, *Memorandum*, 20.
41 Grossmann, *Report*, 6.
42 Prinz, *Memorandum*, 4, 5.
43 Ibid., 19–20.
44 Schoyer, "Back in Berlin", 1–2.

Germany will become all but Juden-rein ['Jew-free' – he is ironically using the Nazis' perjorative term]."[45]

The travelogs, reports and articles about the situation of Germany in the years immediately after the war reveal much more than could be elaborated upon in this article. The interplay of philosemitism and anti-Semitism for example, analyzed by Frank Stern in his book *The Whitewashing of the Yellow Badge*,[46] can be seen impressively mirrored in Joachim Prinz's report.[47] And in this interplay, the different perceptions of "German" Jews and DPs by non-Jewish Germans are an uncanny reminder of the "*Ostjuden*" rhetoric of pre-war German anti-Semitism. Last but not least, the accounts of Bruno Weil and Joachim Prinz might merit deeper analysis. Various idelogical camps had grown up amongst German Jewry during the tense 1920s and 1930s. In 1934 Weil and Prinz had led opposite sides in the most impassioned of them – the debate between Prinz's Zionsim and Weil's liberalism.[48] The way both men observed the German situation 15 years later offers a telling example of how these ideological frictions evaporated after the horror of the Holocaust.

Ideological rifts were not absent elsewhere. Both Kurt Grossmann and Joachim Prinz made the same observation very early on: that the American anti-Soviet propaganda at times resembled aspects of Nazi ideology that had condensed into anti-Russian hatred. This xenophobia integrated remnants of Nazi ideology into the Cold War fabric. Prinz, for instance, warned that

> there is no doubt that the American attitude toward Russia is the main factor in the revival of German arrogance. […] The American policy has provided Germany with a new arch enemy – Russia. In the common hatred of Russia, Germans find themselves in a united front with America. […] The American attitude toward Russia is a confirmation of Hitler's views […]. There is not much difference between this and what the American newspapers and the American radio say now.[49]

To sum up briefly. The travelogs of Jewish intellectuals are documents that reveal how deeply ruptured German society was after the war and the horrors committed by the Nazis. Some also show signs of a first rapprochement between Jews and non-Jews – a rapprochement, however, that at first almost entirely failed, at least on the surface. Reading through all the documents it seems impossible

---

45 Lang, "Notes", 69.
46 Frank Stern, *Whitewashing*.
47 Prinz, *Memorandum*, 5–7, 18, 23–24.
48 Joachim Prinz, *Wir Juden* (Berlin: Erich Reiss, 1934); Bruno Weil, *Der Weg der deutschen Juden* (Berlin: Centralverein, 1934).
49 Prinz, *Memorandum*, 15–16.

to imagine that only a few years later, in 1951, a process would start that finally led to the Luxembourg agreements on *"Wiedergutmachung"*, facilitating closer ties between Jews and non-Jews and between Germany and Israel. Indeed, most of the pessimistic predictions that appeared in the travelogs did not, in the end, come true. An analysis of the reasons for the partial success of the Jewish/non-Jewish rapprochement that came then needs further research.

When they made their visits, the travelers portrayed in this article were sounding out the unknown and unpredictable. Most of them had left Germany in the late 1930s – at short notice and hastily, desperate to escape the Nazi grip. The visits offered them the opportunity they needed to rethink their past, their present and their future, and finally to let go of expectations they had been holding on to for such a long time. Thus, in a tone of deep frustration, Bruno Weil wrote: "Much more than in 1935/1936 I have the feeling that this day is a final farewell to Germany. Back then we left, because we were forced. [...] But there was a hope holding us up that one day the world will overcome these forces of evil."[50] The free world prevailed, but Germany was lost. For Weil, as for many other German-Jewish refugees, a return to Germany was ultimately a final farewell to their German-Jewish past.

---

50 Weil, *Reisetagebuch*, 2.

Markus Nesselrodt
(Un)Mögliche Begegnungen: Die Deutschen in Zeugnissen polnisch-jüdischer Displaced Persons in der US-Zone (1945–1950)

Einleitung

Im Herbst des Jahres 1947 erläuterte der polnisch-jüdische Anwalt Wl. Friedheim[1] in einem Zeitungsartikel die seltsam anmutende Präsenz jüdischer Holocaustüberlebender und Flüchtlinge aus Polen in Deutschland. Der Text basierte auf Friedheims Eröffnungsrede für die Zweite Landeskonferenz der polnischen Juden in Deutschland und wurde in der jiddischsprachigen Münchener Zeitung *Ibergang*[2] veröffentlicht. Dort heißt es:

> Wir haben beschlossen, nicht nach Polen zurückzukehren, wo die Ruinen uns in jeder Sekunde an unsere schreckliche Tragödie erinnern. Viele von uns sind aus dem fernen Russland gekommen, wo sie die grausamen Jahre des Krieges verbracht hatten. Sie sind nach Polen zurückgekehrt, aber nachdem sie sich mit der Wirklichkeit vor Ort vertraut gemacht haben, beschlossen auch sie, das Land schnellstens in Richtung ihres eigenen Landes in Eretz Israel zu verlassen.[3]

Friedheim stellt in seiner Rede einen Zusammenhang her zwischen verschiedenen Überlebenserfahrungen während des Krieges und dem Aufenthalt polnischer Juden im von den Alliierten befreiten Deutschland im Jahre 1947. Deutschland, so schließt Friedheim, sei eine Zwischenstation auf dem Weg nach Palästina bzw. Eretz Israel. Im vorliegenden Text soll jene Gruppe polnisch-jüdischer Displaced

---

[1] Der Vorname des Autors ist unbekannt. Im Artikel findet sich nur der Hinweis Wl. Friedheim.
[2] *Der Ibergang* war das offizielle Organ der Landsmannschaft der Polnischen Juden in der amerikanischen Besatzungszone. Die Zeitung erschien erstmalig am 17. November 1946 und wurde 23. September 1948 eingestellt. Herausgeber und Redakteur des *Ibergang* war Marek Liebhaber, der die Kriegszeit im sowjetischen Exil verbracht hatte und sich nachdrücklich für eine Erforschung der polnisch-jüdischen Erfahrung in der Sowjetunion aussprach. Lewinsky, Tamar: Displaced Poets. Jiddische Schriftsteller im Nachkriegsdeutschland 1945–1951. Göttingen 2008; Leksikon fun der nayer yidisher literature. Hrsg. von Congress for Jewish Culture. Band 5. New York 1963. S. 44.
[3] Friedheim, Wl.: Derefenungsrede fun adw. Wl. Friedheim. Ibergang vom 7. Dezember 1947. S. 3. Sofern nicht anders angegeben, stammen Übersetzungen aus dem Jiddischen und Polnischen von mir.

Persons (DPs) betrachtet werden, die Friedheim als Rückkehrer aus dem fernen Russland bezeichnete. Die von den westlichen Alliierten als „Infiltrees"[4] klassifizierten, überwiegend aus Polen stammenden, jüdischen DPs wiesen eine spezifische Kriegserfahrung auf, die sie von allen Überlebenden der deutschen Herrschaft unterschied. Nach dem Überfall Deutschlands auf Polen am 1. September 1939 entgingen ungefähr 300.000 polnische Juden der Verfolgung durch rechtzeitige Flucht oder Zwangsumsiedlung als sogenannte feindliche Elemente durch die sowjetische Geheimpolizei NKWD in nördliche Regionen Russlands.[5] Dort verbrachten sie die Jahre des Holocaust in einem „crucial if difficult haven"[6] als Flüchtlinge, Soldaten, Lagerhäftlinge, Evakuierte, kommunistische Aktivisten und politische Gefangene. Zwischen 1944 und 1946 kehrten ungefähr 200.000 von ihnen nach Polen zurück.[7] Erschüttert von den Verwüstungen und der antisemitischen Gewalt in der alten polnischen Heimat, aber auch aus zionistischer Überzeugung entschieden sich zehntausende Rückkehrer für die Emigration aus Polen. Paradoxerweise führte sie ihr Weg in die Lager für jüdische DPs im befreiten Deutschland.[8] Die anfängliche Zahl von etwa 50.000 jüdischen DPs hatte sich zu Beginn des Jahres 1947 auf 150.000 verdreifacht, von der bis zu zwei Drittel polnisch-jüdische Rückkehrer aus der Sowjetunion waren.[9] Atina Grossmann und Tamar Lewinsky schätzen, dass sich zwischen 1945 und 1950 insgesamt

---

[4] Angesichts der zunehmenden Einwanderung jüdischer Flüchtlinge aus Ostmitteleuropa erweiterte die zuständige IRO im Juli 1947 ihre Definition einer „displaced person". Erstmals nach Kriegsende wurden zur Gruppe der anerkannten DPs auch die Flüchtlinge der Nachkriegszeit gezählt. Jacobmeyer, Wolfgang: Polnische Juden in der amerikanischen Besatzungszone Deutschland 1946/47. In: Vierteljahrshefte für Zeitgeschichte 1 (1977). S. 120–135, hier S. 120–121.
[5] Schätzungsweise ein Drittel der polnischen Juden verstarb im sowjetischen Exil. Zwischen 1944–1946 kehrten etwa 200.000 nach Polen zurück; bis Ende der 1960er Jahre stieg die Zahl der Rückkehrer auf etwa 230.000. Kaganovitch, Albert: Stalin's Great Power Politics, the Return of Jewish Refugees to Poland, and Continued Migration to Palestine, 1944–1946. In. Holocaust and Genocide Studies 1 (2012). S. 59–94, hier S. 59; Jockusch, Laura u. Tamar Lewinsky: Paradise lost? Postwar memory of Polish Jewish survival in the Soviet Union. In: Holocaust and Genocide Studies 3 (2010). S. 373–399, hier S. 374.
[6] Grossmann, Atina: Jews, Germans, and Allies. Close Encounters in Occupied Germany. Princeton 2007. S. 160.
[7] Von den über 230.000 polnisch-jüdischen Überlebenden kehrten bis Mitte der 1960er Jahre etwa 212.000 Personen nach Polen zurück. Kaganovitch, Stalin's Great Power Politics, S. 75; Stankowski, Albert u. Piotr Weiser: Demograficzne skutki Holokaustu. In: Następstwa zagłady Żydów. Polska 1944–2010. Hrsg. von Feliks Tych u. Monika Adamczyk-Garbowska. Lublin 2011. S. 37.
[8] Bauer, Yehuda: Flight and Rescue – Brichah. New York 1970.
[9] Mankowitz, Zev: Life between Memory and Hope: The Survivors of the Holocaust in Occupied Germany. Cambridge 2002. S. 291.

über 250.000 jüdische Holocaustüberlebende für eine gewisse Zeit in Deutschland aufhielten.[10] Während einige von ihnen nur wenige Tage oder Wochen blieben, harrten andere auf dem Weg in eine neue Heimat zumeist gegen ihren Willen jahrelang im „Wartesaal Deutschland" aus. Die politische, kulturelle und soziale Vielfalt der jüdischen DP-Gesellschaft ist an anderer Stelle bereits ausführlich beschrieben worden.[11] Weit weniger historiographische Aufmerksamkeit haben dagegen Fragen nach der Zusammensetzung und Heterogenität der polnisch-jüdischen DPs erhalten. Sie bildeten nicht nur die größte Überlebendengruppe innerhalb der jüdischen DP-Gesellschaft, sondern im Hinblick auf ihre verschiedenen Kriegserfahrungen auch eine der vielfältigsten.[12] Im Folgenden soll die Frage beantwortet werden, wie die Gruppe der polnisch-jüdischen DPs, die die Kriegszeit in der unbesetzten Sowjetunion verbracht hatte, die sie umgebende deutsche Bevölkerung wahrnahm. Eine Antwort auf die Frage, wie polnische Juden, die den Krieg in der unbesetzten Sowjetunion verbrachten, die deutsche Bevölkerung wahrnehmen, ermöglicht ein besseres Verständnis der vielfältig zusammengesetzten „She'erit Hapletah". Ausgehend von der Annahme, dass ihre Überlebenserfahrung in der Sowjetunion die Haltung gegenüber Deutschland und den Deutschen prägte, werden drei verschiedene polnisch-jüdische Perspektiven auf ihre Umgebung dargestellt, die sich aus Selbstzeugnissen ableiten lassen: a) die Deutschen als ein Kollektiv von Mördern und Antisemiten; b) Deutschland als notwendige Transitstation; und schließlich c) einzelne Deutsche als Partner und Helfer. Auf der Grundlage von Zeugenberichten, jiddischsprachiger Literatur und Zeitungsartikeln aus den 1940er Jahren sowie mithilfe

---

10 Grossmann, Atina u. Lewinsky, Tamar: Erster Teil: 1945–1949 – Zwischenstation. In: Geschichte der Juden in Deutschland von 1945 bis zur Gegenwart. Hrsg. von Michael Brenner. München 2012. S. 67.
11 Myers Feinstein, Margarete: Holocaust Survivors in Postwar Germany, 1945–1957. Cambridge 2010; Dewell Giere, Jacqueline: Wir sind unterwegs, aber nicht in der Wüste – „Mir sajnen unterwegs, ober nischt in midber" – Erziehung und Kultur in den jüdischen Displaced-Persons-Lagern der amerikanischen Zone im Nachkriegsdeutschland 1945–1949. Dissertation. Frankfurt/Main 1993; Patt, Avinoam J.: Finding home and homeland: Jewish youth and Zionism in the aftermath of the Holocaust. Detroit 2009; Wetzel, Juliane u. Angelika Königseder: Lebensmut im Wartesaal. Die jüdischen DPs (Displaced Persons) im Nachkriegsdeutschland. Frankfurt/Main 2004.
12 Nesselrodt, Markus: „I bled like you, brother, although I was a thousand miles away": Postwar Yiddish sources on the experiences of Polish Jews in Soviet exile during World War II. In: East European Jewish Affairs 46 (2016); Lewinsky, Tamar: Żydowscy uchodźcy i przesiedleńcy z Polski w okupowanych Niemczech. In: Tych u. Adamczyk-Garbowska, Następstwa zagłady, S. 95–122; Jacobmeyer, Polnische Juden (wie Anm. 4); Tych, Feliks: Die polnischen Juden in den DP-Lagern. In: Tamid Kadima – Immer vorwärts. Der jüdische Exodus aus Europa 1945–1948. Hrsg. von Sabine Aschauer-Smolik u. Mario Steidl. Innsbruck u. a. 2010. S. 53–67.

von seit Ende der 1970er Jahre verfassten Erinnerungen polnisch-jüdischer DPs soll die komplexe Beziehungsgeschichte zwischen Juden und Nichtjuden im besetzten Nachkriegsdeutschland um die Perspektive der „least studied cohort of European survivors of the Final Solution"[13] bereichert werden.

Seit einigen Jahren wird in der Forschung verstärkt eine beziehungsgeschichtliche Perspektive auf die Periode der DP-Lager in Deutschland eingenommen. Insbesondere Atina Grossmann trug dazu bei, die vielschichtigen, alltäglichen Verflechtungen zwischen Juden, Alliierten und Deutschen ins Zentrum der Forschung zu rücken.[14] Ein wesentliches Verdienst ihrer Studien ist es, private, zuweilen intime, oft feindselige, und doch in vielen Fällen stabile Kontakte zwischen Siegern und Besiegten aufzuzeigen, zwischen Tätern und Opfern, Unwissenden und Wissenden. So kam Grossmann zu dem Ergebnis, dass Juden und Deutsche sich in nahezu allen Bereichen des Alltagslebens inner- und außerhalb der jüdischen DP-Lager begegneten. Beispielhaft sind hier die jüdischen Frauen zu nennen, die ihre Kinder mithilfe deutscher Ärzte, Hebammen und Krankenschwestern in deutschen Krankenhäusern zur Welt brachten. Deutsche Frauen betreuten ferner jüdische Neugeborene und Kinder, wischten die Fußböden in jüdischen DP-Lagern und arbeiteten in den dortigen Wäschereien. In einigen DP-Lagern wurden deutsche Sekretärinnen beschäftigt, um besser mit lokalen Ämtern kommunizieren zu können. Außerhalb der beruflichen Sphäre begegneten sich die beiden Gruppen in Cafés, Kneipen und in von jüdischen DPs geführten Tanzhallen. Auch auf Sportplätzen, in Universitätshörsälen und auf (Schwarz-)Märkten beispielsweise in Berlin und München gab es regelmäßige Kontakte zwischen Juden und Deutschen.[15] Als Folge dieser vielfältigen Kontakte habe sich „eine pragmatische Koexistenz unterschiedlicher Abstufungen"[16] zwischen Deutschen und jüdischen DPs eingestellt, die nahezu jeden Aspekt jüdischen Lebens im Nachkriegsdeutschland berührte.

---

13 Grossmann, Jews, Germans, and Allies, S. 2.
14 Grossmann, Jews, Germans, and Allies. Einen ähnlichen Ansatz verfolgt der Sammelband „We are here" – New Approaches to Jewish Displaced Persons in Postwar Germany. Hrsg. von Avinoam J. Patt u. Michael Berkowitz. Detroit 2010.
15 Grossmann, Atina: Entangled histories and lost memories. Jewish survivors in occupied Germany, 1945–49. In: Patt u. Berkowitz, We are here, S. 16–17; Varon, Jeremy: The New Life. Jewish Students of Postwar Germany. Detroit 2014. Auch Zeitzeugen beschreiben die vielfältigen Beziehungsebenen zwischen Deutschen und jüdischen DPs, so etwa Leser, Shlomo: The Displaced Poles, Ukrainians and Jews in the West Zones in Occupied Germany and Austria, and in Italy, 1945–1949. Part I: The West Zones in Germany. Unveröffentlichtes Manuskript. Haifa 2008. S. 47.
16 Grossmann u. Lewinsky, Erster Teil, S. 118.

Die Existenz vielfältiger Kontaktzonen soll jedoch nicht verschleiern, dass die große Mehrheit der jüdischen DPs kein Interesse an einer freundschaftlichen Begegnung mit Deutschen hatte.[17] Zu tief war die Wunde, die der deutsche Genozid an den europäischen Juden bei den Überlebenden hinterlassen hatte.[18] Tamar und Charles Lewinsky versammeln in der von ihnen übersetzten und herausgegebenen Anthologie jiddischer Gedichte zwischen 1945 und 1950 eindrucksvolle Belege für den Hass, die Verabscheuung und nicht zuletzt für die Existenz von Rachefantasien gegenüber den Deutschen, die hier immer wieder als Volk von Massenmördern dargestellt werden.[19] Gleichfalls waren weite Teile der deutschen Bevölkerung nicht an der Begegnung oder gar an dauerhaften Beziehungen zu jüdischen DPs interessiert, nahmen sie diese doch als potentielle Konkurrenten im Verteilungskampf um knappe Ressourcen wie Wohnraum und Nahrungsmittel wahr. Hinzu kamen die in der deutschen Bevölkerung verbreiteten Charakterisierungen jüdischer DPs als unmoralisch, kriminell, sexuell-bedrohlich, als Schwarzmarkthändler oder kommunistische Agitatoren.[20] Um die Bedeutung der sowjetischen Erfahrung polnisch-jüdischer DPs besser einordnen zu können, ist ein kurzer Überblick über die Zusammensetzung der jüdischen DP-Gesellschaft unabdingbar.

Jüdische DP-Lager in der amerikanischen Zone

Nach dem alliierten Sieg über das nationalsozialistische Deutschland im Frühjahr 1945 befanden sich etwa zehn Millionen DPs auf dem Territorium des zusammengebrochenen Deutschen Reichs. Die Gruppe der DPs bestand aus befreiten KZ-Häftlingen, ehemaligen Zwangsarbeitern und Kriegsgefangenen, unter ihnen 50.000 Juden. Die überwiegende Mehrheit der nichtjüdischen DPs wurde inner-

---

17 Grossmann u. Lewinsky, Erster Teil, S. 113–121.
18 Siehe hierzu auch die Ausführungen Dan Diners über einen Bann (Hebr. „Cherem") über Deutschland, der einer „Bereitschaft zum kategorischen Boykott alles Deutschen" gleichkam. Die Bann-Rhetorik stellte einen Versuch dar, „jede weitere jüdische Existenz in Deutschland für immer auszuschließen". Diner, Dan: Im Zeichen des Banns. In: Brenner, Geschichte der Juden, S. 20, 22.
19 Lewinsky, Tamar u. Charles Lewinsky: Unterbrochenes Gedicht. Jiddische Literatur in Deutschland 1944–1950. München 2011. S. 67–90.
20 Brown-Fleming, Suzanne u. Michael Berkowitz: Perceptions of Jewish Displaced Persons as Criminals in Early Postwar Germany: Lingering Stereotypes and Self-fulfilling Prophecies. In: Patt u. Berkowitz, „We are here", S. 169–174; Dinnerstein, Leonard: German Attitudes toward the Jewish Displaced Persons (1945–50). In: Germany and America: Essays on Problems of International Relation and Immigration. Hrsg. von Hans L. Trefousse. New York 1980. S. 241–247.

halb weniger Monate in ihre Heimatländer repatriiert.²¹ Eine Rückkehr in die alte Heimat kam jedoch aus Sicht vieler jüdischer Überlebender nicht in Frage. Für sie wurden „the supposedly transitional space of DP camps created for the stateless individuals in the recently defeated Reich [...] an important location of political, cultural, social, and biological rebirth but one tempered by the complications of overcoming recent trauma on both the individual and the collective level".²² Innerhalb weniger Wochen nach ihrer Befreiung, hatten die Juden in der amerikanischen Besatzungszone wesentliche Ziele erreicht: Sie waren als Juden – und nicht als polnische, ungarische oder rumänische Staatsbürger – anerkannt, hatten sich politisch im Zentralkomitee der befreiten Juden in der amerikanischen Zone organisiert und lebten überwiegend in separaten Lagern für jüdische DPs unter der Betreuung durch die UNRRA²³ sowie der US-Armee.²⁴ Voraussetzung dieses „Subjektwerdungsprozesses" (Dan Diner) war der Wandel vom Opfer- zum Überlebendenstatus.²⁵ Das Ergebnis dieser Veränderung findet seinen deutlichsten Ausdruck in der Selbstbeschreibung als Rest der Geretteten – „She'erit Hapletah" auf Hebräisch und „sheyres hapleyte" auf Jiddisch.²⁶ Bereits im Sommer 1945 schufen jüdische DPs politische, religiöse sowie kulturelle Organisationen und Bildungseinrichtungen, die ihnen in der deutschen Öffentlichkeit eine deutlich wahrnehmbare Präsenz verschafften.²⁷ Der trotzige Slogan „mir zeynen do" (Wir sind hier), Titel eines populären jiddischen Partisanenliedes, drückte ein unter jüdischen DPs verbreitetes Zusammengehörigkeitsgefühl aus. Die Aufbruchstimmung wurde jedoch durch die Einsicht gedämpft, dass

---

21 Für einen vergleichenden Blick auf jüdische und nichtjüdische DPs siehe Holian, Anna: Between National Socialism and Soviet Communism. Displaced Persons in Postwar Germany. Ann Arbor 2011.
22 Patt, Avinoam J. u. Berkowitz, Michael: Introduction. In: Patt u. Berkowitz, „We are here", S. 3.
23 Die United Nations Relief Rehabilitation Administration nahm 1943 ihre Arbeit auf und war für die Betreuung der Displaced Persons im befreiten Europa zuständig. Zur Geschichte der UNRRA: U.N.R.R.A. The History of the United Nations Relief and Rehabilitation Administration. Hrsg. von George Woodbridge. New York 1950.
24 Hilton, Laura J.: The Reshaping of Jewish Communities and Identities in Frankfurt and Zeilsheim in 1945. In: Patt u. Berkowitz, „We are here", S. 194–195.
25 Diner, Dan: Elemente der Subjektwerdung. Jüdische DPs in historischem Kontext. In: Überlebt und unterwegs: Jüdische Displaced Persons im Nachkriegsdeutschland. Hrsg. vom Fritz-Bauer-Institut. New York u. a. 1997. S. 229–248.
26 Zu Fragen der Begriffsgeschichte siehe Bothe, Alina u. Markus Nesselrodt: Survivor: Politics and Semantics of a Concept. In: Leo Baeck Institute Yearbook 2016. S. 57–82 sowie Michman, Dan: Holocaust Historiography: A Jewish Perspective. Conceptualizations, Terminology, Approaches and Fundamental Issues. London u. a. 2003. S. 329–332.
27 Bauer, Yehuda: The Initial Organization of the Holocaust Survivors in Bavaria. In: Yad Vashem Studies 7 (1970). S. 127–157.

jüdische Überlebende auf unbestimmte Zeit „hier", also in Deutschland festsaßen, statt in die erwünschte neue Heimat auszuwandern.[28] Als sich die Schaffung eines jüdischen Staates in Palästina infolge britischen Widerstands immer weiter verzögerte, wuchs die Enttäuschung in der mehrheitlich zionistisch-gesinnten DP-Gemeinschaft.[29] Viele jüdische DPs fühlten sich nach dem Ende des Holocaust von der Welt im Stich gelassen. Schließlich lebten sie Monate nach dem alliierten Sieg über Deutschland noch immer „befreit, aber nicht in Freiheit"[30], ohne Aussicht auf eine baldige Emigration.

Aus Sicht der nach Polen repatriierten jüdischen Überlebenden aus der Sowjetunion stellte sich die Situation anders dar. Ihnen boten die DP-Lager im besetzten Deutschland einen sicheren Zufluchtsort. Von den ungefähr 3,4 Millionen Juden, die vor dem Krieg in Polen gelebt hatten, waren 90 Prozent während des Holocaust ermordet worden. Wer der Vernichtung durch die Deutschen entkommen konnte, sah sich bei der Rückkehr in die Vorkriegswohnorte häufig seines Eigentums beraubt, einer unsicheren Zukunft entgegenblickend[31] und von judenfeindlicher Gewalt durch polnische Nachbarn bedroht.[32] Die aus der Sowjetunion nach Polen repatriierte Rachela Tytelman Wygodzki beschreibt den Augenblick, in dem ihr Zug die sowjetisch-polnische Grenze überquerte.

> As soon as we crossed the Russian-Polish border, we were welcomed by insults and glances full of hate from the Polish population. "What are you coming back for? Couldn't you stay in Russia?"; "The Russians take our coal and give us Jews."; "A pity that Hitler didn't finish you all to the last one."[33]

---

28 Hilton, Reshaping, S. 195; Mankowitz, Life, S. 226.
29 Lavsky, Hagit: New Beginnings. Holocaust Survivors in Bergen-Belsen and the British Zone in Germany, 1945–1950. Detroit 2002. S. 51–55. Nicht alle jüdischen DPs beabsichtigten eine Ausreise nach Palästina. Einige wollten nach Nord- oder Südamerika, andere in andere europäische Länder oder nach Australien.
30 So hieß es im Herbst 1945 in einem amerikanischen Situationsbericht über die Lage der befreiten KZ-Häftlinge. Zitiert in: Brenner, Michael: Nach dem Holocaust. Juden in Deutschland 1945–1950. München 1995. S. 18.
31 Mit Ausnahme der ehemals deutschen Gebiete, die 1945 größtenteils Polen zugeschlagen wurden, gab es in fast allen Teilen Polens gewalttätige Auseinandersetzung um die Rückgabe jüdischen Eigentums. Cichopek-Gajraj, Anna: Beyond Violence. Jewish Survivors in Poland and Slovakia, 1944–48. Cambridge 2014.
32 Diese Angst war nicht unbegründet. Im größten Pogrom der Nachkriegszeit wurden im zentralpolnischen Kielce am 4. Juli 1946 über 40 jüdische Überlebende von Polen ermordet. Gross, Jan: Anti-Semitism in Poland After Auschwitz: An Essay in Historical Interpretation. New York 2006; Engel, David: Patterns of Anti-Jewish Violence in Poland, 1944–1946. In: Yad Vashem Studies 26 (1998). S. 43–85.
33 Tytelman Wygodzki, Rachela: The End and the Beginning: (August 1939–July 1948). Bellevue 1998. S. 36.

Hiervon geschockt, wurde die damals 24-jährige Tytelman Wygodzki empfänglich für das Werben zionistischer Jugendorganisationen, sich ihren Mitgliedern auf dem Weg nach Palästina anzuschließen. Tytelman Wygodzki ist in vieler Hinsicht repräsentativ für die Gruppe junger polnischer Juden, die den Krieg in der unbesetzten Sowjetunion verbracht hatten und nach ihrer Rückkehr in die alte Heimat ihre Zukunft in der Gesellschaft zionistischer Kibbuzim suchten.[34] Gemeinsam mit zehntausenden weiteren jüdischen Repatrianten[35] verließ Tytelman Wygodzki 1946 Polen und erreichte wenige Wochen später ein Lager für jüdische DPs in Deutschland.

Die Deutschen als ein Kollektiv von Mördern und Antisemiten

Ein Distinktionsmerkmal polnisch-jüdischer DPs, die die Kriegszeit in der Sowjetunion verbracht hatten, war ihre fehlende bzw. geringe Erfahrung mit den deutschen Besatzern in Polen. Viele von ihnen waren entweder rechtzeitig in den Osten Polens geflohen oder fielen als Bewohner der polnischen Ostgebiete (Poln. „Kresy") nach dem Einmarsch der Roten Armee am 17. September 1939 unter sowjetische Herrschaft. Infolge ihrer erzwungenen Umsiedlung durch den NKWD, Flucht oder Evakuierung in das Innere der Sowjetunion befanden sie sich außerhalb des Zugriffs der Einsatzgruppen und weit entfernt von deutschen Ghettos, Arbeits-, Konzentrations- und Vernichtungslagern. Über Gerüchte sowie persönliche Beziehungen zu hochrangigen Personen mit Zugang zu solchen Informationen oder auch von demobilisierten jüdischen Rotarmisten waren Nachrichten vom Mord an den Juden in Polen schon während des Kriegs in die Weiten der UdSSR gelangt. Vom tatsächlichen Ausmaß des deutschen Völkermords an den Juden erfuhren die meisten aufgrund der unzureichenden Berichterstattung in der sowjetischen Presse jedoch erst bei ihrer Rückkehr nach Polen 1945/1946.[36]

---

34 Tytelman Wygodzki, The End, S. 39.
35 Der zeitgenössische Begriff Repatriierung beschreibt die staatlich organisierte Umsiedlung polnischer Staatsbürger aus der Sowjetunion nach Polen. Grundlage war ein Abkommen zwischen der Sowjetunion und der polnischen Regierung vom 6. Juli 1945. Die meisten Rückkehrer stammten aus den an die Sowjetunion abgetretenen polnischen Ostgebieten, durften sich dort jedoch nicht wieder ansiedeln. In diesem Sinne kann nicht von einer Repatriierung, verstanden als Rückkehr in die Heimat gesprochen werden. Dennoch wird die Bezeichnung in der Historiografie verwendet.
36 Zur Berichterstattung über den Holocaust bzw. deren Fehlen vgl. Arad, Yitzhak: The Holocaust as reflected in the Soviet Russian Language Newspapers in the Years 1941–1945. In. Why didn't the

Simon Davidson, ein jüdischer Flüchtling aus Lodz, war als Buchhalter in einem Landwirtschaftsbetrieb im russischen Joschkar-Ola tätig, wo er Ende 1943 aus einer Broschüre von den Gräueltaten der deutschen Besatzer in seiner Heimat erfahren hatte.[37] Umso wütender fiel 1945 auf einer Dienstreise ins von der Roten Armee befreite Kiew seine erste Reaktion auf eine Gruppe marschierender deutscher Kriegsgefangener aus:

> Here and now are the remnants of the army that brought death and devastation to our country, and who, if not directly, then indirectly, contributed to the tragedy that has engulfed our Jewish nation. My fists clenched, I cannot look at them with indifference and repeat after a Russian writer Ilya Erenburg: "The best German is a dead German."[38]

Für Simon Davidson waren die Deutschen kollektiv für die Tragödie verantwortlich, die das jüdische Volk erlitten hatte und als solche verabscheute er die deutschen Kriegsgefangenen in Kiew stellvertretend für alle Deutschen. Anderen jüdischen Zeitgenossen, die in der Sowjetunion überlebt hatten, fiel es nach ihrer Ankunft in Deutschland 1945/1946 schwer, den Anblick der besiegten und gefangenen Deutschen mit dem Wissen um die von ihnen begangenen Morde in Einklang zu bringen. So beschreibt es etwa Bernard Ginsburg, ein Fotograf und Journalist aus Zamość, der im Sommer 1941 vor der vorrückenden Wehrmacht in das zentralasiatische Usbekistan geflohen war. Nachdem er vier Jahre im sicheren Exil verbracht hatte, verließ Ginsburg im Sommer 1945 die Sowjetunion in Richtung Polen. Angetrieben vom Wunsch, nach Palästina zu emigrieren, floh Ginsburg über die polnische Westgrenze und erreichte im November 1945 die US-amerikanische Besatzungszone. Etwas mehr als ein halbes Jahr hielt sich Ginsburg in Stuttgart auf, bis er im Juni 1946 die Erlaubnis zur Ausreise in die Vereinigten Staaten erhielt. In seinen Erinnerungen reflektiert Ginsburg über seine Wahrnehmung der Deutschen kurz vor seiner Auswanderung nach Amerika. „Every mile of German soil reminded us of blood and pain".[39] Doch entsprachen

---

Press shout? American and International Journalism during the Holocaust. Hrsg. von Robert Moses Shapiro. Jersey City 2003. S. 199–220.

37 Bei der erwähnten Broschüre handelt es sich vermutlich um einen Text, den das Referat für Jüdische Angelegenheiten beim von der Sowjetunion gestützten Landesnationalrat (Krajowa Rada Narodowa) am 15. Juni 1944 aus Warschau nach Moskau schickte, von wo aus die Broschüre weiter im Land verteilt wurde. Die Autoren Adolf Berman und Pola Elster beschreiben in der Broschüre u. a. das Netz von Konzentrationslagern in Polen sowie das Ghetto in Łódź. Hornowa, Elżbieta: Powrót Żydów polskich z ZSRR oraz działalność opiekuńcza CKZP. In: Biuletyn ŻIH 133/134 (1985). S. 105–122, hier S. 113.
38 Davidson, Simon: My War Years, 1939–1945. San Antonio 1981. S. 205.
39 Ginsburg, Bernard L.: A Wayfaerer in a World in Upheaval. San Bernadino 1993. S. 121.

die Menschen, denen er in Deutschland begegnete, nicht seiner Vorstellung von Repräsentanten der „Herrenrasse". So irritierten ihn etwa die deutschen Bahnangestellten, die jetzt, ein Jahr nach Kriegsende,

> were milling around looking for cigarettes. For a cigarette, they were ready to bow and smile obsequiously. How hypocritical was their polite "danke schön." They evoked images, German images: Reichstag fire, Anschluss, Sudetenland, Munich, Chamberlain, invasion of Poland, attack on Russia. Jews in ghettos, Jews in gas chambers, Jews in the flames of crematoria, Jews in mass graves, Jews in forests, Jews in caves. Now: "Hitler kaputt...War lost... Germany devastated." "Haben Sie Zigaretten? Danke schön, bitte schön..." The wheels of the train clanked, Bitte schön, danke schön; bitte schön, danke schön, bitte schön, danke schön, bitte schön, danke schön..."[40]

Sein damaliges Wissen über die Täter des Holocaust hatte Bernard Ginsburg aus Zeitungen, Fotografien und Berichten Überlebender erhalten. Der Anblick bettelnder deutscher Bahnangestellter stand dazu in scharfem Kontrast. Ähnlich erging es auch Hanna Davidson Pankowsky, Tochter des oben erwähnten Simon Davidson. In ihren Erinnerungen rekonstruiert sie ihre ersten Eindrücke von der Umgebung des DP-Lagers Babenhausen, in dem ihre Familie untergekommen war: „[I]t was impossible to understand that in the middle of this breathtaking scenery was a place where the most horrific crimes were committed."[41] Sowohl Bernard Ginsburg als auch Hanna Davidson Pankowsky bringen in ihren Erinnerungen die Unfähigkeit zum Ausdruck, ihre eigenen Erfahrungen im Nachkriegsdeutschland in Einklang mit ihrem Wissen über den Holocaust zu bringen. Ihr Nicht-Verstehen wurde zudem durch fehlende persönliche Kontakte mit Deutschen verstärkt. Diejenigen polnisch-jüdischen DPs, die sich etwa in Form literarischer Beschreibungen detailliert mit „den Deutschen" beschäftigten, beschrieben diese häufig als ein gegenüber den Überlebenden des Holocaust indifferentes Kollektiv. In pointierter Form lässt der jiddische Schriftsteller Shloyme Berlinski[42] den Erzähler in seiner Kurzgeschichte *Auf deutscher Erde* (1946) über die gespenstische Ruhe der an einem Münchener Bahnhofsgleis wartenden Deutschen nachdenken und fragen:

---

40 Ginsburg, Wayfaerer, S. 121–122.
41 Davidson Pankowsky, Hanna: East of the Storm: Outrunning the Holocaust in Russia. Lubbock 1999. S. 162.
42 Shloyme Berlinski (1900–1957), jiddischer Schriftsteller. Nach dem deutschen Überfall floh er nach Białystok. Zwischen 1941 und 1946 hielt er sich im kasachischen Alma Ata auf. Nach seiner Repatriierung gelangte er nach Gräfeling, von wo aus der nach Israel emigrierte. Lewinsky u. Lewinsky, Unterbrochenes Gedicht, S. 163.

Und ich will es wirklich wissen: Ich will der Sache auf den Grund gehen. Was geht bei den Deutschen vor? [...] Irgendwie sind sie doch schrecklich ruhig. Keine Unruhe, keine Gemütsregung. Sie verziehen keine Miene. Als ob überhaupt nichts geschehen wäre. [...] Wieso sieht man nachts, wenn auch der schrecklichste Mörder einmal über seine Taten nachdenkt, wieso sieht man in so einer Nacht nicht einen Deutschen herumrennen und schreien: „Hilfe, ich habe Kinder verbrannt!"? Wieso habe ich in den Städten Deutschlands noch keinen von ihnen wie einen Irren herumrennen sehen und ihn schreien hören: „Ich habe gemordet!"?[43]

Das aus Sicht der literarischen Figur unverständliche Verhalten der Deutschen bezeichnete die Deutschlandbesucherin Hannah Arendt vier Jahre später als „Flucht vor der Realität" und „Weigerung, sich mit der Vergangenheit aufrichtig auseinanderzusetzen."[44] Berlinskis Beobachtungen finden sich in vergleichbarem Inhalt auch in der Lyrik des jiddischen Schriftsteller Yitskhok Perlov.[45] Auch Perlov äußert in seinen Gedichten Verwunderung über die scheinbar schnelle Rückkehr zur Normalität vieler Deutscher, während die jüdischen DPs noch immer eingesperrt „hinter goldenen Gittern" lebten. Der Ärger des Erzählers in Perlovs Gedicht *Es blühen die Felder* richtet sich auch gegen die Existenz romantischer Beziehungen zwischen deutschen Frauen und US-Soldaten, ganz so, „[a]ls hätten Dachau, Mauthausen | Gar nicht existiert auf der Welt".[46] Doch die jüdischen DPs seien nicht bereit, dem schleichenden Vergessen deutscher Verbrechen weiter tatenlos zuzusehen. Bald, so Perlovs Erzähler, werden „Hass und Wut" über die Zäune der DP-Lager steigen.[47]

Die Lyrik des jiddischen Dichters Perlov verleiht der tiefen Frustration eine Stimme, die viele jüdische DPs ein Jahr nach Kriegsende verspürten. Aus ihrer Sicht war die deutsche Bevölkerung schnell zur Normalität zurückgekehrt, während die jüdischen Überlebenden als Opfer der deutschen Verfolgung weiterhin unter den Folgen ihres Schicksals litten. In einigen belegten Fällen brach sich diese Unzufriedenheit mit denen als ungerecht empfundenen Verhältnissen Bahn wie im Fall von Perry Leon. Leon war ein polnischer Jude, der in der Sowjetunion Zwangsarbeit leisten musste, 1945 auf eigene Faust mit gefälschten Identitäts-

---

43 Übersetzung aus dem Jiddischen in: Lewinsky u. Lewinsky, Unterbrochenes Gedicht, S. 107–108.
44 Arendt, Hannah: The Aftermath of Nazi Rule: Report from Germany. In: Commentary 10 (1950). S. 342–353.
45 Yitskhok Perlov (1911–1980), jiddischer Schriftsteller. 1940 war er aus Warschau vor den Deutschen in die Sowjetunion geflohen, wo er die Kriegszeit überwiegend in Zentralasien verbrachte. Nach kurzem Aufenthalt im befreiten Polen erreichte er mit Frau und Kind im August 1946 das DP-Lager Heidenheim. Lewinsky u. Lewinsky, Unterbrochenes Gedicht, S. 167.
46 Perlov, Yitskhok: Es blühen die Felder. Aus dem Jiddischen übersetzt in: Lewinsky u. Lewinsky, Unterbrochenes Gedicht, S. 83.
47 Perlov, Es blühen die Felder.

dokumenten nach Stettin⁴⁸ und schließlich 1946 nach Berlin geflohen war. Als erfahrenes Mitglied der zionistischen Fluchthilfeorganisation „Bricha" half Leon unzähligen Juden, über die deutsch-polnische Grenze in Richtung Berlin zu gelangen. Er selbst ließ sich für einige Monate in der besetzten Metropole nieder und pflegte Kontakte zur amerikanischen Besatzungsverwaltung. In seinen unveröffentlichten Erinnerungen berichtet er von einer gewalttätigen Episode im Dezember 1947, als Leon mit seinen Freunden einen deutschen Nachtclub im amerikanischen Sektor Berlins besuchte: „Everything was fine until some German opened his mouth and said that Hitler must have missed a lot of the Jews. We got up and gave some of the Germans a lesson plus we destroyed the dance floor."⁴⁹

Solche Auseinandersetzung zwischen jungen jüdischen DPs und Deutschen stellten allerdings eher die Ausnahme dar. In den meisten Fällen setzten jüdische DPs ihre Gewalt- und Rachefantasien an der deutschen Bevölkerung nicht in die Tat um.⁵⁰ Viele Zeugnisse berichten von einem virulenten Alltagsantisemitismus der deutschen Bevölkerung, mit dem die jüdischen DPs außerhalb ihrer abgetrennten Unterkünfte konfrontiert waren. Hanna Davidson Pankowsky etwa erinnert sich an eine Situation in einem öffentlichen Bus, in dem sie sich angeregt mit ihre Freundinnen unterhielt und herumalberte. Plötzlich hörte sie jemanden sagen: „Look at them! It's a shame Hitler didn't finish with all the Jews. There are still too many of them."⁵¹ Antisemitismus in der deutschen Bevölkerung und der Versuch jüdischer DPs, den Massenmord und die individuellen Deutschen in einen Zusammenhang zu stellen, bilden die zwei zentralen Themen in den Berichten polnisch-jüdischer DPs.

Deutschland als notwendige Transitstation

In zionistisch geprägten Zeugnissen polnisch-jüdischer DPs, die 1945/1946 aus dem sowjetischen Zufluchtsort über Polen nach Deutschland gelangten, wird Deutschland als eine notwenige Transitstation auf dem Weg in eine neue Heimat beschrieben. Der Kontakt zur deutschen Bevölkerung sollte sich in dieser Lesart auf ein pragmatisches Minimum beschränken. In vielen frühen Nachkriegszeug-

---

48 Seit Mai 1946 trägt die Stadt den polnischen Namen Szczecin.
49 Leon, Perry: Perry Leon Story. Unveröffentlichtes Manuskript von 1999. United States Holocaust Memorial Museum Archiv, Washington, D.C., USA. Signatur: 1999.A.0275. S. 9.
50 Zur Frage der Rache jüdischer DPs an den Deutschen vergleiche Grossmann, Jews, Germans, and Allies, S. 233–235; Tobias, Jim G. u. Peter Zinke: Nakam. Jüdische Rache an NS-Tätern. Berlin 2003.
51 Davidson Pankowsky, East of the Storm, S. 178.

nissen jüdischer Überlebender, in denen sie ihr Leben in den DP-Lagern schildern, kommt die deutsche Bevölkerung nicht vor. Man könnte erwarten, dass die jahrelange, verstörende Nähe zur deutschen Bevölkerung ausführlicher in den frühen Berichten beschrieben werden würde. Doch in der Regel werden die Deutschen, denen die aus der Sowjetunion nach Deutschland geflohenen polnisch-jüdischen DPs begegnen, weder als Angehörige des Kollektivs der Täter noch als Zeitgenossen der DP-Gegenwart erwähnt. In den frühen Berichten, die zwischen 1946 und 1948 im Auftrag der Zentralen Jüdischen Historischen Kommission in zahlreichen jüdischen DP-Lagern angefertigt wurden, findet sich eine mögliche Erklärung für diese narrative Lücke.[52] Die Mehrheit dieser Zeugnisse entstand in einer zionistischen Umgebung („Hachschara" und „Kibbuzim"[53]). Um den Aufbau eines jüdischen Staates in Palästina realisieren zu können, war Deutschland auf dem Weg von der Sowjetunion über Polen nach Palästina eine notwendige Durchgangsstation.[54] So erläutert etwa die 15-jährige Bella Gurwic in ihrem 1946 verfassten Zeugnis, warum sich ihre Familie nach der Rückkehr aus dem sowjetischen Exil in Polen heimatlos fühlte und nun, in einem ungenannten Ort in Deutschland ausharrend, in der Emigration nach Palästina den einzigen Ausweg sah.

> All nations reunited with their relatives. Whereas we – the Jewish people – could not find this joy; our brothers and sisters were burned in different death camps. Only now, we understood, what it means not to have our own state. For this reason, everyone attempts to go home. I've been living in a kibbutz for almost a year. Our aim is to build a free and socialist Eretz and be an equal nation among other nations.[55]

In ihrer Darstellung vermeidet Gurwic das Wort Deutschland. Sie lebte in einem Kibbuz in Deutschland, der in ihrem Bericht wie ein exterritorialer Raum wirkt. Auch der deutschen Bevölkerung schenkt Gurwic keine Beachtung; in ihrem Bericht widmet sie weder den Tätern noch den Menschen vor ihren Augen ein Wort. Auch hier mag die fehlende Gewalterfahrung unter deutscher Herrschaft für

---

[52] Zur Tätigkeit und Geschichte der Kommission in München zwischen 1946–1949 siehe Jockusch, Laura: Collect and Record! Jewish Holocaust Documentation in Early Postwar Europe. Oxford 2012, S. 121–159.
[53] Patt, Avinoam J.: Finding Home and Homeland: Jewish Youth and Zionism in the Aftermath of the Holocaust. Detroit 2009. S. 107–200.
[54] Einige zehntausend jüdische DPs hielten sich auch in Österreich und Italien auf, doch die Mehrheit passierte das besetzte Deutschland. Eine direkte Emigration aus Polen nach Palästina war bis zur Gründung des Staates Israel nicht möglich. Vgl. auch Patt, Finding Home and Homeland, S. 107–200.
[55] Testimony of Bella Gurwic. Ghetto Fighters House Archive, Western Galilee, Israel. Katalognummer 4227.

die Auslassung ausschlaggebend gewesen sein. Die Familie Gurwic hatte, im ostpolnischen Równo lebend, keinen Kontakt zu deutschen Soldaten gehabt und führte stattdessen bis zum 22. Juni 1941 ein relativ unbehelligtes Leben unter sowjetischer Herrschaft. Nach Beginn des deutsch-sowjetischen Krieges floh die Familie ins usbekische Buchara, wo sie das Kriegsende erlebte. Im Wissen um die deutschen Taten und den Massenmord an den Juden vermied Bella Gurwic den Kontakt mit der deutschen Bevölkerung inner- und außerhalb der DP-Lager.[56]

Auch der 1928 im polnischen Wilno geborene Benjamin Harshav betrachtete den Aufenthalt in Deutschland lediglich als Zwischenstation auf dem Weg nach Palästina. Harshav war nach seiner Rückkehr aus dem Kriegsexil an der kasachisch-russischen Grenze Mitglied der zionistischen Jugendorganisation „Dror" in Łódź geworden und Anfang 1947 nach München gekommen. Zwar lebte er außerhalb der DP-Lager, beteiligte sich als Schriftsteller und Redakteur für jiddische Zeitungen dennoch intensiv am Kulturleben der jüdischen DPs.[57] Harshav lebte mitten in München, doch sein Verhältnis zu der Münchner Bevölkerung war von einer ambivalenten Haltung geprägt. Einerseits, so erläuterte er rückblickend, habe er die Deutschen für ihre Taten verachtet und beschränkte den Kontakt zu ihnen stets auf ein Minimum, andererseits bewunderte er die deutsche Literatur und Sprache. Dass er und weitere zehntausende jüdische Überlebende sich ausgerechnet in Deutschland aufhielten, fasst Harshav folgendermaßen zusammen: „Wir waren Teil einer Nation und durch Zufall befanden wir uns in Polen oder in Deutschland oder in der Sowjetunion. Unsere Ideologie war, dass wir einen unabhängigen Staat in Palästina brauchen."[58] Folglich habe jede Interaktion mit den Deutschen ausschließlich dem Ziel gedient, der Emigration nach Palästina näherzukommen. Außerhalb der wenigen notwendigen Kontaktzonen mit der deutschen Bevölkerung habe es keinen Grund für eine Begegnung mit den Vertretern des verhassten Tätervolkes gegeben.[59] In der zionistischen Deutung überwiegt demnach Pragmatismus.

Eine zweite Erklärung für das Leben im deutschen Transit ist eng mit der Erfahrung in der kommunistischen Sowjetunion verbunden. Simon Davidson erinnert sich an seine ambivalente Reaktion auf die Nachricht von der deutschen Kapitulation, die ihn in der Sowjetunion erreichte. Zwar habe sich seine Familie

---

56 Testimony of Bella Gurwic.
57 Unter seinem jiddischen Pseudonym, H. Binyomin, veröffentlichte Harshav 1948 in München seinen Gedichtband *Shtoybn* (Plural von Staub). Zugleich war er Mitherausgeber und Redakteur der bilingualen (Jiddisch und Hebräisch) Monatsschrift *Lehawot*. Lewinsky u. Lewinsky, Unterbrochenes Gedicht, S. 164.
58 Interview des Verfassers mit Benjamin Harshav in New Haven, NJ, September 2013.
59 Interview des Verfassers.

den Feiernden auf den Straßen angeschlossen, doch beschreibt er in seinen Erinnerungen auch die unmittelbaren Gefühle, die ihn in jenem Augenblick beschlichen:

> Our feelings are ambiguous and as happy as we are that the madness has finally spent itself, we cannot rejoice, our hearts too heavy with mourning to give ourselves to carefree joy, I, remembering the millions of murdered Jewish people. And what about our future? Are we to remain in the Soviet Union forever? Having joined the working cadres of Soviet citizens will we ever be able to breathe freely in a free world? All around us we see only sad and deeply concerned faces, smileless and bitter,fearful that something he or she said may not be the boss's or Party members' liking, living the lives of automatons, laughing or yelling "hurray" when prescribed. Is that the life we want to live, I am asking myself.[60]

Davidson, der im zaristischen Russland geboren wurde und in den 1920er Jahren die Sowjetunion in Richtung Polen verließ, war ein aufmerksamer Beobachter des Alltags im sowjetischen Kommunismus. Unmittelbar nach seiner Rückkehr nach Polen 1945 beschloss er, mit seiner Familie in die Vereinigten Staaten auszureisen. Doch nachdem ein entsprechender Antrag bei der amerikanischen Botschaft in Polen aus politischen Gründen abgelehnt worden war, kam für Familie Davidson nur noch der Weg in die jüdischen DP-Lager in Frage, um dem Kommunismus endgültig zu entkommen.[61] Während zionistisch gesinnte Rückkehrer aus der Sowjetunion ihren Aufenthalt in Deutschland lediglich als Zwischenstation auf dem Weg von Polen nach Palästina betrachteten, begründeten andere ihre Flucht aus dem Nachkriegspolen mit der Ablehnung einer möglichen Sowjetisierung ihres Geburtslandes. Anders als die polnisch-jüdischen Überlebenden der deutschen Besatzungsherrschaft, verfügten die Rückkehrer aus der UdSSR bereits über eine jahrelange Erfahrung mit dem sowjetischen Regime. Das Transit in Deutschland verstanden sie demnach als notwendiges Übel, um ihre polnische Heimat verlassen zu können.

Deutsche als Partner und Helfer

Jüdische DP-Organisationen wie etwa das Zentralkomitee der befreiten Juden in der amerikanischen Zone oder die Landsmannschaftsvereinigung distanzierten sich offiziell von der Idee einer freundschaftlichen Koexistenz mit der deutschen Gesellschaft. Den Aufenthalt in Deutschland betrachteten sie – wie die Mehrheit

---

60 Davidson, My War Years, S. 203.
61 Davidson Pankowsky, East of the Storm, S. 141.

der jüdischen DPs – als Zwischenstation auf dem Weg nach Palästina.[62] Vor diesem Hintergrund erscheint die Existenz pragmatisch-neutraler bis hin zu freundschaftlicher Kontakte zwischen jüdischen DPs und der deutschen Bevölkerung durchaus erklärungsbedürftig. Voraussetzung solcher Begegnungen oder zumindest ihrem Aufbau förderlich war ein Wohnort außerhalb der jüdischen DP-Lager in deutschen Wohnhäusern.[63] Das paradoxe Verhältnis beider Gruppen zueinander hielt Julius Posener, ein deutsch-jüdischer Emigrant und Offizier der britischen Armee, in einem privaten Brief von 1946 fest. Darin beschreibt er die weit verbreitete Einstellung unter jüdischen DPs gegenüber den Deutschen: „Ich hasse die Deutschen. Ich kann sie nicht sehen, ich könnte sie alle mit kaltem Blute umbringen." Doch mit fortschreitender Unterhaltung erwähnten dieselben jüdischen DPs ihren „Freund Schmidt" oder ihre „lieben Nachbarn, die Müllers", so Posener.[64] Das Leben in deutscher Nachbarschaft außerhalb der jüdischen DP Lager ermöglichte erst eine gewisse soziale Nähe zwischen den nichtjüdischen Ortsbewohnern und den jüdischen DPs. Diese These wird durch die spezifische Erfahrung polnisch-jüdischer DPs gestützt, die nach 1945 erstmals Deutschen begegneten, wie etwa im Fall der Familie Davidson. Einige Wochen nach ihrer Ankunft im DP Lager Babenhausen bezog die Familie eine Wohnung in der Umgebung von Stuttgart. Dort hoffte sie, schneller die notwendigen Dokumente zur Auswanderung in die Vereinigten Staaten zu erhalten. Ihr Haus war mit Ausnahme der Davidsons ausschließlich von nichtjüdischen Deutschen bewohnt. Hanna Davidson Pankowsky erinnert sich, dass ihr Vermieter die Familie gut behandelte und sie zuweilen gar auf ein Glas Wein zu sich einlud. Allerdings bezeichnet Davidson Pankowsky ihn nicht als Freund, sondern eher als einen besonders hilfsbereiten Menschen. So half er ihnen beispielsweise am Ende ihres Aufenthaltes in Deutschland im April 1947, indem er die Familie mit seinem eigenen Auto unentgeltlich zum Busbahnhof fuhr.[65]

Von einem außergewöhnlichen Fall gegenseitigen Vertrauens zwischen einem polnisch-jüdischen DP und einem Deutschen berichtet Victor Zarnowitz. Dem

---

[62] Lewinsky, Żydowscy uchodźcy, S. 112–119.
[63] Schätzungsweise jeder vierte jüdische DP lebte außerhalb eines DP-Lagers. Brenner, Nach dem Holocaust, S. 26. Laut Shlomo Leser wurde die Gruppe als „free livers" bezeichnet. Sie mussten sich selbst eine Unterkunft organisieren oder ihnen wurde eine beschlagnahmte deutsche Wohnung zugewiesen. Sie erhielten eine Kennkarte (Ausweisdokument) und eine Lebensmittelkarte, um in deutschen Geschäften einkaufen zu können. Die Miete mussten die „free livers" selbst aufbringen, mit Ausnahme der anerkannten Opfer des Naziregimes. Leser, Displaced Poles, S. 10.
[64] Zitat bei Grossmann u. Lewinsky, Erster Teil, S. 113.
[65] Davidson Pankowsky, East of the Storm, S. 176 f., 182.

Jurastudenten Zarnowitz war im September 1939 die Flucht vor den deutschen Invasoren in den Osten Polens gelungen. Dort wurde er vom sowjetischen Einmarsch überrascht und wenig später in ein Arbeitslager im Nordwesten Russlands deportiert. Die Zeit nach seiner Freilassung Ende 1941 bis zum Kriegsende verbrachte Zarnowitz in Kasachstan. Um einem Leben unter sowjetischer Herrschaft zu entkommen, verließ er Polen unmittelbar nach seiner Repatriierung im Jahr 1946 sofort in Richtung Deutschland. Erst im DP-Lager im hessischen Bensheim habe er sich in der Gesellschaft polnischer Juden wieder sicher gefühlt.

> All of us had been in motion for years. We had been uprooted so many times that we truly had become displaced persons in a literal and spiritual sense. It had been years and years since any of us had experienced the security of having a stable home.[66]

Um die angesprochene Stabilität in ihr Leben zu bringen aber vor allem, um die verlorenen Studienjahre aufzuholen, zog Zarnowitz gemeinsam mit seiner Ehefrau nach Heidelberg, wo sie Mitglieder des Jüdischen Studentenverbandes wurden.[67] Das Ehepaar beschloss, solange in Deutschland zu bleiben, bis Victor Zarnowitz seine Dissertation unter Betreuung eines deutschen Ökonomieprofessors abschließen konnte.[68] In seinen Erinnerungen stellt er die Vermutung an, dass das freundschaftliche Verhältnis zu seinem deutschen Doktorvater nur möglich gewesen sei, weil Zarnowitz in der Sowjetunion und nicht unter deutscher Besatzung den Krieg überlebt hatte. Seinen Kommilitonen aus dem Jüdischen Studentenverband, die mehrheitlich KZ-Überlebende waren, sei ein solch freundschaftlicher Kontakt zu deutschen Professoren erheblich schwerer gefallen.[69] Jüdische DPs wie das Ehepaar Zarnowitz besaßen formell den DP-Status, entschieden sich jedoch aus unterschiedlichen Gründen für ein Leben außerhalb der DP-Lager. Die so entstandene räumliche Nachbarschaft mit Deutschen führte in den beschriebenen Fällen auch zu einer freundschaftlichen Nähe. Die Beispiele der Familien Davidson und Zarnowitz belegen dies eindeutig, jedoch bestätigen

---

66 Zarnowitz, Victor: Fleeing the Nazis, Surviving the Gulag, and Arriving in the Free World. My Life and Times. Westport 2008. S. 86.
67 Etwa 1.000 jüdische DPs studierten an deutschen Universitäten: Grossmann u. Lewinsky, Erster Teil, S. 119. Zur Jüdischen Studentenvereinigung siehe Varon, New Life.
68 Die Dissertation von Victor Zarnowitz erschien in deutscher Sprache 1951 unter dem Titel „Die Theorie der Einkommensverteilung. Entwicklung und heutiger Stand" beim Verlag Mohr Siebeck in Tübingen.
69 Zarnowitz, Fleeing the Nazis, S. 95–100.

sie als Ausnahmen zugleich die Regel der mehrheitlich feindlich-gesinnten Interaktion zwischen jüdischen DPs und der deutschen Bevölkerung.[70]

Schluss

Innerhalb weniger Monate nach der deutschen Kapitulation waren die Lager für jüdische DPs sukzessive zu einer „world of refugees"[71] geworden, in der die Überlebenden der nationalsozialistischen Gewaltherrschaft eine Minderheit bildeten. Die spezifische historische Erfahrung der aus der Sowjetunion zurückgekehrten Gruppe polnisch-jüdischer Flüchtlinge beeinflusste in unterschiedlichem Maße ihre Wahrnehmung der Deutschen. Aus der Analyse von Zeugnissen polnisch-jüdischer DPs, die den Zweiten Weltkrieg in der Sowjetunion überlebt haben, können drei miteinander interagierende und teils widersprüchliche Perspektiven unterschieden werden. Auf der einen Seite befinden sich jene Wahrnehmungen von den Deutschen als ein Kollektiv aus unverbesserlichen Antisemiten und Mördern des jüdischen Volkes. Eine weitere Beschreibung jüdischer DPs behandelt Deutschland ausschließlich als Transitstation, fast wie eine Kulisse mit einer gesichtslosen Bevölkerung, zu der kein Kontakt etabliert werden soll. Auf der anderen Seite finden sich schließlich Erzählungen freundschaftlich-positiver Interaktionen mit einzelnen Deutschen, die vor allem als hilfsbereit beschrieben werden. Eine Vielzahl positiver Darstellungen der deutschen Bevölkerung stammt von polnisch-jüdischen DPs, die außerhalb eines DP-Lagers und in räumlicher Nähe zu den Deutschen lebten. Dort ergaben sich individuelle Begegnungen, die sich in einigen Fällen sogar verstetigten. Die große Mehrheit der polnisch-jüdischen DPs hatte jedoch kein Interesse an einer Begegnung, die über ein neutral-pragmatisches Verhältnis hinausging. Zu groß war bei ihnen das Trauma des Holocaust.

---

70 Da bislang eine detaillierte Studie zu polnisch-jüdischen Repatriierten/DPs und ihrem Verhältnis zur deutschen Umgebung fehlt, lässt sich bislang lediglich vermuten, dass die sowjetische Erfahrung einen neutralen bis positiven Kontakt zu den Deutschen förderte. Erste Ansätze hierzu stammen von Atina Grossmann, die die Gruppe der osteuropäisch-jüdischen Infiltrees innerhalb des von ihr untersuchten beziehungsgeschichtlichen Dreiecks aus Deutschen, Juden und Besatzern behandelte. Grossmann, Jews, S. 159–162. Anna Holian stellt die Frage nach der Bedeutung des Raumes und des Wohnortes inner- oder außerhalb der Lager in den Mittelpunkt ihrer Betrachtung zu den Beziehungen zwischen jüdischen DPs und den Deutschen. Holian, Anna: The Ambivalent Exception: American Occupation Policy in Postwar Germany and the Formation of Jewish Refugee Spaces. In: Journal of Refugee Studies 25 (2011). S. 452–473.
71 Grossmann, Jews, S. 159.

Stefanie Mahrer
Schocken und Merkur.
Kontinuitäten des Unternehmens von der NS-Zeit bis in die Nachkriegszeit

Einleitende Überlegungen

Der Warenhauskonzern I. Schocken Söhne ging aus einem im Jahr 1901 von den Brüdern Salman und Simon Schocken in Zwickau gegründeten Warenhaus hervor. Die Brüder bauten den Konzern streng zentralistisch auf und expandierten bis zum Ausbruch des Ersten Weltkrieges auf zehn eigene und drei Anschlussgeschäfte.[1] Der Krieg und die darauf folgende Inflation geboten dem Wachstum Einhalt, im Zuge der Währungsstabilisierung im November 1923 begann jedoch bereits die zweite Expansionsphase.[2] Nach dem Unfalltod von Simon Schocken führte Salman die Geschäfte bis zum erzwungenen Verkauf des Konzerns im August 1938 eigenständig weiter.

Zu diesem Zeitpunkt zählten zu Salman Schockens Konzern neben 19 Filialen eine Einkaufszentrale, die I. Schocken & Söhne GmbH in Zwickau, zahlreiche Eigenfabrikationsstätten, wie etwa eine Strumpffabrik oder die Rollladenmanufaktur, eine Baufirma, ein technisches Warenprüflabor, die „Feina" Feinkost- und Nahrungsmittel GmbH in Berlin, ein reiner Lebensmittelhandel, ein Erholungsheim in Rautenkranz sowie verschiedene ansehnliche Grundstücke.[3] 1938 wurde der Konzern durch die Vermittlung der zwei Amsterdamer Banken Rhodius Koenigs und der Hollandsche Koopmansbank an eine deutsche Bankengruppe verkauft. Der Preis, den die deutsche Bankengruppe für die Übernahme zahlte, lag weit unter dem eigentlichen Wert des Konzerns. Nach dem

---

1 Die Anschlussgeschäfte bezogen ihre Waren über die Zwickauer Zentrale, befanden sich aber nicht im Besitz der Schocken Brüder. Siehe Fuchs, Konrad: Ein Konzern aus Sachsen. Das Kaufhaus Schocken als Spiegelbild deutscher Wirtschaft und Politik 1901 bis 1953. Stuttgart 1990. S. 47, Anm. 62.
2 Vgl. Fuchs, Konrad: Zur Geschichte des Warenhaus-Konzerns I. Schocken Söhne. Unter besonderer Berücksichtigung der Jahre seit 1933. In: Zeitschrift für Unternehmensgeschichte 33/4 (1988). S. 232–252, hier S. 232.
3 Vgl. Fuchs, Ein Konzern aus Sachsen, S. 177 f.; 262. Fuchs Studie gilt bis heute als Standardwerk zur Geschichte des Schocken-Konzerns. Basierend auf weitreichenden Quellenstudien legt der Autor eine konzise und detailreiche Darstellung der Betriebsgeschichte vor. Die vorliegende Studie stützt sich in Fragen der Konzerngeschichte auf diese Arbeit.

Verkauf wurde der Name der vormaligen Eigentümer aus der Firmenbezeichnung entfernt und durch „Merkur" ersetzt.

Schockens Name wurden zwar gelöscht, doch die von ihm aufgebaute Konzernstruktur sowie das von ihm angeregte Erscheinungsbild als Teil der Unternehmensidentität überdauerten die sogenannte Arisierung.[4] Bereits 1934 hatte Salman Schocken den katholischen Volkswirtschaftler Wilhelm Fonk, einen ehemaligen Abgeordneten der Zentrumspartei im Reichstag, in den Konzern berufen. Fonk leitete die Verwaltung und war für die Repräsentanz des Konzerns gegenüber den Behörden zuständig.[5] Laut einem Bericht des Vorstands der Merkur Aktiengesellschaft aus dem Jahr 1945 trug die Wahl Fonks massgeblich dazu bei, dass Schockens Visionen weitgehend den Nationalsozialismus überdauerten. Fonk und das übrige Direktorium, das ebenfalls von Schocken mit nichtjüdischen Vertrauensmännern unterschiedlicher Herkunft besetzt wurde, hielten nicht nur an Schockens Philosophie fest, sondern verhinderten die Aufnahme von NS-Funktionären in den Betrieb.[6]

Nach Ende des Krieges waren sich die Direktoren der Merkur einig, dass die ursprünglichen Besitzverhältnisse wiederhergestellt werden müssen. Die Rückerstattung erwies sich als höchst komplexer Prozess, da das Bankenkonsortium unter der Führung der Deutschen Bank und der Reichskredit-Gesellschaft den Aktienbesitz nicht behalten, sondern weiterverkauft hatte. Enteignungen in der sich in Sachsen befindlichen Häuser und die quasi-Enteignung der restlichen in der sowjetischen Besatzungszone liegenden Filialen, die Zerstörung weiterer Häuser im Krieg, aber auch die Zerstreuung des Aktienbesitzes erschwerten eine

---

4 Die Problematik des Begriffes „Arisierung" haben u. a. Benno Nietzel und Christoph Kreutzmüller thematisiert. Die Forschung hat mit dem Begriff eine rassistische Terminologie der nationalsozialistischen Herrschaft als Forschungs- und Untersuchungsbegriff übernommen und erweitert. Der Begriff war bereits in den 1920er Jahren in völkischen Kreisen in Gebrauch und wurde seit 1936 vom Partei- und Staatsstellen für die Übertragung von „jüdischem" Vermögen und Besitz in „arisches" verwendet. Es kam nie zu einer rechtlich verbindlichen Definition. Vgl. Nietzel, Benno: Die Vernichtung der wirtschaftlichen Existenz der deutschen Juden 1933–1945. Ein Literatur- und Forschungsbericht. In: Archiv für Sozialgeschichte 49 (2009). S. 561–613. Kreutzmüller, Christoph: Vernichtung der jüdischen Gewerbetätigkeit im Nationalsozialismus. Abläufe, Blickwinkel und Begrifflichkeiten. In: Docupedia-Zeitgeschichte, 4.11.2016. http://docupedia.de/zg/Kreutzmueller_vernichtung_der_juedischen_Gewerbetaetigkeit_v1_de_2016?oldid=125852 [letzter Zugriff: 7.11.2017]. In der vorliegenden Studie wird der Begriff im Wissen um die Problematik stets als Zitat, nicht als Analysebegriff verwendet.
5 Vgl. Fuchs, Ein Konzern aus Sachsen, S. 228.
6 Bericht des Vorstandes der Merkur Aktiengesellschaft an den Aufsichtsrat, Ende 1945. In: Schocken Archiv Jerusalem (fortan SchA), M 2, S. 3f.

reibungslose Rückgabe des Konzerns.[7] Schliesslich wurden wenigstens die in der amerikanischen Zone liegenden Überreste der einstigen Warenhauskette im September 1949 der Familie Schocken zurückerstattet.[8]

Die Zeit des Nationalsozialismus wird gemeinhin als *der* Bruch mit der Geschichte beschrieben: Der Holocaust steht für den moralischen „Zivilisationsbruch", aber auch politisch, wirtschaftlich und kulturell wird die NS-Diktatur als eine Lossagung vom Bisherigen wahrgenommen. Der Ausschluss von Juden und Jüdinnen aus dem Staatsdienst, die graduelle Enteignung und Zerstörung jüdischen Wirtschaftslebens, die Verdrängung aus dem Kulturleben, Enteignung und Verfolgung stehen beispielhaft für die zahlreichen wirtschaftlichen und gesellschaftlichen Einschnitte, die schliesslich in der Auslöschung jüdischen Lebens in der Shoah mündeten.

Im Kontext der nationalsozialistischen Enteignungspolitik soll der Fall der Firma Schocken, resp. Merkur beleuchtet werden. Die Repressionen gegen den Schocken-Konzern, die schliesslich zum erzwungenen Verkauf des Betriebes führten, scheinen als Brüche in der Konzerngeschichte auf. Der mikrohistorische Blick auf die Konzerngeschichte zeigt jedoch, dass man im Fall des Schocken-Konzerns von (unerwarteten) Momenten der Kontinuität in der Konzernstruktur und -führung über die großen Zäsuren hinweg sprechen kann.

Anhand von drei Beispielen sollen in diesem Beitrag diese Momente der Kontinuität in der Konzernstruktur und -führung herausgearbeitet werden. Der Fokus wird dabei vor allem auf drei zentrale – von Salman Schocken eingeführte – Eigenschaften des Konzerns gelegt: auf die zentralistische Organisation, die Personalpolitik und schliesslich auf die visuelle Identität. Diese zentralen Aspekte spiegeln Schockens betriebswirtschaftlichen Führungsstil wider. Der Blick soll hier über die üblichen Zäsuren (1933; 1938; 1939; 1941; 1945) hinausgehen, um

---

[7] Fuchs, Ein Konzern aus Sachsen, S. 268f. Die finanzielle Entschädigung für die verlorenen Geschäfte in der sowjetischen Zone wurde erst nach der Wiedervereinigung erlangt, resp. vor Gericht erstritten. Im Juni 2014 sprach die 4. Kammer des Verwaltungsgerichts Berlin den Erben von Salman Schocken 30 Millionen Euro Entschädigung sowie 20 Millionen Euro entgangener Zinsen zu. Bereits in den 1990er Jahren erhielt die Erbengemeinschaft 30 Millionen DM an Entschädigung für das Chemnitzer Kaufhaus Schocken im Zuge der Privatisierung von ehemaligem DDR-Staatseigentum. Mit dem Berliner Urteil von 2014 fand das Verfahren nach über 20 Jahren einen Abschluss. Vgl. Deutschland muss Erben von Kaufhauskette entschädigen. In: Spiegel Online, 12. Juni 2014. http://www.spiegel.de/wirtschaft/unternehmen/schocken-deutschland-muss-erben-von-kaufhauskette-entschaedigen-a-974796.html (31.01.2017); und Kaufhaus Schocken: Prozessrechtler Schmitz erreicht Entschädigung für Erben. In: juve. Neues aus dem Wirtschaftsanwaltsmarkt, 16. Juni 2014. http://www.juve-verlag.at/nachrichten/verfahren/2014/06/kaufhaus-schocken-prozessrechtler-schmitz-erreicht-entschadigung-fur-erben (31.01.2017).
[8] Fuchs, Ein Konzern aus Sachsen, S. 272.

zu versuchen, betriebswirtschaftliche Entwicklungen, Kontinuität und Persistenz über die politischen Einschnitte hinweg beobachten zu können. Dabei wird aber vor allem auch der Blick auf die Protagonisten deutlich machen, dass der Fall des Schocken/Merkur-Konzerns eine Ausnahme in der Geschichte der Enteignung darstellt. Denn sämtliche jüdischen Warenhaus-Konzerne, mit Ausnahme von Schocken, wurden zwischen 1933 und 1937 arisiert.[9]

So wurde etwa der westdeutsche Warenhauskonzern Leonhard Tietz bereits 1933 in „Westdeutsche Kaufhaus AG" umbenannt, die Großaktionäre Alfred und Gerhard Tietz schieden gleichzeitig aus der Geschäftsführung und dem Aufsichtsrat aus.[10] Der Berliner Warenhauskonzern Hermann Tietz & Co. wurde 1934 arisiert, nachdem in Folge des Boykotts am 1. April sich die ohnehin schon prekäre wirtschaftliche Lage des Konzerns weiter verschlechterte. Ein für das Überleben des Betriebes wichtiger Kredit bei der Akzept- und Kreditbank wurde nach anfänglich mündlicher Zusage doch nicht gewährt. Die Liquidation, die Tausende in die Arbeitslosigkeit getrieben hätte, konnte durch die Gründung der neuen Gesellschaft „Hertie Kaufhaus-Beteiligungsgesellschaft" verhindert werden.

Wirtschaftspolitische Überlegungen hatten das Reichwirtschaftsministerium zu diesem Schritt bewogen. Die Geschäftsleitung und die Besitzer schieden jedoch nach kurzer Zeit auf Druck der Banken aus. Die Familie verlor den grössten Teil ihres Vermögens.[11] Wertheim wurde 1937 für „deutsch" erklärt, nachdem Georg Wertheim den Konzern verliess. Bereits 1934 hatte er die Mehrheit der Aktien auf seine nichtjüdische Frau Ursula überschrieben.[12] Er tat dies auf Anraten von Emil Georg von Stauss, dem Generaldirektor der Deutschen Bank und angeblichen Freund der Familie, der allerdings bereits vor 1933 mit der NSDAP sympathisierte, Von Stauss überzeugte Wertheim auch, dass der Aktienübertrag das Bankenkonsortium, das dem stark defizitären Betrieb 1932 Kredite gewährte,[13] nicht zufrieden stellte und daher der Konzern von einem Kuratorium treuhänderisch verwaltet werden solle. Ursula Wertheim zeigte sich im Geschäft nicht aktiv und überließ die Führung des Konzerns dem Kuratorium. Von Stauss, der dem Aufsichtsrat angehörte, forcierte in den nächsten Jahren auch den Verkauf eines großen Grundstücks an der Leipziger Straße, auf dem ein Regierungsgebäude

---

9 Vgl. Fuchs, Ein Konzern aus Sachsen, S. 243.
10 Vgl. Fuchs, Warenhaus-Konzern, S. 234.
11 Vgl. Fischer, Erica u. Simone Ladwig-Winters: Die Wertheims. Geschichte einer Familie. Berlin 2004. S. 277f; Köhler, Friedrich W.: Zur Geschichte der Warenhäuser. Seenot und Untergang des Hertie-Konzerns, Frankfurt/Main 1937. S. 22.
12 Fischer u. Ladwig-Winters, Die Wertheims, S. 286–288.
13 Für Details siehe: Fischer u. Ladwig-Winters, Die Wertheims, S. 257f.

errichtet werden sollte.[14] Schließlich trat Georg Wertheim am 1. Januar 1937 auf Druck von Emil Georg von Stauss als Aufsichtsratsvorsitzender zurück und gleichzeitig musste auch sein Neffe Fritz Sternberg seinen Posten als Syndikus aufgeben. Damit schied die Gründerfamilie aus dem Konzern aus.[15] In diesem Kontext ist auch die Geschichte des Schocken-Konzerns in den 1930er Jahren zu betrachten.

Die folgenden Ausführungen stützen sich auf die Darlegungen von Konrad Fuchs sowie auf Quellenmaterial aus dem Schocken-Archiv in Jerusalem, das sich bis heute im Besitz der Familie Schocken befindet. Die Akten zur Konzerngeschichte sind allerdings nur beschränkt einsehbar. Nach dem Verkauf des Konzerns im Sommer 1938 wurden die Akten nicht mehr nach Jerusalem geschickt und nach Salman Schockens Emigration nach New York – er verließ Jerusalem gemeinsam mit seiner Frau im Dezember 1940 –, ist auch die Ablage seiner Korrespondenz nicht mehr gesichert. Somit liegen für die Nachkriegszeit kaum Akten vor. Daher sind vor allem zwei Berichte der Geschäftsleitung aus der unmittelbaren Nachkriegszeit zentral für die vorliegende Studie. Damit dies nicht zu einem verzerrten Bild führt, werden die Aussagen soweit wie möglich in einen grösseren Kontext gebettet und mit weiteren Daten verglichen.

Kontrolle, Erziehung und Moderne. Der Schocken-Konzern unter Salman Schocken

Wissbegierde, Analyse, Kontrolle und pädagogisches Sendungsbewusstsein – diese vier Stichworte zählten als Grundpfeiler sämtlicher Entscheidungen und Handlungen Salman Schockens. Angetrieben durch eine unendliche Wissbegier, schlug er in vielen Gebieten neue Wege ein, förderte und forderte Neuentwicklungen und war mit Althergebrachtem selten zufrieden. Die Schocken Brüder waren nicht die Erfinder des modernen Warenhauses. Das Konzept kam vielmehr aus Frankreich, wo es seit Ende des 19. Jahrhunderts langsam Verbreitung fand.[16] Was aber den Schocken-Konzern von seiner Konkurrenz abhob, waren die klaren betriebswirtschaftlichen Richtlinien und kaufmännischen Strategien. Der Wunsch des Kunden stand stets an erster Stelle. Die Produkte hatten von bester Qualität zu sein – dafür sorgten firmeninterne Testlabors und Warenprüfstellen –

---

14 Fischer u. Ladwig-Winters, Die Wertheims, S. 287–289.
15 Fischer u. Ladwig-Winters, Die Wertheims, S. 295.
16 Zur Geschichte des Warenhauses siehe: Pasdermadjian, Hrant: Das Warenhaus. Entstehung, Entwicklung und wirtschaftliche Struktur. Köln u. Opladen 1954. S. 3–8.

und sollten gleichzeitig zu fairen Preisen verkauft werden. Diese Prüfstellen waren für Deutschland einzigartig und stehen für Schockens Bedürfnis nach Analyse und Kontrolle. So wurden etwa Textilien auf ihre Reißfestigkeit und Waschmittel auf ihre chemische Wirkung von Wissenschaftlern getestet. Aufgrund ihrer Ergebnisse wurden mit Produzenten Einkaufspreise verhandelt oder aber Verbesserungen eingefordert.

Schockens Aufsätze, Reden, Dienstanweisungen und Briefe[17] zeugen von einem ausgesprochenen Machtmenschen mit großem Sendungsbewusstsein. Kundschaft, Angestellte, Freunde und selbst Familienmitglieder waren Teil seines Erziehungsbestrebens.[18] Für das 19. Jahrhundert war dies natürlich üblich, verstanden familiengeführte Unternehmen doch die Belegschaft als erweiterte Familie. Das Familienoberhaupt und gleichzeitiger Inhaber der Firma hatte seinen Angestellten gegenüber ähnliche Rechte und Verpflichtung wie gegenüber seinen Familienmitgliedern. Auch im Schocken-Konzern lassen sich Spuren des Patronagesystems des vorangehenden Jahrhunderts finden, wozu ganz eindeutig auch die erzieherischen Massnahmen gegenüber der Angestellten gehörten. So verfasste Schocken Leitsätze für das Verkaufspersonal, wie etwa:

> Wer ohne zersplitterte Ablenkung bei seiner Aufgabe ist, der wird von seinem Gedächtnis nicht im Stich gelassen. Je mehr man sich für eine Sache interessiert, umso stärker wird die Gedächtniskraft für sie.[19]

Geradezu väterlich lesen sich wiederum seine Überlegungen zur Personalentwicklung und -führung.

> In den Jahren, in denen ich mich praktisch mit der Personalerziehung beschäftigen konnte, habe ich jedem jungen Menschen Zeit gelassen, wenn ich sah, dass er sich mit Gedanken

---

[17] Im Rahmen meines Forschungsprojektes zur Biographie von Salman Schocken habe ich an die 10.000 Schriftstücke analysiert.
[18] Siehe dazu u. a. die „Fünfzehn Leitsätze für Verkaufspersonal der Kaufhäuser Schocken". in: Aus früheren Schocken Hauszeitungen, 1926. In: SchA 121/714.
[19] „Fünfzehn Leitsätze für Verkaufspersonal der Kaufhäuser Schocken". In: Aus früheren Schocken Hauszeitungen, 1926, in: SchA 121/714. Schocken bezog dies auch auf sich selbst. So antwortete er laut Siegfried Moses, wenn er auf sein erstaunliches Gedächtnis angesprochen wurde, mit dem Satz: „Wo das Interesse ist, da ist Gedächtnis." Siehe: Moses, Siegfried: Salman Schocken. Seine Betätigung in der Wirtschaft und als Zionist. In: Bulletin des Leo Baeck Instituts (Tel Aviv) 13/4 (1961). S. 1–43, hier: S. 3.

plagte oder mit Zweifeln, sei es an sich, am Beruf, oder an den Menschen überhaupt. Und ich habe gute Erfolge gehabt.[20]

Der Schocken-Konzern machte es sich zur Aufgabe, Mitarbeiter (und zu einem gewissen Grad auch Mitarbeiterinnen)[21] im Betrieb aus- und weiterzubilden, ihnen Entwicklungsmöglichkeiten zu geben und sie so langfristig im Betrieb zu erhalten. Schocken verglich die Ausbildungsmöglichkeiten im modernen Großbetrieb mit der früheren Tradition der Wanderjahre, in denen die Gesellen mehrere Jahre lang von Meister zu Meister zogen, um ihr Können zu perfektionieren.[22] Das Durchlaufen mehrerer Berufsstationen innerhalb des Großkonzernes biete, so Schocken, eine vergleichbare Ausbildung. Ein Großteil der führenden Angestellten wurde tatsächlich aus intern ausgebildetem Personal rekrutiert. Laut Dr. Landauers Darstellungen, der im Auftrag von Salman Schocken einen Überblick über Geschichte und Aufbau des Konzerns verfasste, wurden über fünfzig Prozent aller Angestellten im Konzern ausgebildet, bei einem Wachstum der Beschäftigten von 1200 im Jahr 1924 auf knappe 5500 im Jahr 1937.[23]

Die Konzernleitung forderte zwar ein hohes Maß an Einsatz und Perfektion von seinen Mitarbeitenden, sorgte aber im Gegenzug auch für sie. So gewährte der Konzern den Angestellten, unabhängig von ihrer Stellung, ab 1908 ein Urlaubsgeld sowie zwei Urlaubstage mehr, als rechtlich vorgeschrieben waren.[24] Anlässlich des zehnjährigen Bestehens der Firma Isaak Schocken & Söhne (ISS) im Jahre 1917 wurde als Grundlage des Angestellten-Wohlfahrtsfonds eine Stiftung gegründet und 1934 in Rautenkranz im Erzgebirge ein Personalerholungsheim eingerichtet. Für Angestellte, die ihren Urlaub nicht im konzerneigenen Ferienheim verbrachten, wurde eine finanzielle Urlaubsbeihilfe für jeden Ferientag gewährt.[25] 1926 wurden der Unterstützungskasse der Angestellten 100 000

---

20 Fragen der Personalerziehung. Nach stenographischer Niederschrift aus Vorträgen von Salman Schocken, anlässlich der Informationskurse Mai-Juni 1926. In: Aus früheren Schocken Hauszeitungen, 1926. In: SchA 121/714.
21 Für die Mitarbeiterinnen waren keine spezifischen Weiterbildungskurse im Sinne einer Karriereförderung vorgesehen, da das Berufsleben für Frauen eine andere Rolle spiele. Frauen waren als Verkäuferinnen und Sekretärinnen, nicht aber in leitenden Stellen tätig. Siehe dazu: Fragen der Personalerziehung.
22 Ebd. S. 8.
23 Exposé Dr. Landauer. Überblick über Geschichte und Aufbau des Konzerns. Typoskript 1937. In: SchA 115/224.
24 Die sozialen Einrichtungen im Schocken-Konzern. Termine der Einführung, 1935. In: SchA 175/281.
25 Eröffnungsdaten und wichtige Ereignisse der Geschäftsentwicklung, 1901–1931. In: SchA 111/191.

Reichsmark und der Stadt Zwickau 50 000 Reichsmark für das Errichten von Kleinwohnungen übergeben. Rückblickend am bedeutendsten war jedoch die Hilfe, die Schocken seinen 250 jüdischen Angestellten, also 4,5 Prozent der Gesamtbelegschaft,[26] für die Emigration aus dem nationalsozialistischen Deutschland anbot.

Der Umgang mit dem Personal, die Weiterbildungsmöglichkeiten aber auch die sozialen Einrichtungen vereinten zwei unterschiedliche, jedoch nicht gezwungenermaßen gegenläufige Tendenzen: Ein paternalistisches, noch fest im 19. Jahrhundert verhaftetes Personalverständnis wurde an ein modernes Sozialsystem gekoppelt, das für alle Angestellte Erholung und Bildung, aber auch Absicherung für Notlagen vorsah. Im Gegenzug zu seiner großzügigen Unterstützung der Belegschaft verlangte Schocken Loyalität und Perfektion. Für letzteres sorgten auch weitreichende Kontrollmaßnahmen für die Einhaltung der Vorgaben.

Die Kontrollmechanismen dienten allerdings nicht nur der Kontrolle geleisteter Arbeit, sondern auch der statistischen Erfassung sämtlicher Vorgänge und Transaktionen. Das hausinterne statistische Büro analysierte die inneren Abläufe des Unternehmens und ermöglichte eine zuverlässige Übersicht.[27] Seit 1922 wurden in der Zwickauer Zentrale unter der Leitung des Statistikers Moschwa Goldmann sämtliche Rohstoffs-, Einkaufs- und Verkaufspreise erfasst. Anhand der Daten konnten saisonale Schwankungen im Absatz vorausgesagt und Einkaufspreise verglichen werden. Weiterhin wurde von der statistischen Abteilung die Kaufkraft der Bevölkerung errechnet, die in die Preisgestaltung miteinfloss.[28]

Die statistische Abteilung war Teil der Zwickauer Zentrale, deren zweihundert Mitarbeitende das Gesamtunternehmen verwalteten. Für diese horizontale Organisationsstruktur war eine klare Spitze erforderlich. In der Zentrale wurden „viele Hunderte Formulare und Arbeitsanweisungen" entworfen und an die entsprechenden Abteilungen versandt.

> In diesen Formularen schlagen sich die Ergebnisse einer jahrzehntelangen, sorgfältigen Gedankenarbeit nieder, mit der die Mittel gesucht wurden, aus dem Alltagsleben des Betriebes jede Unordnung, alles Undurchsichtige und Zweifelhafte hinauszufegen, bis der

---

26 1937 beschäftigte der Schockenkonzern 5417 Arbeitnehmer, davon etwas über 25 Prozent Frauen. Vgl. Überblick über Geschichte und Aufbau des Konzerns, Exposé Dr. Landauer, 1937. In: SchA 115/224.
27 Eröffnungsdaten und wichtige Ereignisse der Geschäftsentwicklung, 1901–1931. In: SchA 111/191.
28 Schocken, Salman: Zwischen Produktion und Konsum. Ein Vortrag, gehalten am 12.11.1931 in der Hauptversammlung des Verbandes Deutscher Waren- und Kaufhäuser. In: Das Kaufhaus Schocken im Jahre 1916. Vorträge, Ansprachen und Leitsätze aus früheren Schocken-Hauszeitungen. Nürnberg 1952 [1931]. S. 31–48, hier S. 41f.

klare, einfachste Weg dazu gefunden war, der nun täglich mit offenkundigem Erfolg begangen wird.[29]

Die statistische Auswertung der gesammelten Zahlen, die erfassten Kundenwünsche, die zentrale Buchhaltung sowie die Analyse von Arbeitsberichten führten zu klaren Arbeitsanweisungen. Die Tages-, Wochen- und Monatsberichte stammten aus den unterschiedlichen Abteilungen und hatten standardisiert zu erfolgen. Die Formulare dazu wurden in Absprache mit den Abteilungsleitern, zuständigen Bearbeitern in der Zentrale und Salman Schocken entworfen. Die Auswertung dieser Formulare führte wiederum zur Optimierung von Abläufen und neuen Dienstanweisungen. In der Zentrale kam es also täglich zu einem Wechselspiel zwischen Anordnungen und Berichten, die sich gegenseitig beeinflussten.

Für Schocken waren diese „Hunderte Formulare und Arbeitsanweisungen [keine] tote Pappe und Papier", vielmehr sollte das Papier „in der Hand der Angestellten lebendig [...]" werden.[30] Die totale Kontrolle sämtlicher Abläufe durch Weisungen, Formulare und Berichte fand damit im Schocken Konzern einen Höhepunkt. Dies war Salman Schockens Persönlichkeit geschuldet, der in einer Konferenz im Jahr 1933 über sich selbst feststellte:

> Ich war mein Leben lang ein Mensch, der auf theoretische Methoden angewiesen war. Ich habe sicherlich oft versagt im Augenblick, weil mir das Papier als Unterlage fehlte, das ich erst sehen musste, um mir ein Bild machen zu können.[31]

Der Schocken Konzern war damit wahrscheinlich der am stärksten selbst-analysierte Konzern seiner Zeit. Über die Zwickauer Zentrale war Salman Schocken jederzeit über sämtliche Entwicklungen und Vorkommnisse in seinen Häusern informiert und konnte bei Bedarf einschreiten. Sein Bedürfnis nach Kontrolle konnte in einem Großbetrieb wohl nur durch diese zentrale Verwaltung gestillt werden, zumal er längst nicht mehr nur Kaufmann war, sondern sich auf zahlreichen weiteren Feldern betätigte.

---

29 Aus früheren Schocken Hauszeitungen, 1926. In: SchA 121/714.
30 Ebd.
31 Zitiert nach: Moses, Salman Schocken, S. 2.

„Arisierung" und Enteignung. Der Schocken-Konzern in den 1930er Jahren

Die Machtergreifung der Nationalsozialisten wurde von Schocken und dem Leitungsgremium seines Konzerns mit Sorge beobachtet. In einem Brief vom 25. Februar 1933 hält das Direktorium fest, dass „[u]nsere Häuser neutrale Einkaufsstellen für *alle* Bevölkerungsschichten [sind]. Es ist die Aufgabe der Geschäftsführer und aller Angestellten, in Zeiten wie den jetzigen besonders dafür Sorge zu tragen, dass dieser Charakter des Hauses gewahrt bleibt."[32]

Allgemeine Boykottwellen gegen jüdische Geschäfte und gezielte Angriffe der SA gegen Schocken-Warenhäuser machten dem Konzern derart zu schaffen, dass einige Filialen sogar zeitweilig geschlossen werden mussten. Bereits kurz nach der Machtübernahme wurden die Schocken-Häuser mit Handzetteln, Aufklebern sowie in Zeitungen öffentlich diffamiert.[33] Immer wieder wurden Kunden direkt eingeschüchtert, wie zum Beispiel ein seit langer Zeit arbeitsloser Mann, dem gedroht wurde, aus der Winterhilfe ausgeschlossen zu werden, falls er weiterhin bei Schocken einkaufen werde.[34] Weitaus grösseren Schaden richteten jedoch organisierte Störungen des Geschäftsbetriebes durch die Präsenz meist junger Männer an, die sich vor dem Eingang zu den Filialen aufbauten und Kunden vom Betreten der Geschäfte hinderten.[35] Ganz besonders im Fokus stand die Filiale in Nürnberg. Fuchs vermutet, dass der Terror dort vor allem von Julius Streicher, dem Gauleiter von Franken, ausging. Zu Ostern 1934 wurden dort Kunden vom Betreten des Geschäftes abgehalten, andere mit Gewalt aus Treppenhäusern gezerrt. Die herbeigerufene Polizei sah sich nicht in der Lage, die Situation zu beruhigen. Auch in den folgenden Tagen und Wochen wurde die Kundschaft belästigt, das Geschäft mit antisemitischen Plakaten beklebt und Leute, die sich trotz allem in das Geschäft wagten, an den Pranger gestellt.[36]

Schocken wehrte sich mit offiziellen Einsprachen und Anzeigen bei den lokalen Behörden und der Polizei gegen die gesetzwidrigen Störungen des Ge-

---

[32] Geschäftsbericht Nr. 1148 A, 1. März 1933. Zit. nach: Fuchs, Ein Konzern aus Sachsen, S. 191.
[33] Siehe dazu die Sammlung von Zeitungsartikeln, Flyern und ähnlichem Schriftgut. In: Der Schocken Konzern im politischen Kampf bis zum Eintritt der englischen Gruppe. In: SchA 115/115/4.
[34] Härtensdorf, Keil Friedrich an die Geschäftsleitung, Bericht, 29. November 1934. In: SchA 115/115/4.
[35] So zum Beispiel in der Vorweihnachtszeit des Jahres 1934 in Stuttgart. Siehe: Bericht des Direktors der Filiale Stuttgart an die Zentrale in Zwickau, 19. Dezember 1934. In: SchA 115/115/4.
[36] Vgl. dazu: Fuchs, Ein Konzern aus Sachsen, S. 203–207.

schäftsbetriebes.³⁷ Obwohl die NS-Machthaber erst im Jahr 1938 reichseinheitliche Gesetze erließen, die das Recht von Jüdinnen und Juden auf gewerbliche Betätigung einschränkten, waren jüdische Unternehmer und Gewerbetreibende ab dem Zeitpunkt der Machtergreifung Zielscheibe antisemitischer Anfeindungen und Übergriffe. Insbesondere regionale und lokale Behörden, aber auch die Vertreter der SA hielten sich nicht an die Anweisungen von oberster Stelle und drangsalierten jüdische Geschäftsleute mit diskriminierenden und gewalttätigen Aktionen.³⁸

Die verstärkte antisemitische Politik der NS-Behörden veranlasste Salman Schocken, seine jüdischen Mitarbeitenden beim Ausscheiden aus dem Betrieb und bei der Emigration aus Deutschland zu unterstützen. Er setzte 1935 ein Komitee ein, das jüdischen Angestellten bei der Auswanderung systematisch behilflich sein sollte. Rund 200 der 250 jüdischen Angestellten nahmen die Unterstützung an und emigrierten nach Palästina oder Übersee.³⁹ Gleichzeitig hoffte er durch den Verkauf einer Mehrheit des Besitzes an eine englische Gruppe unter der Führung von Sir Andrew McFadyean, das stigmatisierende Label des Jüdischen⁴⁰ zu verlieren. In der Geschäftsführerkonferenz im September 1936 wurde der Verkauf der Aktienmehrheit in „arische" Hand als wichtigstes Ereignis des Geschäftsjahres vorgestellt, vor dem man „Staat und Partei" in Kenntnis gesetzt habe.⁴¹

Salman Schocken liess sich nicht in eine Opferrolle drängen und setzte sich aktiv zur Wehr gegen unrechtsmässige Übergriffe. Doch trotz des Verkaufs der Aktienmehrheit an McFadyean und seine Gruppe und trotz der Tatsache, dass die jüdischen Mitglieder mit Ausnahme von Siegfried Moses im Laufe des Jahres 1936 aus dem Aufsichtsrat ausschieden,⁴² und obwohl der Konzernvorstand 1937 arisiert wurde,⁴³ wurde der Schocken-Konzern von Staat und Partei als jüdischer Betrieb stigmatisiert und damit zum Opfer der antijüdischen Politik der Nationalsozialisten.⁴⁴

Im Laufe der ersten Hälfte des Jahres 1938 wurde von Salman Schocken und Wilhelm Fonk die komplette Arisierung des Betriebes angestrebt. Die verbliebe-

---

37 Siehe dazu im Detail: Fuchs, Warenhaus-Konzern.
38 Vgl. Nietzel, Vernichtung, S. 574.
39 Siehe Brief Ernst Markowicz an Salman Schocken, 20. September 1957. In: Leo Baeck Institute Archive Jerusalem, JER 193II, folder 6.
40 Siehe dazu auch Anm. 9.
41 Fuchs, Ein Konzern aus Sachsen, S. 228; 231.
42 Fuchs, Ein Konzern aus Sachsen, S. 232.
43 Vgl. Fuchs, Ein Konzern aus Sachsen, S. 239.
44 Fuchs, Ein Konzern aus Sachsesn, S. 230 f.

nen jüdischen Mitarbeiter sollten finanziell entschädigt werden und dann ausscheiden. Ab April 1938 arbeiteten keine jüdischen Angestellten mehr in den Schocken-Warenhäusern. Nur in der Zwickauer Zentrale sowie im Berliner Büro waren zu diesem Zeitpunkt noch zwölf Jüdinnen und Juden beschäftigt,[45] und auch diese sollten nach den Plänen von Salman und Gershom Schocken sowie Fonks bis Ende des Jahres aus dem Konzern ausscheiden.[46]

Schockens Hoffnung, er könne durch die quasi freiwillige Arisierung des Konzerns an seinem Besitz festhalten, erfüllte sich nicht. Die Repressionen nahmen drastische Züge an, so dass die Firma beispielsweise ab April 1938 kein industriell gefertigtes Fett mehr beziehen konnte. Rohmaterial für Berufs- und Sportkleidung wurde bereits ab Januar desselben Jahres nicht mehr an Schocken geliefert und ab Anfang April wurde den Kaufhäusern verboten, Butter zu verkaufen.[47] Die Schikane in Form von Beschränkung der zum Einkauf erlaubten Waren, die bereits genannten Boykottaktionen und die Einschüchterung der Kundschaft machten es unmöglich, die Wirtschaftlichkeit des Konzerns aufrecht zu erhalten. Trotz aller Bemühungen wurde die Firma als nicht-arisches Unternehmen eingestuft.

So rang sich Schocken im August 1938 nach langem Zögern und Zaudern durch, seinen Konzern und damit sein Lebenswerk zu verkaufen. Durch die Vermittlung der zwei in Amsterdam ansässigen Bankhäuser Rhodius, Koenigs & Co. und Hollandsche Koopmansbank wurden die Aktien und Anteile an eine deutsche Bankengruppe unter Führung der Deutschen Bank und der Reichskredit-Gesellschaft verkauft. Ohne die Zahlen im Detail aufzuschlüsseln kann gesagt werden, dass die Gesellschafter große Verluste[48] beim Verkauf des Konzerns machten.[49] Durch fiskalische Nötigungsmaßnahmen wie die Reichsfluchtsteuer, strenge Devisenbestimmungen und Sonderabgaben, wurden die jüdischen Verkäufer auch nach dem Verkauf noch systematisch beraubt.[50]

Die unfreiwilligen Verkäufe und Liquidationen jüdischer Gewerbe und Konzerne setzten in hohem Maß liquide Mittel frei, die nun kaum mehr vor dem Zugriff

---

45 Brief Theodor Schocken an Salman Schocken, 25. Juni 1938. In: SchA 115/255/2.
46 Notiz „Jüdische Angestellte", kein Verfasser, 2. März 1938. In: SchA 179/511.
47 Vgl. Fuchs, Warenhaus-Konzern, S. 235f. sowie die Akten in: SchA 115/215.
48 Der Bilanzwert des Konzerns betrug Ende Februar 1938 20 Millionen Mark. Zur Auszahlung an Salman Schocken kamen 800.000 Holländische Gulden sowie der Verkaufswert der Aktien. Die exakten Zahlen für Abgaben, Zölle aber auch für die transferierten Beträge sind in den Quellen nicht zu finden. Siehe dazu auch: Fuchs, Ein Konzern aus Sachsen, S. 257, Anm. 242.
49 Fuchs, Ein Konzern aus Sachsen, S. 256f.
50 Siehe dazu: Bajohr, Frank: „Arisierung" in Hamburg. Die Verdrängung der jüdischen Unternehmer in Hamburg 1933–1945. Hamburg 1998. S. 198–216.

der NS-Behörden geschützt werden konnten. Raul Hilberg, Benno Nietzel und Martin Dean verstehen daher die Enteignung als Prozess mit einer strukturellen Abfolgelogik.[51] Die Verdrängung aus dem Berufsleben, die Vernichtung von Gewerbe und schliesslich die Beschlagnahme von Vermögen stehen in einem Kausalzusammenhang, wobei diese Maßnahmen bis 1938 teilweise auch parallel zueinander stattfanden.[52] Auch Salman Schocken verlor einen großen Teil seines Vermögens durch die Zwangsabgaben, denen er sich nicht zu entziehen vermochte.

Kontinuität trotz Zwangsverkauf

Trotz des erzwungenen Verkaufs im August 1938, der den Wechsel der Firmenbezeichnung zu „Merkur" nach sich zog, blieb vieles beim Alten. Unter der Leitung von Wilhelm Fonk als Vorsitzender sowie Walter Aerne, Ewald Schaefer und Kurt Wutzler als Mitglieder des Vorstandes betrieb die Merkur AG seit 1938 zwanzig Kaufhäuser, ein chemisches Laboratorium sowie eine Strumpffabrik. Weiterhin Bestand hatten auch der größte Teil der angeschlossenen Betriebe, wie die Feina Feinkost- und Nahrungsmittel GmbH oder die Geschäftshaus GmbH.[53] Die neuen Vorsitzenden der Merkur AG veränderten die zentrale Struktur des Konzerns kaum, auch nicht, nachdem Wilhelm Fonk um 1941 herum zum Wehrdienst verpflichtet wurde. Es sind keinerlei Akten aus dieser Zeit überliefert, doch es wird davon ausgegangen, dass der Betrieb von den restlichen Mitgliedern der Geschäftsleitung geführt wurde.[54]

Fonk und die übrigen Vorstandsmitglieder wussten sich gegen Versuche der Einflussnahme durch die Nationalsozialisten zur wehren. Laut Fuchs blieb die Geschäftsleitung dem früheren Patron gegenüber loyal und versuchte, den Konzern so gut es eben ging im Sinne des Gründers weiterzuführen. Quellen sind aus dieser Zeit kaum überliefert, so dass sich feststellen lässt, dass kaum strukturelle Änderungen vorgenommen wurden. Doch weshalb dies geschah, lässt sich nicht mehr rekonstruieren. In einem Bericht aus der Nachkriegszeit wird lediglich erwähnt, dass es

---

51 Nietzel, Vernichtung, S. 585f.
52 Nietzel, Vernichtung, S. 585; Hilberg, Raul: Die Vernichtung der europäischen Juden. Bd. 1. Frankfurt/Main 1990. S. 85–152. Dean, Martin: Robbing the Jews. The Confiscation of Jewish Property in the Holocaust 1933–1945. Cambridge 2008. S. 3.
53 Vgl. Fuchs, Ein Konzern aus Sachsen, S. 261–263.
54 Vgl. Fuchs, Ein Konzern aus Sachsen, S. 274.

der Geschäftsleitung [...] zu verdanken [ist], dass die Aufnahme von Nazi-Funktionären in das Unternehmen verhindert werden konnte. Es war deshalb möglich, die alten bewährten Grundsätze der Gründer des Unternehmens trotz vieler Anfeindungen und Erschwernisse weiterzuverfolgen.[55]

Die Merkur AG beschäftigte keine jüdischen Mitarbeitenden, denn diese schieden noch vor der Übernahme aus dem Betrieb aus. Der Konzern beschäftigte allerdings einige „politisch Angefeindeten", die trotz massiver Forderungen von Seiten der die NS-Behörden, diese zu entlassen, ihre Stellungen behielten. Der Betriebsvorstand bewies mit dem Festhalten an seinen „politisch unliebsamen" Angestellten ein großes Maß an Zivilcourage. Fonk hielt an der Kultur der Loyalität des Schocken-Konzerns fest. Auch in KZs inhaftierten Mitarbeitenden wurde während ihrer Haftzeit das volle Gehalt ausbezahlt und nach ihrer Entlassung aus dem Lager konnten sie umstandslos zu ihren alten Positionen zurückkehren.[56]

Die Kontinuität im Umgang mit dem Personal zeigt nicht nur, wie stark sich die Leitung des Merkurs humanistischen Idealen verpflichtet fühlte. Die Aufrechterhaltung der Konzernstruktur mag betriebswirtschaftliche Gründe gehabt haben, denn schließlich war das System äusserst erfolgreich. Durch Festhalten an politisch unerwünschten Personen und an KZ-Häftlingen hingegen konnte sich die Geschäftsleitung kaum Vorteile erhoffen. Somit zeichnet sich diese Form der Kontinuität als sehr außergewöhnlich aus.

Beibehaltung des künstlerischen Erbes Schockens – Design als Corporate Identity

Ebenfalls bemerkenswert, wenn auch politisch weniger brisant, war das Beibehalten der Konzernidentität in Fragen des Designs. Salman Schocken hatte ein ausgeprägtes ästhetisches Empfinden, beschäftigte sich jahrzehntelang mit Typographie und Buchgestaltung und auch Architektur und Inneneinrichtung interessierten ihn zunehmend.[57] So ist es auch kein Zufall, dass er mit dem Bau seiner

---

55 Hier zit. nach: Fuchs, Ein Konzern aus Sachsen, S. 264.
56 Vgl. Fuchs, Ein Konzern aus Sachsen.
57 Siehe dazu: Mahrer, Stefanie: Tradition and Modernity – Salman Schocken and the Aestheticisation of everyday life. In: The Graphic Design of Moshe Spitzer, Franzisca Baruch and Henri Friedlaender. Hrsg. von Ada Wardi. Jerusalem 2015. S. 58–71. Tamari, Ittai Joseph: Hebräische Typographie des Schocken Verlags. In: Der Schocken Verlag Berlin. Jüdische Selbstbehauptung in Deutschland, 1931–1938. Essayband zur Ausstellung „Dem suchenden Leser unserer

Kaufhäuser in Nürnberg (1926), Stuttgart (1928) und Chemnitz (1930) den renommierten deutsch-jüdischen Architekten Erich Mendelsohn beauftragte. Mendelsohns Berliner Büro war bekannt für eine Architektur der Moderne mit einer klaren Formsprache und das mit den Schocken-Kaufhäusern Architekturgeschichte schrieb. Auch in der Gestaltung der Produktbroschüren, Preisschildern, Konsumenteninformationen und Verpackungen verfolgte Schocken ein Design, das von klaren Linien, moderner Typographie und einheitlicher Gestaltung geprägt war.

Im Schocken-Archiv in Jerusalem befinden sich zwei Schachteln mit Broschüren, Preisschildern und ähnlichem sowie ein Album mit Verpackungen (siehe Abbildungen 1–4). Erst auf den zweiten Blick wird deutlich, dass ein Teil der Drucksachen nicht vom Kaufhaus Schocken (Abbildungen 2 und 3), sondern vom Kaufhaus Merkur (Abbildungen 1 und 4) stammt. Die Gestaltung wurde unverändert beibehalten; selbst das auffällige Schocken-Signet in Form eines stilisierten „S" wurde nicht ersetzt. Der einzige Unterschied ist die Nennung des Firmennamens, aus Schocken Kaufhaus wurde Kaufhaus Merkur.

Mit der Beibehaltung der visuellen Identität der Firma zeigte sich deutlich und für alle sichtbar, dass es zwischen Schocken und Merkur eine eindeutige Kontinuität gab und sich die von Schocken eingeführte *corporate identity* des Warenhauskonzerns trotz „Arisierung" nicht änderte. Salman Schocken blieb weiterhin mit seinen betriebswirtschaftlichen, personalpolitischen und gestalterischen Ideen präsent. Die Nationalsozialisten beraubten ihn um große Teile seines Besitzes, nicht aber um sein geistiges Erbe.

Schlussbemerkungen

In 40 Prozent der Fälle, in denen in Deutschland ein jüdischer Betrieb im Zuge der Enteignungspolitik auf einen nichtjüdischen Inhaber überging (schätzungsweise 70 bis 80 Prozent der jüdischen Betriebe wurden nicht verkauft, sondern liquidiert),[58] bereicherten sich die neuen Eigentümer und Geschäftsführer an der Verfolgungssituation des jüdischen Eigentümers. Nur ein Teil dieser Fälle, in denen nichtjüdische Nachfolger die Notlage der jüdischen Geschäftsleute ausnutzen, wurde nach dem Krieg vor amerikanischen, britischen und französischen Gerichten verhandelt, und nur knapp 20 Prozent der Käufer verhielten sich juristisch und moralisch korrekt.[59] Einer davon war Wilhelm Fonk, der nach dem

---

Tage" der Nationalbibliothek Luxemburg. Hrsg. von Saskia Schreuder und Claude Weber. Berlin 1994. S. 327–346.
58 Nietzel, Vernichtung, S. 585.
59 Bajohr, Arisierung, S. 315–319.

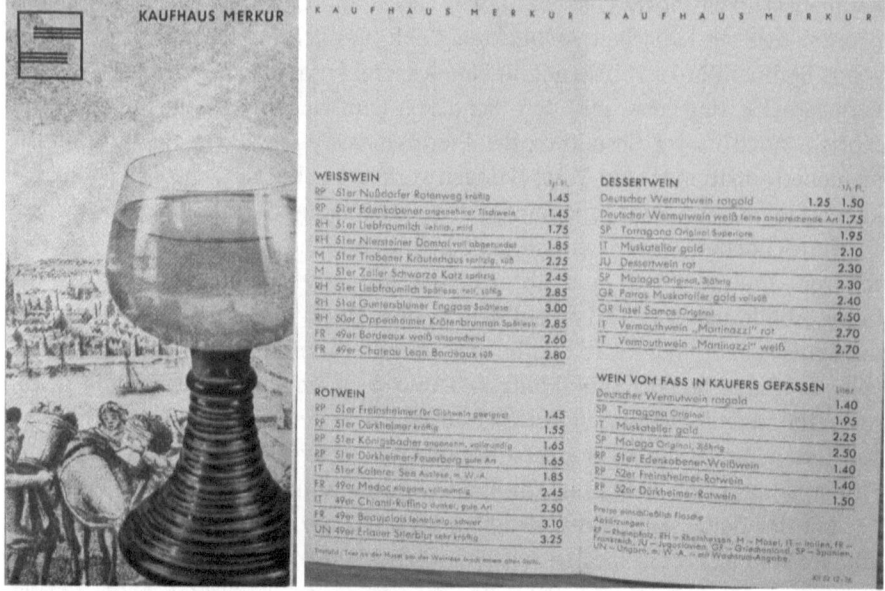

Abbildung 1: Prospekt „Wein", Kaufhaus Merkur (SchA, Konzern, Schachtel: Verpackung und Werbung).

Verkauf des Schocken-Konzerns die Geschäftsleitung des Konzerns übernahm. Fonk sowie die übrigen Mitglieder der Geschäftsführung wurden von Salman Schocken, noch während er die Mehrheit an den Besitzrechten innehatte, gewählt und eingearbeitet, er bemühte sich den Konzern im Sinne seines Gründers weiterzuführen.

Warum nun ist gerade im Fall des Schocken-Konzerns ein derart hohes Maß an Kontinuität zu verzeichnen? In den Quellen finden sich dazu keine expliziten Antworten. Überliefert ist die Aussage, dass die Mitglieder der Geschäftsleitung, die Salman Schocken als Vertrauensleute eingesetzt hatte, „die im Ausland lebenden Teilhaber, solange das möglich war, durch persönliche und schriftliche Berichte informierte. Die Herren Schocken wussten aus der jahrzehntelangen Zusammenarbeit, dass sie keine Nazi waren und auch nicht den Anschluss an die Nazis suchten."[60] Die Antwort auf die Frage liegt in dieser Aussage verborgen: Die Schocken entgegengebrachte Loyalität und der darin begründete Versuch, den Konzern im Sinne des Gründers und ehemaligen Inhabers weiterzuführ-

---

60 Bericht des Vorstands der Merkur Aktiengesellschaft an den Aufsichtsrat, Ende 1945. In: SchA, M 2, S. 3f.

Abbildung 2: Prospekt „Schlafanzug-Flanelle", Kaufhaus Schocken, 1936 (SchA 183/63, Konzern, Werbung systematisch nach Abteilungen).

ren, lag in der Charakterstärke Wilhelm Fonks und den restlichen Mitgliedern der Geschäftsleitung. Sie bewahrten sich in Zeiten der allgemeinen Entfesselung Menschlichkeit und Anstand. Der Fall des Schocken- bzw. Merkur-Konzerns macht deutlich, dass die historischen Akteure, wider zahlreicher Behauptungen, ein, wenn auch begrenztes, Maß an Handlungsspielraum besaßen. Das wird im Vergleich mit dem eingangs dargelegten Fall des Wertheim-Konzerns deutlich.[61]

Zehn Jahre nach der Enteignung, im Jahr 1948, stellte Salman Schocken einen Rückerstattungsantrag beim Zentralamt Bad Nauheim,[62] nachdem die Merkur AG

---

61 Fischer u. Ladwig-Winters, Die Wertheims, S. 297.
62 Vgl. Fuchs, Ein Konzern aus Sachsen, S. 270.

Abbildung 3: Verpackung „Waschmittel", Kaufhaus Schocken, ohne Datum (SchA, Konzern, Schachtel: Verpackung und Werbung).

bereits zwei Jahre zuvor in einem Brief zum Ausdruck brachte, dass eine solche wünschenswert sei, da sich „die leitenden Herren [...] immer als Treuhänder des Herrn Schocken gefühlt haben".[63] In den zehn Jahren zwischen Enteignung und diesem Schreiben schrumpfte der Konzern dramatisch zusammen. Der größte Teil der Warenhäuser und des Grundbesitzes lag nicht in der amerikanischen, sondern in der sowjetischen Zone und wurde Ende Juni 1945 verstaatlicht.[64] 1949

---

63 Fonk in Bericht für USA Besatzung, die in Zwickau bis 1. Juli 1945 war, Zwickau, 8. Mai 1945. In: SchA M5, S. 3. Hier zit. nach: Fuchs, Ein Konzern aus Sachsen, S. 267.
64 Vgl. Fuchs, Ein Konzern aus Sachsen, S. 270 f. Zur Problematik der Restitution jüdischen Eigentums nach 1945 siehe u. a.: Goschler, Constantin u. Philipp Ther (Hrsg.): Raub und Restitution. „Arisierung" und Rückerstattung jüdischen Eigentums in Europa. Frankfurt/Main 2003.

Abbildung 4: Verpackung „Sportwolle", Kaufhaus Merkur, ohne Datum (SchA, Konzern, Schachtel: Verpackung und Werbung).

schließlich wurden die im amerikanischen Sektor liegenden Teile des Schocken-Konzerns an den ursprünglichen Inhaber zurückerstattet. Die Familie Schocken erhielt 51 Prozent des Grundkapitals der Merkur AG.[65] Salman Schocken nahm jedoch keine exekutive Funktion mehr ein. Der bereits 72-jährige Patron hatte sich in seiner neuen Heimat New York, wo er 1945 seinen dritten Verlag gründete, aus sämtlichen operativen Geschäften sowohl in Palästina wie auch in den USA zurückgezogen. Sein Sohn Gershom stand dem Tel Aviver Verlag und der Zeitung *Haaretz* vor, die Salman Schocken bereits 1935 erworben hatte. Sein Schwager Herzl Rome führte das New Yorker Verlagshaus. Salman Schocken stand als Berater und Ideengeber den Geschäftsführern zur Seite, kümmerte sich aber nur noch um Dinge, die ihn persönlich stark interessierten.

Im Merkur-Konzern beließ Schocken auch nach der Restitution die Führungskräfte, die er in den 1930er Jahren eingesetzt hatte. Wilhelm Fonk stieß 1948, nachdem er aus der sowjetischen Kriegsgefangenschaft entlassen wurde,[66] wieder zum Konzern.[67] Er entschloss sich aus Loyalität zu Salman Schocken zur Rückkehr, obwohl er laut eigener Angaben zahlreiche Angebote von weitaus größeren Firmen erhalten hatte. So schrieb er dem Patron,

---

65 Fuchs, Ein Konzern aus Sachsen, S. 271.
66 Fonk wurde vermutlich 1941, das genaue Datum ist nirgends belegt, einberufen. Die Beförderung zum Offizier lehnte er ab. Vgl. Hörnig, Herbert: Brüning. Politiker ohne Auftrag. Zwischen Weimarer und Bonner Republik. Paderborn 2005. S. 138 f.
67 Fuchs, Ein Konzern aus Sachsen, S. 274.

> Ich konnte aber mich nicht entschließen, die Firma in dieser Situation zu verlassen. Drei große anormale Komplexe hat sie – wie ich Ihnen schon schrieb – zu bewältigen: Aufbau einer neuen Zentrale, Gesamt-, insbesondere Ostsanierung, und Ihr Restitutionsanspruch. In allen Dingen kann ich – glaube ich – dem Unternehmen helfen. Oder anders gesehen: Wenn ich nicht mehr da wäre, würde manches schwieriger sein. Wäre es nicht Fahnenflucht, wenn ich ginge, so habe ich mich gefragt. Der wichtigste Gesichtspunkt dieser Seite aber waren Sie und Ihre Familie. Sie haben mich 1934 in Zeiten der „Not" geholt. Ich habe in all den Jahren seitdem mein Bestes dem Unternehmen gegeben. Jetzt sind wieder Zeiten der „Not", anderer „Not". Soll ich Sie da verlassen?[68]

Schocken, der seine Ausgaben stets vorsichtig plante und selten Geschenke verteilte, honorierte Fonks Loyalität und Einsatz für die Firma mit fünf Prozent der Ansprüche, die die Familie aus den Rückerstattungszahlungen erhielt. Zusätzliche fünf Prozent wurden ihm in Aussicht gestellt, wenn er weitere fünf Jahre für den Merkur-Konzern, der auch nach der Rückerstattung den Namen trug, tätig sei.[69] Damit sorgte Schocken für Kontinuität über die Bruchstelle des Kriegsendes und über jene der Restitution hinweg. Das Wachstum seines Konzerns und das Weiterbestehen seiner Geschäftsideale sollten damit wohl gesichert werden. Weshalb er sich dann aber 1953 dazu entschloss, seine Anteile am Konzern an den Kaufhauskonzern Horten zu verkaufen, sind nicht mehr nachzuvollziehen. Sein fortgeschrittenes Alter oder aber auch die Tatsache, dass keiner seiner Söhne die Geschäfte in Deutschland übernehmen wollte, könnten Gründe für diese Entscheidung sein. Mit dem Verkauf hatten Salman Schockens wirtschaftliche Betätigungen in Deutschland endgültig ein Ende gefunden.

Diese Fallstudie versteht sich als Beitrag zu jener Geschichtsschreibung, die die jüdischen Beteiligten nicht nur als passive Opfer, sondern als Akteure begreift. In der Regel interessiert sich die Forschung für die Täter, während Handeln und Erfahrungen jüdischer Unternehmer und Geschäftsleute nicht untersucht werden.[70] Inzwischen sind einige (mikrohistorische) Studien erschienen, die diesem Manko entgegenzuwirken versuchen.[71] Die vorliegende Arbeit ist in diesem Kontext zu verstehen. Die hier beschriebene Kontinuität, die eigentlich

---

[68] Brief Wilhelm Fonk an Salman Schocken, 23. Dezember 1948. In: SchA M6, S. 2. Hier zit. nach: Fuchs: Ein Konzern aus Sachsen, S. 247.
[69] Entwurf für einen Brief Theodor Schockens im Auftrag Salman Schockens an Wilhelm Fonk, 1. November 1948. In: SchA M 2. S. 1 und Brief Theodor Schockens an Wilhelm Fonk, 29. April 1948. In: SchA M33. Hier zit. nach: Fuchs, Ein Konzern aus Sachsen, S. 275.
[70] Nietzel, Vernichtung, S. 584.
[71] U.a. Kreutzmüller, Christoph, Loose, Ingo u. Benno Nietzel: Nazi Persecution and Strategies for Survival. Jewish Businesses in Berlin, Frankfurt am Main and Breslau 1933–1942. In: Yad Vashem Studies 31/1 (2011). S. 31–70.

erst mit der endgültigen, freiwillig gefällten Entscheidung im Jahr 1953, den Konzern zu verkaufen, abbrach, darf jedoch nicht darüber hinwegtäuschen, dass Salman Schocken durch den Zwangsverkauf große Teile seines Besitzes und Vermögens verlor. Der mikrohistorische Blick auf das Beispiel des Schocken-Konzerns macht hingegen deutlich, dass Widerstand gegen das Regime bis zu einem gewissen Grad möglich war – dass es möglich war, sich dem Mitläufertum zu verwehren und eigenständig zu handeln.

Alexandra Tyrolf
„You can't go home again."
Erste Besuche von Gina Kaus, Victoria Wolff und Marta Feuchtwanger in Europa nach dem Ende des Zweiten Weltkrieges

1 Einführung

Vor ihrer ersten Reise nach Deutschland schrieb Marta Feuchtwanger im März 1969 einen Brief an ihre Freundin Lilly Toch.[1] Nach sieben Jahren des Exils im Süden Frankreichs war Marta und Lion Feuchtwanger im Herbst 1940 nur knapp die Flucht in die Vereinigten Staaten gelungen. Den bevorstehenden Besuch in ihrem Geburtsland beschreibt die seit fast drei Jahrzehnten in Los Angeles lebende Witwe Lion Feuchtwangers wie folgt:

> Ich freue mich darauf, wieder [nach Los Angeles, A. T.] zurueckzukommen. Ich habe Angst davor, immer mit Menschen zusammen zu sein, und vor Interviews. Ich bin verwoehnt durch die Amerikaner und glaube nicht, dass man in Deutschland so freundlich mit mir umspringt.[2]

Die Erwartungen Marta Feuchtwangers angesichts ihres ersten Besuches in Deutschland waren vor allem von Angst und Skepsis geprägt. So befürchtete sie, der Umgang mit ihr werde nicht dem gewohnt freundlichen Verhalten ihres amerikanischen Umfeldes entsprechen. Zudem nahm sie bereits vor dem Antritt der Reise die Rückkehr nach Amerika – auf die sie sich deutlich freute – vorweg. Diese mit den ersten Besuchen einhergehende Skepsis ist den Autobiografien, den Briefen und den Interviews Marta Feuchtwangers, Gina Kaus' und Victoria Wolffs gemein. Sie alle waren gezwungen, in den späten 1930er beziehungsweise

---

[1] Marta Feuchtwangers Freundschaft mit Lilly Toch und ihrem Ehemann, dem Komponisten Ernst Toch, intensivierte sich nach Lion Feuchtwangers Tod im Dezember 1958. Nach Exilstationen in Paris und London lebten die Tochs wie die Feuchtwangers in Los Angeles. Vgl. Feuchtwanger, Marta: An Émigré Life. Oral History Manuscript. Munich, Berlin, Sanary, Pacific Palisades. Marta Feuchtwanger Interviewed by Lawrence Weschler, 1975. Bd. 4. Los Angeles: Oral History Program, University of California. Los Angeles 1976. S. 1586.
[2] Marta Feuchtwanger an Lilly Toch, Los Angeles, 10. März 1969. In: Marta Feuchtwanger papers, Collection No. 0206, Correspondence, Box 69. Feuchtwanger Memorial Library, Special Collections, USC Libraries.

https://doi.org/10.1515/9783110570083-009

den frühen 1940er Jahren aus Europa nach Amerika zu fliehen und fanden schließlich mit ihren Familien Zuflucht in Los Angeles. Dort gehörten Feuchtwanger, Kaus und Wolff (jeweils auf unterschiedliche Weise) einem kulturellen und sozialen Milieu an, das vorwiegend aus Vertreterinnen und Vertretern der geflohenen künstlerischen und intellektuellen deutschsprachigen Elite ihrer Zeit bestand. Den männlichen Mitgliedern dieses Milieus, wie etwa Thomas und Heinrich Mann, Bertolt Brecht oder Theodor W. Adorno, fiel es dabei besonders schwer, sich in Los Angeles einzurichten und zurechtzufinden. Denn anders als New York entsprach die stetig wachsende Metropole an der Westküste Amerikas nicht den europäischen Vorstellungen einer Großstadt: Die vertrauten Konzepte etwa des bürgerlichen Spaziergangs wurden durch die zu Fuß kaum zu überwindenden Distanzen herausgefordert, und auch die in Berlin, Paris oder Wien vorherrschende Kaffeehauskultur ließ sich in Los Angeles nicht wiederfinden. Doch im Gegensatz zu ihren männlichen Pendants entwickelten die Emigrantinnen berufliche, sprachliche und soziale Strategien, sich dauerhaft in Los Angeles einzurichten. Neben den Anforderungen des Alltags gerieten diese gleichzeitig zu einer Absage an das Leben in Deutschland und Europa. Anhand der Erinnerungen von Marta Feuchtwanger, Gina Kaus und Victoria Wolff lässt sich exemplarisch nachvollziehen, wie die damals akute Frage nach einer Rückkehr beziehungsweise einer Nichtrückkehr retrospektiv in der Form des Besuches aufgelöst wurde.[3]

Besuche können dabei als erste, unverbindliche Form der Begegnung betrachtet werden – zeitlich begrenzt erlaubten sie, ausgewählte Menschen und Räume wiederzusehen, die Flexibilität blieb gewahrt, der Aufenthalt konnte verlängert oder verkürzt werden. Die Frage nach einer endgültigen Rückkehr wurde jedoch mit jedem Besuch verschoben; die Gäste besuchten nur jene Räume, die in den Erinnerungen rückblickend als „heimatlich" beschrieben wurden. Vor dem Hintergrund der Brüche und Annäherungen, die vor allem in der Konfrontation mit vormals vertrauten Räumen aktuell wurden, sollen zunächst die ersten Deutschland- und Europareisen Feuchtwangers, Wolffs und Kaus' rekapituliert werden. Dabei werden vor allem Briefe, Interviews sowie publizierte und nicht publizierte Autobiografien hinsichtlich ihres Verständnisses vormals als

---

[3] Der folgende Text basiert im Wesentlichen auf den Präsentationen und Diskussionen zweier Konferenzen, die anlässlich des 50. Jahrestags der offiziellen Aufnahme diplomatischer Beziehungen zwischen Israel und Deutschland in Jerusalem und Berlin stattfanden. In die zumeist englischsprachigen Titel der Veranstaltungen fanden Begriffe wie *rupture*, *rapproachement* und *visits* Eingang – sie stehen paradigmatisch für die zögerlich tastenden Annäherungsversuche an Deutschland und Europa nach 1945 auf privater wie offizieller Ebene und die ihnen vorangegangene Erfahrung der Vertreibung und der Flucht.

heimatlich begriffener Räume und Raumkonstruktionen in den Blickpunkt gerückt.[4] Eine wesentliche Rolle spielte dabei die rückblickende Positionierung der eigenen Person im Verhältnis zu anderen Zeitgenossinnen und Zeitgenossen und den gemeinsamen, zumeist sozial konstituierten Räumen.

Die drei Autorinnen besuchten Europa das erste Mal nach Kriegsende zu unterschiedlichen Zeitpunkten und aus unterschiedlichen Gründen. Die österreichische Schriftstellerin Gina Kaus, geboren 1893 in Wien, reiste bereits 1948 in ihre Geburtsstadt, begleitet von ihrem Sohn Peter Kaus, der in der Schweiz studierte. Sie wollte dezidiert ihre „Heimat wiedersehen".[5] Gina Kaus war kurz nach dem Einmarsch der Deutschen im März 1938 mit ihren beiden Söhnen aus Österreich über die Schweiz und Frankreich geflohen und im Herbst 1939 in Amerika angekommen.

Ein Jahr später, im Jahre 1949, bereiste die 1903 in Heilbronn geborene Schriftstellerin Victoria Wolff erstmals wieder Deutschland und Europa, um ihre „geographische Heimat Heilbronn" zu besuchen und ihre „seelische [schweizerische, AT] Heimat Ascona wiederzusehen".[6] Victoria Wolff hatte von 1933 bis zu ihrer Ausweisung 1939 im Exil in Ascona in der Schweiz gelebt, bevor sie 1941 mit ihren Kindern über Spanien und Portugal nach Amerika fliehen konnte.

Marta Feuchtwanger wiederum, 1891 in München geboren, hatte bereits zwei Einladungen Willy Brandts abgelehnt und kam erst 1969 nach Berlin und zwar zur Eröffnung des Feuchtwanger Archivs in der Westberliner Akademie der Künste.[7] Marta und Lion Feuchtwanger konnten nach der Machtübergabe an die Nationalsozialisten im Januar 1933 nicht mehr in ihr Haus in der Mahlerstraße (später Regerstraße) in Berlin-Grunewald zurückkehren.[8] Nach einem langjährigen Auf-

---

4 Die Entscheidung, die Erinnerungen Feuchtwangers, Kaus' und Wolffs als Grundlage der Analyse erster Besuche in Deutschland im Speziellen und Europa im Allgemeinen auszuwählen, liegt vor allem in der rückblickenden Auseinandersetzung mit diesen Reisen. So sparte beispielsweise die Schriftstellerin Vicki Baum, trotz ähnlicher Erfahrung von Flucht und Vertreibung und der notwendigen Neueinrichtung in Los Angeles, die Erinnerung an erste Reisen nach Deutschland und Österreich in ihrer posthum veröffentlichten Autobiografie vollständig aus.
5 Kaus, Gina: Von Wien nach Hollywood. Erinnerungen von Gina Kaus. Frankfurt/Main 1990. S. 223.
6 Wolff, Victoria: Hass-Liebe-Hollywood. Meine dreissig Jahre als Unterhund. Unveröffentlichtes Typoskript 1973. German and Jewish Intellectual Émigré Collection. M. E. Grenander Department of Special Collections and Archives. University Libraries, University of Albany, State University of New York. Nachlass Victoria Wolff. S. 118.
7 Vgl. Feuchtwanger: An Émigré Life. Bd. 4. S. 1658.
8 Lion Feuchtwanger befand sich zur Zeit der Machtübergabe im Januar 1933 auf einer Lesereise durch die Vereinigten Staaten, während Marta Feuchtwanger ihren Skiurlaub in St. Anton in Österreich verbrachte. Feuchtwangers kritische Äußerungen bezüglich der Regierung der Nationalsozialisten im Allgemeinen und Adolf Hitler im Besonderen gegenüber der amerikanischen

enthalt in Sanary-sur-Mer in Frankreich und in Los Angeles besuchte Marta Feuchtwanger nun nach 36 Jahren zum ersten Mal wieder Berlin.

In den Beschreibungen erster Begegnungen mit Deutschland und Europa lassen sich vor allem drei Motive herausdestillieren: Leere Räume, „entfremdete Landschaften" und verlorene Häuser. Die Ähnlichkeit in der Motivwahl von Kaus und Wolff könnte darin begründet liegen, dass sie schon bald nach ihrer Flucht und nach Kriegsende Deutschland, Österreich und die Schweiz besuchten und die Erinnerungen an die Räume der Kindheit, Jugend und den Großteil ihres Erwachsenenlebens nicht allzu weit zurück lagen. Zugleich wurden sie mit der Abwesenheit ehemaliger Weggefährtinnen und Weggefährten und den kriegsbedingten Zerstörungen vormals heimatlicher Räume konfrontiert.

Die erste Deutschlandreise Marta Feuchtwangers im Frühjahr 1969 hingegen ist entsprechend anders zu lesen und verstehen. So erhielt Marta Feuchtwanger im Januar 1959 die amerikanische Staatsbürgerschaft, während ihrem im Dezember 1958 verstorbenen Ehemann die Staatsbürgerschaft zu Lebzeiten verweigert wurde. Im Zuge der McCarthy-Ära und den damit einhergehenden antikommunistischen Verfolgungen wäre es angesichts der politischen Verdächtigungen gegenüber Lion Feuchtwanger gefährlich gewesen, das Land zu verlassen, da eine Rückkehr nach Amerika nicht hätte garantiert werden können. Aufgrund dieser schwierigen Lage konnte auch Marta Feuchtwanger in den ersten vierzehn Jahren nach Kriegsende nicht aus den Vereinigten Staaten ausreisen. Hinzu kam die Angst vor einem ersten Besuch in Deutschland, die sie nicht nur in ihrem Brief, sondern auch rückblickend in einem Interview mit Lilly Tochs Enkel Lawrence Weschler im Jahre 1975 artikulierte.[9] Dementsprechend finden vor allem die verlorenen Häuser auf besondere Art und Weise Eingang in die Erinnerungen Marta Feuchtwangers, während die leeren Räume und entfremdeten Landschaften in diesen Quellen nicht reflektiert werden.

2 Leere Räume

Sowohl in Gina Kaus' Erinnerungen als auch in Victoria Wolffs unveröffentlichter Autobiografie wird die Entwicklung vormals heimatlicher zu nunmehr leeren

---

Presse führten dazu, dass weder Lion noch Marta Feuchtwanger nach Berlin zurückkehren konnten. Im März des Jahres 1933 erfuhren beide, dass ihr Haus in der Mahlerstraße von der sogenannten Sturmabteilung der nationalsozialistischen Regierung besetzt sowie persönliche Besitztümer (Schreibmaschine, Auto, Akten und Manuskripte) beschlagnahmt worden waren. Vgl. Flügge, Manfred: Die vier Leben der Marta Feuchtwanger. Berlin 2010. S. 163, 166.
9 Vgl. Feuchtwanger: An Émigré Life. Bd. 4. S. 1658.

Räumen thematisiert. Sie betonen, dass die einst vertrauten Orte, die durch Freunde und Freundinnen belebt worden waren, durch deren Abwesenheit nun von Trostlosigkeit geprägt gewesen seien. So schreibt Kaus etwa:

> Schutt und Staub waren überall, Wien war so schmutzig, wie ich es mir niemals hatte vorstellen können. Es war still. [...] Und ich traf fast keine Bekannten – natürlich nicht. Die meisten meiner Bekannten waren Juden gewesen und irgendwohin emigriert. Die Kaffeehäuser, in denen ich meine Freunde getroffen hatte – das „Café Central" und das „Café Herrenhof" – gab es nicht mehr. Es gab überhaupt nur mehr wenige Kaffeehäuser. An ihrer Stelle waren jetzt Läden, die jämmerliches Zeug verkauften. Wien soll inzwischen wieder eine sehr elegante, belebte Stadt geworden sein, aber damals, als ich es nach zehn Jahren wiedersah, war es trostlos.[10]

Das Wien des Jahres 1948 war von Verfall, Absenzen und Stille geprägt und hatte nichts mit der Stadt gemein, aus der Kaus 1938 flüchten musste. Die wenigen Kaffeehäuser, die noch in Wien zu finden waren, stellten keinen adäquaten Ersatz für die ehemaligen Bezugsräume Café Herrenhof und Café Central dar.[11] Im Vordergrund für den tristen ersten Eindruck verantwortlich war aber vor allem die Abwesenheit der zahlreichen Bekannten, die wie Kaus aus Österreich geflohen waren. Der Verweis darauf, dass die Mehrzahl ihrer Bekannten jüdischer Herkunft gewesen ist, verleiht der existenziellen Bedrohung, die der Flucht aus Österreich und später aus Europa vorausging, zusätzliches Gewicht.

Eine ähnliche Erfahrung beschrieb Victoria Wolff im Zuge ihrer ersten Reise in die Schweiz im Jahre 1949. Die Reise nach Ascona am Lago Maggiore sei „wie immer herrlich"[12] gewesen – Ascona selbst hingegen wurde nicht mehr als herrlich dargestellt. Vielmehr befremdete Wolff das Wiedersehen mit ihrem früheren Haus, der Casa Rossalta. Anstatt ihrer Kinder spielten nunmehr die Hunde der neuen Besitzerin im Garten. Zudem war Ascona für Wolff weniger ein Dorf als ein „seelischer Zustand",[13] der unter der Abwesenheit der Bekannten litt: Als Wolff zurückkehrte, standen die Häuser ehemaliger Dorfbewohnerinnen und Dorfbewohner – wie etwa die von Ignazio Silone, Erich Maria Remarque oder Marianne von Werefkin – leer. Laut Wolff war es vor allem die Ähnlichkeit der Schicksale

---

10 Kaus: Von Wien nach Hollywood. S. 224
11 Der vordere Raum des Café Herrenhof, das Kaus in ihren Erinnerungen explizit benennt, wurde im Jahre ihres ersten Besuches in Österreich durchaus noch betrieben. Dementsprechend kann die beschriebene Nichtexistenz vor allem vor dem Hintergrund der Abwesenheit ihrer ehemaligen Freundinnen und Freunde verstanden werden. Vgl. Segel, Harold B. (Hrsg.): The Vienna Coffeehouse Wits 1890–1938. West Lafayette, IN 1993. S. 28 f.
12 Wolff: Hass-Liebe-Hollywood. S. 123.
13 Ebd.

und die daraus resultierende Hilfsbereitschaft im Exil, die sie alle miteinander verbunden hatte.[14]

Beide Autorinnen bezogen sich in der Beschreibung dieser Sehnsuchtsräume also eher auf eine soziale als auf eine topografische Ebene. Und obwohl in Wolffs Erinnerung die Wohnhäuser in Ascona in einem materiellen Sinne erhalten geblieben sind, verloren sie ihren gefühlten Wert, da die Menschen, die sie zu diesen Sehnsuchtsräumen machten, nicht mehr anzutreffen waren.

Rund zwanzig Jahre später führte 1969 Marta Feuchtwangers erster Besuch in Deutschland sie nicht an die früher geliebten Orte in Berlin zurück. Sie entschied sich gegen einen Aufenthalt im Hotel und übernachtete stattdessen in der Akademie der Künste. Dieser Teil ihrer Reise blieb vor allem offiziell, trat sie doch in erster Linie als Verwalterin des literarischen Werkes ihres Mannes auf. Sie entzog sich somit der Auseinandersetzung mit vormals vertrauten Räumen, indem sie ihren Besuch in Berlin professionalisierte. Dieser Umgang gewährte Feuchtwanger eine gewisse Kontrolle über den gut organisierten Besuch. Zudem wählte sie die Personen, die sie bereit war zu treffen, sorgfältig aus: Sie vermied aktiv, mit älteren „VIPs" zusammenzukommen,[15] sondern traf lediglich alte Freundinnen und Freunde, Flüchtlinge, Personen, die im Untergrund und in der Opposition gewesen waren, sowie junge Menschen, die sie als „innocent of the whole Nazi time"[16] einstufte.

3 Entfremdete Landschaften

Die menschenentleerten, ehemals heimatlichen Räume stehen in enger Verbindung mit den Entfremdungserfahrungen, die in den Erinnerungen Gina Kaus' und Victoria Wolffs geschildert werden. Kaus verließ Wien früher als geplant, um nach Bad Aussee im österreichischen Salzkammergut zu fahren: „Ich blieb nicht einmal die acht vorbezahlten Tage in der Stadt. [...] Ich besuchte Aussee, das mir der liebste Ort auf der Welt gewesen war. Die Berge und Wiesen waren dieselben geblieben, aber etwas in mir hatte sich verändert, und das Wiedersehen enttäuschte mich."[17] Sie bezieht sich auf die vormals durch ihre Bekannten belebten Straßen und Wege, auf denen man sich nach einem langen Winter zu begegnen

---

14 Vgl. Wolff: Hass-Liebe-Hollywood. S. 123.
15 Ebd.
16 Feuchtwanger: An Émigré Life. Bd. 4. S. 1659.
17 Kaus: Von Wien nach Hollywood. S. 227.

pflegte. Die Erinnerung an die erste Rückkehr nach Österreich endet mit den Worten: „Jetzt gab es hier nur Fremde. Sie entfremdeten mir die Landschaft."[18]

Die Leere wird an dieser Stelle um einen weiteren wesentlichen Faktor ergänzt – die Besetzung des Raumes durch Menschen, die Kaus nicht kannte und zu denen sie persönlich keine Beziehung hatte: Aus dem vorher Heimischen wird das Fremde, das Unheimliche. Kaus geht nicht näher auf ihre eigenen Veränderungen ein, sondern benennt sie nur und führt ihre Befremdung im Wesentlichen auf die unbekannten Menschen zurück, die ihr auf den vertrauten Wegen begegneten.

Die neuen sozialen Konstellationen, an denen Gina Kaus nicht teilhatte, führten zu einer Entfremdung, die sich auch in Victoria Wolffs Erinnerungen an ihren ersten Besuch in Ascona widerspiegelt:

> Fremde gleichgueltige Gesichter sassen auf der Piazza. Touristen ... neue Ansiedler, Schieber, Kriegsgewinnler, Steuerfluechtlinge ... Ich dachte an Thomas Wolfe's uebersprudelnden Roman: YOU CAN'T GO HOME AGAIN. Nein, man kann nicht mehr heimgehen. Thomas Wolfe meinte seine Heimat in Ashville, South Carolina, ich meine in Heilbronn und Ascona. Nie mehr haette ich mich in Europa wohl fuehlen koennen. Amerika war ein zu starkes Land. Es veraendert rasch und heftig. Ich war eine andere geworden. Ein Gast in der Heimat.[19]

Auch in Wolffs Erinnerung waren es die unbekannten Menschen an den bekannten Plätzen, die die Leere der Räume bis zur Entfremdung steigerten. Die Fremdheit dieser Menschen wird mit der Gleichgültigkeit in ihren Gesichtern potenziert. Dabei ist diese Gleichgültigkeit eine doppelte: sowohl gegenüber der Bedeutung, die dieser Ort für Wolff besitzt, als auch gegenüber Wolff als Person. Wolff bleibt aufgrund der eigenen Befremdung wie auch der Befremdung der Anderen der soziale Zugang zu den Kreisen der Bewohnerinnen und Bewohner Asconas im Jahre 1949 verwehrt. Anders als Kaus geht sie aber einen Schritt wieter und thematisiert auch ihre eigene Entwicklung seit ihrer Flucht in die Vereinigten Staaten von Amerika. Mit dem Zitat von Thomas Wolfe stellt sie sich zudem in die literarische Tradition amerikanischer Autoren, um so die Entfremdung von ihrer Heimatstadt Heilbronn, ihrem Exilort Ascona und später von Europa im Allgemeinen auszudrücken. Der Einfluss Amerikas war zu stark gewesen – durch ihre persönliche und berufliche Entwicklung in den Vereinigten Staaten sowie die Neuverortung in Los Angeles wurde sie zum Gast in der ursprünglichen Heimat.[20] Die Entfremdung war eine doppelte, eine an Victoria

---

18 Kaus: Von Wien nach Hollywood. S. 227.
19 Wolff: Hass-Liebe-Hollywood. S. 123–124.
20 Bereits 1935 veröffentlichte Victoria Wolff im Amsterdamer Querido Verlag den autobiografischen Roman *Gast in der Heimat*. Zu diesem Zeitpunkt lebte Wolff bereits mit ihren Kindern im Exil in Ascona. Das Motiv des Gastes in der Heimat scheint also ein von der Autorin wiederholt

Wolff herangetragene wie eine von ihr ausgehende, die in Konsequenz auf die zuvor vertrauten Landschaften projiziert wurde. In Gina Kaus' wie in Victoria Wolffs Erinnerungen führten die ersten Besuche in Deutschland und Europa vor allem zu einer schnellen Rückkehr nach Amerika.

4 Verlorene Häuser

„Verlorene Häuser" waren die ehemaligen Wohnhäuser der Autorinnen, die ihnen sowohl materiell als auch ideell nicht mehr gehörten. Während Gina Kaus und Victoria Wolff die meisten ihrer früheren Wohnhäuser aufsuchten und zerstört vorfanden, wurde Marta Feuchtwangers Erinnerung an ihr erstes eigenes Haus in Berlin Grunewald so ausgelöst:

> And when I came back to Berlin, after I had been invited by Willy Brandt's government, I was, of course, at the theater of the *Berliner Ensemble*, in the office of Brecht, where he was sitting and making his plays and his direction. And there was this chair. I was sitting in this chair, and I realized that not only was I very proud that he wrote so much in this chair, so much of his work, but also I realized that it was the only thing which was left from our house, our furniture and our fortune and everything. So in a way I had this sentimental observation. [laughter].[21]

Der Ohrensessel im Biedermeier-Stil hatte in den späten 1920er Jahren in der Villa der Feuchtwangers in Berlin gestanden, ihrem ersten eigenen Wohnhaus. Brecht hatte Gefallen an dem Möbelstück gefunden und Marta Feuchtwanger so oft danach befragt, dass sie ihm den Stuhl letztlich überlassen hatte. Abgesehen von den Erinnerungen an den Freund und Künstler Brecht, der rund dreizehn Jahre vor ihrem Besuch verstorben war, steht das Platznehmen Marta Feuchtwangers in eben diesem Sessel rückblickend für die „sentimentale" Erkenntnis, dass alles, was von ihrem Haus, ihren Möbeln, ihrem Vermögen übriggeblieben war, jener Stuhl sei. Der Stuhl blieb die einzige materielle Verbindung Feuchtwangers zu ihrem Leben in Berlin vor 1933. Der endgültige Verlust des Hauses, dessen Einrichtung und Ausbau Marta Feuchtwanger im Interview ausgiebig beschrieben hatte, wird noch einmal deutlich in ihrer Antwort auf die Frage Weschlers, ob sie

---

bemühtes gewesen zu sein. In ihrer unveröffentlichten Autobiografie verweist es jedoch auf die Unmöglichkeit einer dauerhaften Rückkehr nach Deutschland und Europa nach Ende des Krieges, während der Roman die zeithistorisch aktuellen Gründe der Flucht aus Deutschland in die Schweiz verhandelt, ohne dass zum Zeitpunkt der Publikation eine gefahrlose Rückkehr möglich gewesen wäre.

21 Vgl. Feuchtwanger: An Émigré Life. Bd. 2. S. 686–687.

das Haus während ihres Besuches in Berlin aufgesucht habe. Feuchtwanger antwortete: „No, I didn't want to go anymore. I was very near in this palace where this banquet was for me, but I didn't want to go there."²² Weschlers Nachfrage, warum Feuchtwanger, die sich nach Kriegsende stark für die Rückbenennung ihrer Straße eingesetzt hatte, den Weg dorthin nicht fand, kommentierte sie nur knapp mit: „Ja, ja."²³ Inwiefern die langwierigen und komplizierten Restitutionsprozesse bezüglich der Villa in Berlin bei Marta Feuchtwangers Entscheidung, das Haus nicht aufzusuchen, eine Rolle spielten, lässt sich nur vermuten.²⁴ Anders als in Gina Kaus' und Victoria Wolffs Fall führte die räumliche Nähe Feuchtwanger nicht dazu, die zuvor heimatlichen Räume zu besuchen – ganz im Gegenteil: Sie traf die Entscheidung nicht zurückzukehren trotz optimaler zeitlicher wie räumlicher Bedingungen. Die Gründe dafür liegen zweifelsohne in der traumatischen Erfahrung der Vertreibung aus Deutschland, im gewaltsamen Verlust des Hauses und in der Tatsache, dass Marta und Lion Feuchtwanger wiederholt gezwungen waren, sich in den folgenden Jahrzehnten in Frankreich und Amerika von Grund auf neu einzurichten. Sie erwähnt auch den Besuch ihres Geburtshauses in München im Rahmen derselben Reise nur beiläufig und berichtet zunächst, sie habe die alten Wohnhäuser nicht besucht, da alles neu gebaut worden sei. Ein wenig später erwähnt sie dann, sie habe den identischen Wiederaufbau der Gebäude bemerkt, als sie an den Häusern vorbei kam.²⁵

Anders als Marta Feuchtwanger konnten Kaus und Wolff bereits während der ersten fünf Jahre nach Kriegsende ihre Heimatstädte Wien und Heilbronn besuchen. Trotz der Zugehörigkeit zum selben kulturellen und sozialen Milieu in Los Angeles – Kaus und Wolff beschrieben ihren Status allerdings als „peripher" – waren beide Autorinnen nicht unmittelbar von den Repressalien der McCarthy-Zeit betroffen.²⁶ In Wien fand Kaus zwei ihrer drei ehemaligen Wohnhäuser zerstört vor. Obwohl sie bereits vor der Reise nach Wien von der Zerstörung des

---

22 Feuchtwanger: An Émigré Life. Bd. 4. S. 1675.
23 Ebd.
24 Ob der Restitutionsprozess bezüglich des Hauses in der Regerstraße 8 in Berlin Grunewald im Jahre 1969 bereits abgeschlossen gewesen ist, kann an dieser Stelle nicht abschließend geklärt werden. In ihrem sechs Jahre später geführten Interview berichtete Marta Feuchtwanger von den Schwierigkeiten des Prozesses, der mit einer unklaren Rechtslage und den Fehlern der rechtlichen Vertretung der Feuchtwangers in Deutschland zusammenhing. So war lange nicht klar, ob das Haus im Zuge eines Bombenangriffes stark oder leicht beschädigt worden war, da der verpflichtete Anwalt der Feuchtwangers das Haus nie persönlich aufgesucht hatte. Vgl. Feuchtwanger: An Émigré Life. Bd. 2. S. 829–833.
25 Vgl. Feuchtwanger: An Émigré Life. Bd. 4. S. 1674 f.
26 Vgl. Wolff: Hass-Liebe-Hollywood. S. 103; Kaus: Von Wien nach Hollywood. S. 218.

Hauses am Lobkowitzplatz erfahren hatte, entschied sie sich „trotz allem",[27] den Platz aufzusuchen und rekapituliert in ihren Erinnerungen die Geschichte des Hauses.[28] Ihre Briefe und Tagebücher bis 1933 waren mit der Zerstörung des Hauses während des Krieges unwiederbringlich verloren.[29] Das Aufsuchen der zuvor vertrauten Räume (neben den Wohnhäusern besuchte Kaus auch das Gymnasium ihrer Söhne und den Prater) war Teil des Programms, das sie gemeinsam mit ihrem Sohn Peter absolvierte. Zusammen kehrten sie an die Orte zurück, über die in den zehn Jahren des Exils immer wieder gesprochen worden war.[30] Der erste Besuch diente also rückblickend den Erinnerungen an die Zeiten und Räume vor der Flucht im Jahre 1938. Dass der Vergleich mit der Gegenwart angesichts der vorangegangenen Verfolgung, Vertreibung und Ermordung der meisten Bekannten misslingen musste, zeigte sich darin, dass weder bei Kaus noch bei Wolff Heimatgefühle aufkamen.

Auch Victoria Wolff fand während ihres ersten Besuches in Heilbronn das Haus ihrer Eltern in Trümmern vor und beschrieb die Szenerie wie folgt:

> Ich roch den Brand und alles, was dazu gefuehrt hatte, ueberall. Auf den grasigen Ruinen meines Elternhauses, im kahlen Hotelzimmer, das gerade aufgebaut war, Cement, der noch nicht trocken war und im Bettzeug, das noch feucht war. Ich roch den Brand auch auf dem vandalisierten Friedhof, wo das Grab meines Vaters weggetragen war. Die Gefuehle ueberwaeltigten.[31]

Über Wolffs erstem Besuch nach Ende des Krieges lag der Brandgeruch, ein unvermeidbarer Begleiter der Zerstörung. Mit diesem Geruch verband sie aber nicht allein den destruktiven Moment der Bombardierung, sie verknüpfte ihn auch auf sprachlicher Ebene mit den der Zerstörung vorhergehenden Ereignissen. Der Geruch war allgegenwärtig und durchzog auch das Hotelzimmer, ein Durchgangsort für Wolff, den nassen Zement, durch den neue Räume geschaffen wurden, die feuchte Bettwäsche – auch an dieser Stelle das Provisorische, das Unheimliche im vorher Heimischen. Selbst der Friedhof als Ort letzter Ruhe geriet in

---

[27] Kaus: Von Wien nach Hollywood. S. 223. An dieser Stelle wird der Unterschied der Entscheidungen für und wider das Aufsuchen der ehemaligen Wohnhäuser besonders deutlich: Gina Kaus begab sich an einen Ort, der zerstört und im Wesentlichen von Abwesenheiten geprägt gewesen ist. Die räumliche Nähe wurde als Argument für den Besuch – trotz allem – genannt. Marta Feuchtwangers Argumentation gegen die Rückkehr war ebenfalls die Nähe. Dass ihr Wohnhaus im materiellen Sinne erhalten geblieben ist, verstärkt die Spannung dieser Entscheidung.
[28] Vgl. Kaus: Von Wien nach Hollywood. S. 224.
[29] Vgl. ebd. S. 167.
[30] Vgl. ebd.
[31] Wolff: Hass-Liebe-Hollywood. S. 119.

Bewegung und wurde durch das Abtragen des Grabes des Vaters der Schriftstellerin zu einem Ort der Abwesenheiten – stets begleitet vom Geruch des Brandes. Wolff schloss diesen Abschnitt ihrer Erinnerungen mit ihrer emotionalen Überwältigung. Auf mehreren sinnlichen Ebenen brach das Bewusstsein der nahezu restlosen Zerstörung über die Schriftstellerin herein.

Sowohl in Kaus' als auch in Wolffs Erinnerungen gingen die Verluste materieller Orte mit dem Verlust sozialer Räume und Netzwerke einher. Zudem geriet die Erkenntnis der eigenen Veränderung durch das Leben in den Vereinigten Staaten zu einem wesentlichen Faktor, der die Schriftstellerinnen von ihren ehemaligen Heimatstädten entfremdete. Marta Feuchtwanger lebte und arbeitete zum Zeitpunkt ihrer Reise nach Deutschland bereits knapp dreißig Jahre in den Vereinigten Staaten, so dass es nicht verwundert, wie der amerikanische Alltag sich auf die Gestaltung ihres Aufenthaltes in Deutschland auswirkte. Schon seit ihrer Jugend sportbegeistert, ging sie täglich bis ins hohe Alter schwimmen und laufen und auch in Berlin joggte Feuchtwanger im Alter von 78 Jahren barfuß durch den Berliner Tiergarten.[32] Während Kaus und Wolff die eigene Veränderung als zusätzliches Moment der Entfremdung bemühen, ist es in Feuchtwangers Erinnerung die Selbstverständlichkeit der Übertragung amerikanischer Gewohnheiten, die die Unmöglichkeit der Rückkehr markiert.

In den Erinnerungen zeichnet sich ab, dass Kaus' und Wolffs spätere Aufenthalte in Deutschland und Europa zunehmend professioneller Natur gewesen waren. Victoria Wolff schrieb, dass ihre Verankerung im Leben in Amerika sie stark genug machte, Besuche in Deutschland und dort lebende alte Freundinnen und Freunde in ihr „neues Leben"[33] zu integrieren. Letztlich sollte sie die einzige der drei Autorinnen sein, die regelmäßig an ihren Geburtsort zurückkehrte. Mit Heilbronn verband sie später vor allem die Arbeit des Bürgermeisters Meyle, der schon 1949, unterstützt von seiner Sekretärin Clara Wahl, während des ersten Aufenthaltes Victoria Wolffs von seinem Vorhaben berichtete, vertriebene ehemalige Heilbronner Bürger und Bürgerinnen ausfindig machen zu wollen.[34] Diese frühe Form aktiver Auseinandersetzung mit der nationalsozialistischen Vergangenheit wertete Wolff in ihrer Autobiografie nicht nur als ein Eingeständnis der Kollektivschuld, sondern als eine Art Wiedergutmachung.[35] Neben anderen „Ex-Heilbronnern" nahm auch sie 1960 am von Meyle organisierten „Heimatstag"[36] teil.

---

32 Vgl. Feuchtwanger: An Émigré Life. Bd. 4. S. 1659.
33 Vgl. Wolff: Hass-Liebe-Hollywood. S. 190.
34 Vgl. ebd. S. 120 f.
35 Vgl. ebd. S. 120.
36 Vgl. ebd. S. 121.

Marta Feuchtwangers zweiter Besuch in Europa im Jahre 1971 war ebenfalls offizieller Natur; neben Mainz, Berlin und Prag besuchte sie Moskau anlässlich der Aufführung des Filmes *Goya*, dessen Produktionsteam sie beratend zur Seite gestanden hatte. Ihren Aufenthalt in Moskau beendete sie vorzeitig aus Sorge um ihr von Waldbränden bedrohtes Haus in Los Angeles. Das Zentrum ihres Lebens blieb die Villa in Pacific Palisades, inklusive der gesellschaftlichen Verpflichtungen und der Verwaltung des literarischen Werkes Lion Feuchtwangers.

In Gina Kaus Fall reichte die erfolgreiche Arbeit beim Film nicht aus, ihren Aufenthalt in Deutschland zu verlängern oder über eine dauerhafte Rückkehr nachzudenken. Sie fühlte sich zunehmend einsam und beschloss „heim" nach Los Angeles zu fahren.[37] Die letzten Seiten ihrer Erinnerungen widmete Kaus der Definition ihres Verständnisses von „daheim" – nicht Heimat –, das sich weitestgehend aus ihrem kleinen Haus in Los Angeles, ihrer Familie, ihren Freundinnen und Freunden zusammensetzte. Als einigendes Moment ihres Freundeskreises in Los Angeles beschrieb Kaus letztlich den Bruch, der die Flüchtlinge miteinander verband.

> Was uns Emigranten einigt, uns unbewußt verbindet, ist das gemeinsame Erlebnis. Der große Bruch. Daß wir alle in der Mitte unseres Lebens umlernen, neu anfangen mußten. Wir sprechen seit vielen Jahren nicht darüber, wir sprechen, wie die meisten anderen Menschen, über Tagesereignisse, über erfreuliche oder unerfreuliche Dinge in unserem Leben, über uns selbst, über Bücher, über Filme, über Kunst. Ich glaube, den wenigsten von uns ist bewußt, daß wir auf unausgesprochene, unaussprechliche Weise miteinander verbunden sind. Aber wir sind es.[38]

Letztlich war es die Erfahrung von Flucht und Vertreibung, die unter den neuen räumlichen wie sozialen Bedingungen an der amerikanischen Westküste zum gemeinschaftsbildenden Moment geriet und dies weit über dreißig Jahre nach dem Ende des Zweiten Weltkrieges auch blieb. In ihren Autobiografien beschreiben die drei Autorinnen einen nur graduell unterschiedlichen, stark vom Zeitpunkt des ersten Besuches abhängigen Umgang mit den durch Flucht und Exil erfahrenen Brüchen. Die Annäherungen nach 1945 blieben vorsichtig und tastend. Zu einer permanenten Rückkehr nach Deutschland und Europa führten sie nicht.

---

37 Vgl. Kaus: Von Wien nach Hollywood. S. 234.
38 Ebd. S. 235.

Irmela von der Lühe
Zwischen Dialogangebot und Versöhnungsdiktat.
Jüdisch-deutsche Begegnungen in Literatur und Theater der Nachkriegszeit

In buchstäblich letzter Minute hatte sich die Lyrikerin Nelly Sachs (1891–1970) im Mai des Jahres 1940 mit ihrer Mutter ins schwedische Exil retten können. Seit 1943 entstand hier ihr erster großer Gedichtzyklus, *In den Wohnungen des Todes*, der 1947 im Ostberliner Aufbau-Verlag veröffentlich wurde. Er enthält eine Folge von *Chöre(n) nach der Mitternacht*; der vermutlich 1946 geschriebene *Chor der Geretteten* ist unter ihnen der berühmteste. Mit ihm macht sich Nelly Sachs zur Stimme der „Geretteten", also der Überlebenden der Shoah. In der Form eines Fürbitte-Gebets wendet sie sich an diejenigen, denen die Überlebenden im Falle ihrer Rückkehr nach Deutschland unweigerlich begegnen würden und ja auch begegnet sind. In poetisch und metaphorisch verdichteter Form scheint dieses Gedicht damit all jene mentalen Dispositionen antizipieren und abwehren zu wollen, auf die die remigrierten Juden seit 1945 und in den Nachkriegsjahren in der Bundesrepublik tatsächlich treffen sollten. Die Schlussverse des Gedichts lauten:

> Wir Geretteten,
> Wir drücken eure Hand,
> Wir erkennen euer Auge –
> Aber zusammen hält uns nur noch der Abschied,
> Der Abschied im Staub
> Hält uns mit euch zusammen.[1]

Auf eine ausführliche Interpretation der polyvalenten, auf Konzentration und radikale Verdichtung zielenden Metaphern und literarischen Bilder muss hier verzichtet werden; die Nähe zu Martin Buber und seinen chassidischen Geschichten, aber auch die Faszination für biblische Bilder sowie insgesamt für den Konnex zwischen Mythos, Mystik und der politischen Gegenwart spricht aus diesem wie aus den meisten Gedichten von Nelly Sachs. Für die hier interessierenden Fragen nach Annäherungsversuchen und Missverständnissen in jüdisch-deutschen Begegnungen nach der Shoah mögen folgende Hinweise genügen: Durchaus typisch für Nelly Sachs, nimmt das Gedicht den pathetisch-klagenden

---

[1] Sachs, Nelly: Werke Bd.1 (Gedichte 1940–1950). Hrsg. v. Matthias Weichelt. Berlin 2010. S. 33f.

https://doi.org/10.1515/9783110570083-010

Ton der antiken Tragödie auf. In Form einer Ode wird zugleich die Tradition mittelalterlich-frühneuzeitlicher Totentanz-Bilder ausgerufen. Die geretteten Juden imaginieren sich selbst in diesem Text als durch und durch Versehrte, als vom Tode Gezeichnete („Immer noch essen an uns die Würmer der Angst"); nachgerade flehentlich bitten sie: „Lasst uns das Leben leise wieder lernen".

Der „Chor der Geretteten" bezeugt und beschwört einen Abgrund zwischen den Überlebenden und der Mitwelt, einen „Abschied im Staub". Das Todeszeichen ist die einzige Verbindung, die überhaupt noch existiert; daneben artikuliert sich die Bitte um Vorsicht, um Rücksicht, um Geduld, um Anerkennung des Abgrunds. Ob aus solchen poetischen Bildern Versöhnungsbereitschaft, ob gar das Vertrauen auf einen Neubeginn im Namen von Humanität und Friedensliebe spricht, sei dahingestellt. Ich kann davon in den Gedichten der Nelly Sachs nichts erkennen. Ganz anders freilich der „Börsenverein des Deutschen Buchhandels", als er im Jahre 1965 der Dichterin den Friedenspreis des Deutschen Buchhandels mit folgender Begründung zuerkannte:

> Der Friedenspreis des Deutschen Buchhandels wird 1965 der großen jüdischen Dichterin deutscher Sprache Nelly Sachs verliehen. Das dichterische Werk von Nelly Sachs steht ein für das jüdische Schicksal in unmenschlicher Zeit und versöhnt ohne Widerspruch Deutsches und Jüdisches. Ihre Gedichte und szenischen Dichtungen sind Werke von hoher deutscher Sprache, sie sind Werke der Vergebung, der Rettung, des Friedens. Als Übersetzerin verbindet sie die junge Literatur Schwedens mit der unsrigen. Wir ehren sie voller Dankbarkeit durch die Verleihung des Friedenspreises.[2]

So gut gemeint diese Ehrung zweifellos war, so fatal sind Buchstabe und Geist ihrer Begründung, von der sachlichen Richtigkeit gar nicht zu reden. Im dichterischen Werk von Nelly Sachs „jüdische(s) Schicksal in unmenschlicher Zeit" repräsentiert zu sehen, mag noch angehen; dass es „ohne Widerspruch Deutsches und Jüdisches" versöhne, kommt philologisch einer Fehllektüre und interpretatorisch einer Anmaßung gleich. Tatsächlich wird so aus dem Akt der Ehrung einer großen Dichterin ein usurpatorischer Deutungsakt, der sich – fast möchte man sagen: schamlos – über den poetischen Schutzraum hinwegsetzt, den die Lyrik von Nelly Sachs im Namen und für die „Geretteten" gerade errichtet hatte. Mit solchen Begründungen vollzieht sich im Akt der öffentlichen Ehrung ein Akt der Enteignung der Opfer. Der Bitte um Vorsicht und Anerkennung des „Abgrunds", die das zitierte Gedicht durchzieht, antwortet in scheinbar wohlmeinender Absicht ein Versöhnungsdiktat und letzteres arbeitet, wenn nicht – wie im Falle von

---

[2] Friedenspreis des Deutschen Buchhandels 1965. Nelly Sachs. Hrsg. v. Börsenverein des deutschen Buchhandels e.V. Frankfurt/Main 1965.

Nelly Sachs – mit dem unterstellten ewigen Wahrheitsgehalt der Poesie, so mit dem nicht minder hegemonialen Verweis auf eine angeblich unzerstörte Tradition deutsch-jüdischer Symbiose. Gershom Scholem hat in seinem vieldiskutierten Essay *Wider den Mythos vom deutsch-jüdischen Gespräch* 1964 gegen solche Zumutungen protestiert.³ Ruth Klüger hat in den 1990er Jahren zu recht die diskurspolitisch-geschlechtertypische Zurichtung der großen jüdischen Lyrikerinnen Gertrud Kolmar, Else Lasker-Schüler und Nelly Sachs zu „Versöhnungsmaskottchen" angeprangert und der deutschsprachigen Nachkriegsliteratur eine auffällige Neigung zu „Wiedergutmachungsphantasien" attestiert.⁴

In vielerlei Konstellationen und Situationen kam es im Nachkriegsdeutschland zur Begegnung zwischen überlebenden und remigrierten Juden mit einer Mehrheitsgesellschaft aus Tätern, Repräsentanten oder Mitläufern des Regimes.⁵ Nicht zufällig haben seit Beginn der 1980er Jahre Veröffentlichungen wie diejenigen von Lea Fleischmann, Henryk M. Broder und Peter Mertz für Aufmerksamkeit gesorgt, die Titel selbst wurden zur mentalen Diagnose.⁶ Alles andere als eine „Willkommenskultur" wartete auf die überlebenden deutschen Juden im Nachkriegsdeutschland, nicht wenige haben sich denn auch die Entscheidung zur Rückkehr schwer gemacht, sie immer wieder in Frage gestellt. Das gilt selbstverständlich auch für Autorinnen und Autoren aus dem Bereich der Literatur, des Theaters, des Journalismus. Für die Entscheidung selbst wird nicht selten ein diffuses Motivationsgeflecht angenommen werden können, auch sollte der Zweifel an der Richtigkeit der einmal getroffenen Entscheidung in vielen Fällen niemals verstummen. Für letzteres, für die komplizierte und auch im „positiven" Falle einer erfolgreichen Karriere im bundesrepublikanischen Nachkriegsdeutschland von Skepsis begleitete Entscheidung, will ich im Folgenden einige Beispiele geben. Dabei durchkreuzen sich naturgemäß höchst private mit beruflichen Überlegungen; es interferieren programmatische mit pragmatischen, politische mit künstlerischen Überlegungen.

Meine Beispiele entstammen repräsentativen Bereichen des bundesrepublikanischen Kulturlebens in den 1950er und frühen 1960er Jahren, der Literatur, dem

---

3 Scholem, Gershom: Wider den Mythos vom deutsch-jüdischen Gespräch. In: Ders.: Judaica 2. Frankfurt/Main 1970. S. 7–19.
4 Klüger, Ruth: Gibt es ein „Judenproblem" in der deutschen Nachkriegsliteratur? In: Dies.: Katastrophen. Über deutsche Literatur. Göttingen 1994. S. 9–38, hier S. 12.
5 Vgl. von der Lühe, Irmela [u. a.] (Hrsg.): „Auch in Deutschland waren wir nicht wirklich zu Hause." Jüdische Remigration nach 1945. Göttingen 2008; Brenner, Michael (Hrsg.): Geschichte der Juden in Deutschland von 1945 bis zur Gegenwart. Politik, Kultur, Gesellschaft. München 2012.
6 Fleischmann, Lea: Dies ist nicht mein Land. Eine Jüdin verlässt die Bundesrepublik. Hamburg 1980; Mertz, Peter: Und das wurde nicht ihr Staat. Erfahrungen emigrierter Schriftsteller mit Westdeutschland. München 1985; Broder, Henryk M. u. Michel R. Lang (Hrsg.): Fremd im eigenen Land. Juden in der Bundesrepublik. Frankfurt/Main 1987.

Theater,[7] dem Feuilleton; in ihrer Unterschiedlichkeit haben sie freilich eines gemein: selbst sogenannte „Erfolgsgeschichten" basieren auf einer spontanen oder bewussten, unbewussten oder erzwungenen Strategie des Schweigens, der Vermeidung und damit der Bereitschaft zur Selbstmarginalisierung; also darauf, über die Vergangenheit von Entrechtung und Verfolgung, Verlust-und Todeserfahrung nicht zu sprechen. So entstand, was die Schriftstellerin Esther Dischereit (geb.1952) in ihrer autofiktionalen Erzählung *Ein sehr junges Mädchen trifft Nelly Sachs* (1998) über die erwähnte Preisverleihung an Nelly Sachs im Jahre 1965 die „Tristesse der Vorsicht"[8] und „die Sprache des Schweigens" genannt hat. Die zehn Seiten umfassende Erzählung ist als Erinnerung an eine Kindheit in den frühen fünfziger und sechziger Jahren in der bundesrepublikanischen Provinz angelegt. Armut, Einsamkeit und Sprachlosigkeit, vor allem aber das Gebot, nie und nirgendwo aufzufallen, sind die bestimmenden Erfahrungen und Erziehungsprinzipien in dieser Kindheit. Die Mutter der seinerzeit dreizehnjährigen Erzählerin hatte als Jüdin in Berlin überlebt, jede Mitteilung von den Umständen und Bedingungen dieses Überlebens dem Kind gegenüber aber strikt vermieden. Unauffälligkeit und Selbstmarginalisierung waren und blieben die bewusstseinsbildenden und handlungsleitenden Normen, die dem heranwachsenden Mädchen vermittelt wurden. Weder zur jüdischen Gemeinde noch zur christlichen Mehrheitsgesellschaft gab es Kontakte. Die „Scham" überlebt zu haben, die Angst vor der Öffentlichkeit, vor allem aber der Zwang zur „Unsichtbarkeit" beherrschen die Mutter und determinierten die Erfahrungswelt der Tochter. Die „Tristesse der Vorsicht" dominierte den Alltag und das Erleben; Schweigen und Distanz sind die elementaren Kommunikationsformen. Mit Dan Diner ließe sich vom „Habitus anwesender Abwesenheit"[9] sprechen; von einem in seiner Sicht typischen Verhaltensmodus der im Nachkriegsdeutschland lebenden Juden. In Dischereits retrospektivem Blick auf diese familiale und kommunikative Situation bringt nun ausgerechnet die Verleihung des Friedenspreises an Nelly Sachs eine entscheidende Wende: „ In dieses Leben trat Nelly Sachs ein, und zwar vermittels eines Fernsehers".[10] Am Bildschirm verfolgen

---

[7] Zur Remigration im Bereich des Theaters vgl. die materialreiche, erst nach Abschluss des vorliegenden Beitrags erschienene Studie von Feinberg, Anat: Wieder im Rampenlicht. Jüdische Rückkehrer in deutschen Theatern nach 1945. Göttingen 2018.
[8] Dischereit, Esther: Ein sehr junges Mädchen trifft Nelly Sachs. In: Dies.: Übungen, jüdisch zu sein. Aufsätze. Frankfurt/Main 1998. S. 9–15. Vgl. außerdem: von der Lühe, Irmela: Verlorene Töchter und verdrängte Vergangenheit. Zu zwei Erzählungen von Barbara Honigmann und Esther Dischereit. In: Poetini, Christian (Hrsg.): Gender im Gedächtnis. Geschlechtsspezifische Erinnerungsdiskurse in der deutschsprachigen Gegenwartsliteratur. Bielefeld 2015. S. 159–169.
[9] Diner, Dan: Im Zeichen des Banns. In: Brenner, Geschichte der Juden in Deutschland, S. 15–66; hier S. 61.
[10] Dischereit, Ein sehr junges Mädchen, S. 13.

Mutter und Tochter das Geschehen; die Tochter erlebt die Mutter auf bisher ungekannte Weise; die von Nelly Sachs gelesenen Gedichte erscheinen dem jungen Mädchen als Ausdruck des eigenen Schweigens, sie durchbrechen für Augenblicke die Barrieren der Kommunikationslosigkeit zwischen Mutter und Tochter. In der späten Erinnerung der Tochter hat das Erlebnis freilich eine zweite, eine politisch-bewusstseinsgeschichtliche Bedeutung:

> Mit offenem Mund, könnte ich fast sagen, saß ich vor dem Apparat und sah hohe deutsche Vertreter der Politik einer Jüdin Ovationen spenden. Sie ehrten sie mit einer Selbstverständlichkeit, die meinem bisherigen Leben-und Erfahrungshintergrund vollkommen widersprach. Ich, dreizehn Jahre alt. Das war das erste Unglaubliche, das mir widerfuhr. Und dann hörte ich Nelly Sachs selbst. Sie, eine Jüdin, kann laut und deutlich in Deutschland sprechen, mit erhobenem Kopf, und ist in allem, was sie sagt, so vollständig Jüdin, wie es uns an keinem Tag gegeben.[11]

Es kann und soll nicht darüber spekuliert werden, ob solche literarischen Reflexionen aus einer späteren Zeit tatsächlich dem Erleben eines jüdischen Mädchens in den fünfziger Jahren korrespondierten. Und doch wird hier auf knappem Raum ein diskurs-und mentalitätsgeschichtlicher Sachverhalt verdeutlicht, der für die Selbstwahrnehmung und die kommunikativen Interaktionsformen im Nachkriegsdeutschland bezeichnend sein dürften. Zumal sie mit einem anderen kommunikativen Habitus zusammengedacht werden müssen.

Die andere Seite des von Esther Dischereit beschriebenen sprachlichen, mentalen und sozialen Vermeidungshandelns ist – wie Hannah Arendt im Bericht über ihre *Reise in Deutschland* 1950 formuliert hat – die Erfahrung einer gleichsam reflexhaften Rhetorik der Larmoyanz auf nichtjüdischer Seite. Lakonisch-sarkastisch diagnostiziert Hannah Arendt das an Beispielen von alltäglichen Begegnungen, die ein Kommunikationshandeln belegen, das weit unterhalb der Schwelle von Missverständnissen angesiedelt ist. Mehrfach habe sie in Gesprächen gleich einleitend mitgeteilt, dass sie Jüdin sei:

> Hierauf folgt in der Regel eine kurze Verlegenheitspause; und danach kommt – keine persönliche Frage, wie etwa „Wohin gingen Sie, als Sie Deutschland verließen?", kein Anzeichen für Mitleid, etwa dergestalt: „Was geschah mit Ihrer Familie?" – sondern es folgt eine Flut von Geschichten, wie die Deutschen gelitten hätten (was sicher stimmt, aber nicht hierher gehört); und wenn die Versuchsperson dieses kleinen Experiments gebildet und intelligent ist, dann geht sie dazu über, die Leiden der Deutschen gegen die Leiden der anderen aufzurechnen, womit sie stillschweigend zu verstehen gibt, daß die Leidensbilanz ausgeglichen sei und daß man nun zu einem ergiebigeren Thema überwechseln könne. Ein ähnliches Ausweichmanöver kennzeichnet die Standardreaktion auf die Ruinen. Wenn es

---

11 Dischereit, Ein sehr junges Mädchen, S. 14.

überhaupt zu einer offenen Reaktion kommt, dann besteht sie aus einem Seufzer, auf welchen die halb rhetorische, halb wehmütige Frage folgt: „Warum muß die Menschheit immer nur Krieg führen?" Der Durchschnittsdeutsche sucht die Ursachen des letzten Krieges nicht in den Taten des Naziregimes, sondern in den Ereignissen, die zur Vertreibung von Adam und Eva aus dem Paradies geführt haben.[12]

Zwischen der „Tristesse der Vorsicht" auf jüdischer und der verdruckst-auftrumpfenden Larmoyanz auf Seiten der deutschen Mehrheitsgesellschaft gab es zweifellos noch vielerlei andere diskurspolitische und mentale Muster. Sie reichen auf nichtjüdischer Seite von philosemitischer Emphase über eine systematisch-wohlmeinende Scheu, das Wort „Jude" in Gegenwart von Remigranten und Überlebenden der Lager überhaupt zu verwenden,[13] bis hin zum nicht nur latenten Antisemitismus in jener Schriftsteller-Vereinigung, die im Verlaufe der 1950er Jahre zum Inbegriff des bundesrepublikanischen Neuanfangs in Literatur und Feuilleton avancieren sollte. Mit ihr glaubte man, endlich den Anschluss an die ästhetische Moderne vollzogen zu haben; ein Ruhmesblatt in den kulturgeschichtlichen Annalen der Bundesrepublik hätte sie werden können, wenn nicht Vertreter der 68er Generation für ihr brüskes Ende gesorgt hätten. Gemeint ist die „Gruppe 47", deren jüdische Mitglieder als solche entweder bewusst nicht in Erscheinung traten oder – dies ist der berühmte Fall von Paul Celan – schlichtweg durchfielen. Als er im Jahre 1952 auf Einladung des Initiators der Gruppe, Hans Werner Richter, an einer Tagung teilnahm und unter anderem die *Todesfuge* las, wurde er buchstäblich nicht verstanden. Die Art, wie er „singend und sehr weltentrückt, seine Gedichte zu sprechen" begann, irritierte nachhaltig.[14] Unter der provokanten Titelfrage „Wie antisemitisch war die Gruppe 47?" hat Klaus Briegleb deren Geschichte als Geschichte einer Verdrängung des Judenmords einerseits

---

[12] Arendt, Hannah: Besuch in Deutschland 1950. Die Nachwirkungen des Naziregimes. In: Dies.: Zur Zeit. Politische Essays. Hrsg. v. Marie Luise Knott. Berlin 1986. S. 43–70, hier S. 44f.
[13] vgl. Braese, Stephan: Überlieferungen. Zu einigen Deutschland-Erfahrungen jüdischer Autoren der ersten Generation. In: Gilman, Sander u. Horst Steinecke (Hrsg.): Deutsch-jüdische Literatur der neunziger Jahre. Berlin 2001. S. 17–28.
[14] Vgl. Arnold, Heinz Ludwig (Hrsg.): Die Gruppe 47. Ein kritischer Grundriss. 2. gründlich überarbeitete Auflage. München 1987 (Sonderheft der Zeitschrift *Text & Kritik*), hier S. 98 (Erinnerung von Walter Jens). Die Niendorfer Tagung im Jahre 1952 war die erste und einzige Tagung, an der Celan teilnahm. Dazu Walter Jens: „Dann plötzlich geschah es. Ein Mann namens Paul Celan (niemand hatte den Namen vorher gehört) begann, singend und sehr weltentrückt, seine Gedichte zu sprechen; Ingeborg Bachmann, eine Debütantin, die aus Klagenfurt kam, flüsterte, stockend und heiser, einige Verse; Ilse Aichinger brachte, wienerisch leise, die *Spiegelgeschichte* zum Vortrag."

und der offensiven Marginalisierung jüdischer Autoren und Autorinnen andererseits materialreich rekonstruiert.¹⁵

Für die frühe Phase der bundesrepublikanischen Nachkriegsgeschichte lässt sich also aus kultur-und diskursgeschichtlicher Perspektive folgendes festhalten: auf jüdischer Seite gibt es – wie das erwähnte Gedicht von Nelly Sachs belegt – in poetisch verdichteter Form die Bitte um Respekt und Empathie für eine Todeserfahrung, die im Verweis auf anthropologische Gesetze oder die Zwänge der Normalität gerade nicht überwunden, sondern eher zementiert wird; die – auch dies lässt sich am Beispiel von Nelly Sachs zeigen – den nachgerade flehentlichen Ruf nach Anerkennung eines Abgrunds im wohlfeilen Gerede von der versöhnenden Kraft der Poesie schlichtweg ignoriert.

Nicht in poetischer, sondern in explizit politisch-mentalitätskritischer Absicht hat sich Hannah Arendt in ihrem Deutschland-Bericht geäußert. Ebenfalls im Jahre 1946, da das erwähnte Gedicht von Nelly Sachs entstand, hat Hannah Arendt in einem Brief an Karl Jaspers formuliert: „ Mir scheint, keiner von uns kann zurückkommen [...], nur weil man wieder bereit scheint, Juden als Deutsche oder sonst was anzuerkennen; sondern nur, wenn wir als Juden willkommen sind."¹⁶ Auch dies erweist sich aus der Rückschau als präzise diskurspolitische Position, denn „ als Juden" waren die Remigranten in aller Regel eben gerade nicht willkommen; überdies war – wie man weiß – noch bis in die 1960er Jahre die Bezeichnung „Emigrant" auch ohne jedes weitere Attribut und insbesondere in Wahlkampfzeiten eine höchst wirksame pejorative Vokabel.

Für den Bereich des Theaters lassen sich noch andere Konstellationen ausmachen. Hier begegneten sich auf eigentümliche Weise eine berufsbedingte Leidenschaft für die deutsche Sprache, eine durch das Exil schmerzhaft unterbrochene Bühnen- und Regiekarriere und ein verdrängungs-, aber begeisterungsbereites Publikum. Von Missverständnissen wird man auch hier kaum sprechen können, eher von mentalen Strukturen und kommunikativen Strategien der Vermeidung und des Schweigens *in politicis* einerseits und emphatischer Beschwörung des Wiederaufbaus von Kultur auf und aus den Ruinen andererseits.

Ein kurzer Blick auf den berühmten jüdischen Remigranten Fritz Kortner (1892–1970) kann dies verdeutlichen; ein weiterer auf den nicht minder berühmten Generalintendanten am Preußischen Staatstheater, Gustaf Gründgens (1899–1963), vervollständigt das Bild einer extrem widersprüchlichen Konstellation. Mit Fritz Kortner als Schauspieler und Regisseur verbindet sich ein text-

---

15 Briegleb, Klaus: Missachtung und Tabu. Eine Streitschrift zur Frage „Wie antisemitisch war die Gruppe 47?" Berlin 2002.
16 Arendt, Hannah; Jaspers, Karl: Briefwechsel 1926–1969. Hrsg. von Lotte Köhler u. Hans Saner. 2. Aufl. München/Zürich 1987. S. 68.

und ideengestütztes Theaterkonzept, das vom expressionistischen Ausdruckspathos kommend, spätestens im Exil und dann im Nachkriegsdeutschland auf Präzision des Spiels, auf Repräsentation und Visualisierung aller Dimensionen einer Figur und eines Stückes zielte, im Brecht'schen Sinne auf Irritation und Aktivierung der Zuschauer und nicht auf passiv-gefühligen Konsum großer Werke. Welche Wirkung Kortners Theater insbesondere auf die Generation junger Regisseure der 1960er Jahre hatte, also auf Peter Stein und Peter Zadek, Klaus Peymann und Jürgen Flimm, kann an dieser Stelle nicht erläutert werden. Der Hinweis muss genügen, dass insbesondere mit Gustaf Gründgens uns ein Gegentypus begegnet und zwar nicht nur wegen der persönlichen Geschichte, nicht nur wegen dieses exemplarischen Falles einer glänzenden Karriere seit der späten Weimarer Republik, während der Nazi-Zeit und dann eben bis zu seinem Tode in der Bundesrepublik; sondern vor allem, weil das Gründgens-Theater auf Klassizität, auf die prinzipielle Immunität großer Kunst und damit eben auch großer Schauspielkunst gegenüber Politik und Zeitgeschichte setzt. In einem solchen – wie Klaus Völker es genannt hat – „gesinnungslosen Beharrungstheater" sah man „de[n] Inbegriff höchster künstlerischer Erfüllung".[17] Wie gut sich eine solche zeitlos-klassizistische Vorstellung von großer Kunst für Zwecke der Selbstentschuldung und der Selbstheroisierung nutzen lässt, das hat Gustaf Gründgens immer wieder bewiesen. Das Theater am Gendarmenmarkt sei eine „Insel" im Meer der Barbarei gewesen, seine schützende Hand habe der Intendant über einzelne jüdische Ensemblemitglieder gehalten, so dass unter Gründgens gegen die Macht der äußeren Umstände große Kunst entstehen konnte und das Theater somit als Hort von Trost und Zuversicht zu wirken vermochte. Mit all diesen hinlänglich bekannten Topoi einer exkulpatorisch-opportunistischen Rhetorik hat Gründgens insbesondere im Streit um Klaus Manns Roman *Mephisto* (1936) virtuos jongliert; er hat sich dabei auf ein verkürztes Zitat aus einem Brief Fritz Kortners gestützt[18] und auch den Herausgeber der *Allgemeinen Wochenzeitung der Juden in Deutschland*, Karl Marx, für diese Sicht gewonnen.[19]

Die Konstellation zwischen dem jüdischen Remigranten und dem im nationalsozialistischen Deutschland hoch dekorierten Gustaf Gründgens hat naturgemäß vielerlei Aspekte. Weder von Feindschaft noch von Rivalität im expliziten

---

[17] Völker, Klaus: Nachwort in: Kortner, Fritz: Aller Tage Abend. Autobiographie. Berlin 2005. S. 477 f.
[18] Michalzik, Peter: Gustaf Gründgens. Der Schauspieler und die Macht. Hamburg 1990. S. 120.
[19] Vgl. zu den Einzelheiten Spangenberg, Eberhard: Karriere eines Romans. Mephisto, Klaus Mann und Gustaf Gründgens. Reinbek 1986. S. 147; sowie den Brief von Gründgens an Karl Marx vom 13. Dezember 1950. In: Gründgens, Gustaf: Briefe, Aufsätze, Reden. Hrsg. v. Rolf Badenhausen und Peter Gründgens-Gorski. 2. Aufl. Hamburg 1968. S. 74–78.

Sinne ist hier zu sprechen, trotz gravierender Unterschiede in existenzieller, politischer und künstlerischer Hinsicht. Auffällig ist hingegen jene Antithetik zwischen vorsichtigem Angebot zum Dialog auf jüdischer und fortgesetzter Forderung nach Versöhnung auf nichtjüdischer Seite, die aus den zitierten Texten von Nelly Sachs und Hannah Arendt spricht. Im Horizont von Verfolgung und Exil, und damit aus einer genuin jüdischen Erfahrung heraus, hat Fritz Kortner seine Erwartungen geprüft, als er sich zur Rückkehr nach Deutschland entschloss. In seiner Autobiographie finden sich denn auch Überlegungen, die den Beobachtungen von Hannah Arendt sehr nahekommen:

> Ich sah mich mit den Augen der Betrachter: ein herausgefressener Amerikaner, der keine Ahnung von den durchgestandenen Höllenqualen haben kann. Ich bemerkte, dass das meinesgleichen Zugefügte im Bewusstsein der Mehrzahl derer, denen ich begegnete, keine Rolle spielte. Erwähnte ich in einem Verteidigungsversuch [...], dass allein in meiner Familie elf Verwandte vergast worden waren, so war die Reaktion darauf kondolenzartig höflich. Ich kämpfte um die Anerkennung meiner Gleichberechtigung am Unglück, am erlittenen Elend. Ich wollte ausdrücken: Wir, die wir da miteinander verlegen herumstottern und mit unserem jeweils erlittenen Elend gewissermaßen wetteifern, wären doch – ob Arier oder Jude – jetzt wieder Christ und Jude, Überlebende ein und derselben Katastrophe. Und unser Überleben wäre etwas gemeinsam Erlebtes, wie auch das Erlittene. Ich schien mit dieser Argumentation nicht viel Glück zu haben. Die meisten verharrten im Gefühl, kein Leid reiche an ihres heran. Wahrscheinlich brauchten sie das Bewußtsein des am schwersten erlittenen Unrechts zur Beruhigung des Unterbewußtseins.[20]

Was Kortner beschreibt, hatte Nelly Sachs lyrisch antizipiert und Hannah Arendt sarkastisch konstatiert: die Dialogbereitschaft auf Seiten der Opfer. Kortner dehnt sie sogar auf die Bereitschaft aus, anzuerkennen, dass das „Überleben [...] etwas gemeinsam Erlebtes" gewesen sei. Indes wird eben diese Bereitschaft als reine Zumutung empfunden, da sie doch die Singularität des eigenen Leids in Frage stellt. Es überrascht daher kaum, dass sich die Antithetik zwischen Dialogangebot auf jüdischer und trotzig-ignorantem Beharren auf dem Prinzip der Selbstviktimisierung auf nichtjüdischer Seite auch im öffentlichen Raum artikulierte und manifeste antisemitische Äußerungen generierte.

Die erste große Regie-Arbeit, die Kortner zwei Jahre nach seiner Rückkehr aus dem amerikanischen Exil in Berlin herausbrachte, war eine Inszenierung des Schiller'schen *Don Carlos* am Hebbel-Theater. Kortner inszenierte ebenso unpathetisch wie aktualisierend. Er spielte selbst den König Philipp, also jenen Herrscher, der im Bündnis mit der Inquisition den Aufstand in den Spanischen Niederlanden blutig niederschlagen lässt und das Plädoyer des Marquis Posa für

---

[20] Kortner, Fritz: Aller Tage Abend. Autobiographie. Berlin 2005. S. 459.

Humanität und Freiheit zynisch ignoriert. Totalitäres Machthandeln und nicht tragisch scheiterndes Freundschaftspathos bestimmte das Regiekonzept, das zu heftigen Reaktionen bereits während der Premiere führte und als einer der ersten großen Skandale in die Theatergeschichte der jungen Bundesrepublik einging. Die Reaktionen in Presse und Öffentlichkeit waren zum Teil offen antisemitisch; Kortner gab die Rolle nach zwei Vorstellungen ab, verließ die Stadt und hatte zuvor anonyme Briefe u. a. folgenden Inhalts erhalten: „In Vorbereitung: Der Irre vom Hebbel-Theater. Schauspiel von Fritz Kortner. – Es ist schade, daß Hitler nicht noch mehr Juden verbrannt hat."[21]

Bleibt nachzutragen, dass sich der erste positive Theaterskandal nach Kriegsende ebenfalls in Berlin ereignet hatte. Natürlich unter charakteristisch anderen Vorzeichen: Nachdem er zwischen Juni 1945 und März 1946 von der russischen Besatzungsmacht inhaftiert und nach mehreren Eingaben von Mitarbeitern des Deutschen Theaters freigekommen und entnazifiziert worden war,[22] feierte Gustaf Gründgens am 3. Mai 1946 in der Rolle des Christian Maske aus Carl Sternheims Stück *Der Snob* (UA Februar 1914) wahre Triumphe. Schon als der Vorhang sich gehoben hatte und man im ersten Bild den Protagonisten, verkörpert vom ehemaligen Intendanten der Berliner Staatstheater, Gustaf Gründgens, allein auf der Bühne sah, erhob sich minutenlanger Jubel. *Der Snob*, der zweite Teil von Sternheims Komödienzyklus *Aus dem bürgerlichen Heldenleben*, ist eine Satire auf den gesinnungslosen Opportunismus eines Mannes, der nur eines will: sein kleinbürgerliches Herkunftsmilieu abstreifen und um jeden Preis wirtschaftlich und gesellschaftlich aufsteigen. Es ist viel über die Umstände von Gründgens' triumphalem Comeback, über die Wahl dieses Stückes, das seinem besessen-opportunistischen Karrierestreben als Schauspieler und Regisseur den Spiegel vorhält, spekuliert worden. Die Auswahl des Stückes war selbstverständlich mit dem von den Russen eingesetzten und aus dem Moskauer Exil zurückgekehrten neuen Intendanten des Deutschen Theaters abgesprochen. Es war Gustav von Wangenheim. Regie führte – auch dies eine ziemlich brisante Konstellation – Fritz Wisten; seit 1933 Schauspieler, dann Spielleiter und seit 1939 bis zu seiner Auflösung im Jahre 1941 Leiter des Jüdischen Kulturbundes. Wisten hatte sich im Übrigen im September 1941 brieflich an Gründgens gewandt und ihn um Hilfe gebeten, um der drohenden Zwangsarbeit zu entgehen. Eine Antwort von Gründgens ist nicht überliefert.[23]

---

21 zit. nach Völker, Klaus: Fritz Kortner. Schauspieler und Regisseur. 2. Aufl. Berlin 1993. S. 241.
22 Walach, Dagmar: Aber ich habe nicht mein Gesicht. Gustaf Gründgens. Eine deutsche Karriere. Berlin 1999. S. 135–137; Michalzik, Gustaf Gründgens, S. 193–227.
23 Wisten, Fritz: Drei Leben für das Theater. Stuttgart 1919–1933 – Jüdischer Kulturbund – Berlin 1945–1962. Hrsg. von der Akademie der Künste zu Berlin. Berlin 1990. S. 95. Vgl. außerdem: Ge-

Es scheint geboten, abschließend noch einmal die Blickrichtung zu ändern. In der eben beschriebenen Konstellation vom Mai des Jahres 1946 trafen aufeinander: der Star und Repräsentant des nationalsozialistischen Theaterbetriebs (Gustaf Gründgens), der seit 1933 unter immer stärkerer Repression agierende Intendant des Jüdischen Kulturbundes (Fritz Wisten) und der aus dem Moskauer Exil zurückgekehrte kommunistische Remigrant (Gustav von Wangenheim). Alle drei fanden sich zusammen und inszenierten eine Komödie über Opportunismus, Karrierismus und Gewissenlosigkeit. In der Premiere am 3. Mai 1946 saß indes noch ein anderer Emigrant. Unter dem Titel *Der Liebling von Berlin* schrieb er anschließend eine bissige Glosse über das Ereignis. Es war Klaus Mann, ehemals der Schwager von Gustaf Gründgens, der öffentlich fragte: „Feierte man den schönen Gustaf als politischen Märtyrer? Sollte der ungewöhnliche Applaus eine Demonstration sein gegen jene, die ihn eingesperrt hatten?" Die Antwort lässt Klaus Mann offen, aber für die Frage nach Brüchen und Annäherungen im Nachkriegsdeutschland liefert er mit Verweis auf Gustaf Gründgens eine sarkastisch-traurige Diagnose: „Rasch fand er [Gustaf Gründgens, d. Verf.] wieder zu seinem gewohnten glamourösen Selbst zurück – attraktiv wie immer, mit weißer Krawatte, rosigem Teint und blondem Toupet: Berlins unverwüstlicher Liebling vor, während und nach der Nazizeit."[24]

Gegen diesen von Klaus Mann bitter diagnostizierten Triumph eines systemimmunen Opportunismus im Namen großer Schauspielkunst, den Gustaf Gründgens im bundesrepublikanischen Nachkriegsdeutschland verkörperte, soll an dieser Stelle Fritz Kortner das letzte Wort behalten. Wie kaum ein anderer, der im Übrigen die künstlerischen Leistungen von Gustaf Gründgens stets auch öffentlich betont hat, hat sich Fritz Kortner gegen falsche Vereinnahmungen, hegemoniale Versöhnungsdiktate und karrieristische Ignoranz künstlerisch und politisch, persönlich und öffentlich entschieden gewehrt und behauptet. Der „Tristesse der Vorsicht" und dem „Triumph des Opportunismus" hat er sich gleichermaßen entgegen gestemmt und dafür eine ebenso knappe wie eingängige Formulierung gefunden. Er sei, hat Kortner von sich gesagt, ein „Jude und Rebell gegen das privilegiert Konventionelle".[25]

---

schlossene Vorstellung. Der Jüdische Kulturbund in Deutschland 1933–1941. Hrsg. von der Akademie der Künste. Berlin 1992.
24 Mann, Klaus: Der Liebling von Berlin. In: Ders.: Auf verlorenem Posten. Aufsätze, Reden, Kritiken 1942–1949. Hrsg. von Uwe Naumann u. Michael Töteberg. Reinbek 1994. S. 328–333, hier S. 333.
25 Kortner, Aller Tage Abend, S. 480.

Lina Nikou
„Vollständige Angaben sind unbedingt nötig."
Berlins Einladungen an im Nationalsozialismus verfolgte ehemalige Bürgerinnen und Bürger

Berlin lädt seit 1969 im Nationalsozialismus verfolgte ehemalige Berlinerinnen und Berliner aus dem Ausland zu einem einwöchigen Besuch ein. Im Rahmen dieses Einladungsprogramms kamen bis 2010 über 35.000 Personen meist im Rahmen von Gruppenreisen für eine Woche in die Stadt. Bis heute lädt der Berliner Senat unregelmäßig Einzelpersonen ein. Diese Einladungen, die als sogenanntes Emigrantenprogramm bekannt wurden, stehen im Folgenden im Mittelpunkt. Im Fokus der Analyse steht die Kommunikation zwischen der Westberliner Stadtverwaltung und den einstigen Berlinerinnen und Berlinern,[1] wie sie sich in den Verwaltungsakten widerspiegelt.

Die Initiierung des „Emigrantenprogramms"

Die Berliner Einladungsinitiative hatte den bei weitem größten Umfang im Vergleich zu anderen Einladungsprogrammen in der Bundesrepublik, was damit zusammenhing, dass dort vor 1933 die größte Jüdische Gemeinde Deutschlands gelebt hatte.[2] Die Berliner Initiative begann außerdem früher als die meisten

---

[1] Die Bezeichnung der von der Stadt Eingeladenen ist insofern problematisch, da sie zwar alle als jüdisch (und teilweise auch aus politischen Gründen) im Nationalsozialismus verfolgt wurden, sie sich aber nicht unbedingt als (ehemalige) Verfolgte verstanden. Deswegen wird hier unter anderem auf die Bezeichnungen „Emigrantinnen und Emigranten" oder Emigrierte zurückgegriffen, auch wenn diese Benennung außer Acht lässt, dass die Emigration gewaltsam erzwungen wurde oder nach der Befreiung aus den Konzentrationslagern erfolgte, was allerdings auch bei der Zuschreibung als ehemalige Berlinerinnen und Berliner oder ehemalige Bürgerinnen und Bürgern der Fall ist. In allen Fällen ergibt sich somit ein Dilemma, das in jedem Fall mitgedacht werden muss.
[2] Die erste Stadt, die ehemalige Bürgerinnen und Bürger zu einem Besuch einlud, war München, das 1960 angesichts der antisemitischen Anschläge im Winter 1959/60 einen entsprechenden Beschluss verabschiedete und 1961 die ersten Aufenthalte ehemaliger Bürgerinnen und Bürger finanzierte, allerdings ohne die Reisekosten zu tragen. Ebenfalls 1961 beschloss Frankfurt/Main

https://doi.org/10.1515/9783110570083-011

anderen, weil in Westberlin aufgrund seiner geographischen Lage ein besonders großes Interesse vorhanden war, die Stadt im Ausland positiv darzustellen, um etwaige Bedenken von Personen abzubauen, die planten, in die innerhalb der DDR liegende Stadt zu reisen. Westberlin wollte mit der Aktion für sein Image werben, was in seiner Sonderrolle als „demokratische Insel in der DDR" auf bundesrepublikanischer Ebene ebenfalls von besonderer Bedeutung war. Aus diesem Grund wurden die Einladungen zu Beginn auch durch Gelder vom Bund unterstützt. Hinzu kam, dass in Berlin Politiker aktiv waren, die teilweise selbst verfolgt worden waren und dadurch wussten, oder zumindest ahnen konnten, welche Bedeutung die städtischen Einladungen sowohl symbolisch als auch finanziell für die einst verfolgten Bürgerinnen und Bürger im Ausland haben würden. Gleichzeitig setzten sich prominente Emigranten vor allem aus New York und Israel sowohl für Kontakte und Reisen der einst Verfolgten nach Berlin als auch für die städtischen Einladungen ein.[3] Diese Faktoren führten dazu, dass die Berliner Einladungsinitiative einen finanziellen Umfang erreichte, der einzigartig blieb.

Die Mehrzahl der offiziellen Kontakte zwischen deutschen Städten und ihren einst verfolgten Bürgerinnen und Bürgern im Ausland und die sich daraus entwickelnden Einladungsprogramme entstanden seit den 1980er Jahren. Die Einladungsinitiativen nahmen somit in einer Zeit zu, als in Deutschland das Interesse an den Eingeladenen und ihren Erinnerungen stieg – wobei der Fokus auf den als

---

Kontakt zu einstigen Frankfurterinnen und Frankfurtern aufzunehmen, wobei die Stadt allerdings nur Informationen über Frankfurt verschickte und keine Einladungen aussprach. Diesen Beispielen Frankfurts und Münchens folgend initiierten schon bald mehr bundesrepublikanische Städte ähnliche Kontakte. 1970 zählte der Deutsche Städtetag in einer Umfrage 17 Städte, die Kontakte zu jüdischen ehemaligen Bürgerinnen und Bürgern aufgebaut hatten, darunter Westberlin. Eine ausführliche Darstellung und Analyse der Einladungsprogramme westdeutscher Städte seit den 1960er Jahren, mit einem Schwerpunkt auf den Entwicklungen in München, Frankfurt/Main und Berlin findet sich in Nikou, Lina: Einladungen in die alte Heimat. Besuchsprogramme deutscher Großstädte für ehemalige Verfolgte des Nationalsozialismus. Dissertation. Hamburg 2017.

3 Der Beschluss ging maßgeblich auf die Initiative von drei Personen zurück: In Berlin setzte sich der damalige Pressesprecher des Berliner Senats und Leiter des Presse- und Informationsamtes Hanns-Peter Herz für die Initiative ein. Im Nationalsozialismus war er selbst als „Halbjude" verfolgt worden, verstand sich nach 1945 aber vor allem als Sozialdemokrat. In den USA unterstützte Hans Steinitz, der in Berlin geborene Chefredakteur der deutschsprachigen Emigrantenzeitschrift *Aufbau* in New York die Einladungsinitiative und machte die Einladungen mehrfach an prominenter Stelle in der Zeitschrift bekannt. In Tel Aviv engagierte sich der 1933 aus Berlin geflohene Siggi Gross für die Einladungen. Sein Reisebüro in Israel übernahm anschließend die Organisation der Reisen für die Stadt. Es waren somit zunächst Einzelpersonen, die sich engagierten und Gehör fanden. Vgl. auch ebd.

jüdisch verfolgten Opfern der nationalsozialistischen Verfolgungen lag. Dieses Interesse an den später sogenannten Zeitzeugen nahm im Laufe der 1990er Jahren im Rahmen des „Memory-Booms"[4] immer weiter zu: Im Jahr 2006 zählte eine Studie um die 300 Initiativen.[5] Damit handelte es sich bei den Einladungsprogrammen um ein deutschlandweites Phänomen – erst in Westdeutschland und nach 1990 auch in der ehemaligen DDR.[6]

Als der Westberliner Senat im Juni 1969 die Einladungsinitiative beschloss, war die öffentliche und mediale Aufmerksamkeit für die Erlebnisse der einstigen Verfolgten allerdings noch nicht besonders ausgeprägt.[7] Dies änderte sich auch in Berlin erst entscheidend ab Mitte der 1980er Jahre, als einst Geflohene oder Deportierte verstärkt zu Gedenkveranstaltungen eingeladen und zu ihrer Geschichte befragt wurden. Dabei wirkte die Senatskanzlei als Vermittlerin zwischen den Eingeladenen und den an ihren Geschichten interessierten Berlinerinnen und Berlinern.[8]

Die Berliner Einladungsinitiative stellte Anfang der 1970er Jahre insofern eine Ausnahme dar, als sich die Stadt zum ersten Mal individuell an einst Verfolgte im Ausland wandte. Der Gedanke von Wiedergutmachung angesichts des ihnen widerfahrenen Unrechts stand dabei auf städtischer Seite im Mittelpunkt und entsprach somit dem damaligen Trend lokaler Erinnerungskultur. Die grundlegende Idee des Berliner Senatsbeschlusses war, ehemals verfolgten Berlinerinnen und Berlinern durch die Einladungen die Möglichkeit zu geben, sich ein eigenes

---

4 Vgl. Winter, Jay: Die Generation der Erinnerung. Reflexionen über den „Memory-Boom" in der zeithistorischen Forschung. In: Werkstatt Geschichte 30 (2001), S. 5–16.
5 Kräutler, Anja: „Dieselbe Stadt – Und doch eine ganz andere." Kommunale und bürgerschaftliche Besuchsprogramme für ehemalige Zwangsarbeiter und andere Opfer nationalsozialistischen Unrechts. Berlin 2006. S. 17.
6 Bisher sind die Entwicklungen der Einladungsprogramme in Ostdeutschland noch nicht umfassend untersucht worden. Einen knappen Überblick liefert Kräutler, ebd.
7 In den Jahren zuvor war es vor allem um die Strafverfolgung von NS-Tätern gegangen und im Rahmen dessen dienten die Aussagen von Verfolgten zunächst vor allem als Beweismittel. Vgl. u. a. Miquel, Marc von: Ahnden oder Amnestieren? Westdeutsche Justiz und Vergangenheitspolitik in den 60er Jahren. Göttingen 2004.
8 Auch wenn in der Bundesrepublik das Interesse an den als jüdisch verfolgten NS-Opfern in den 1970er und 1980er Jahren zunahmen, stieg die Zahl der Erinnerungsinitiativen in Berlin erst signifikant, als die Stadt ab 1990 wieder Hauptstadt einer vereinigten Bundesrepublik war. Zum langsam aufkeimenden Interesse und verstärkten Gedenken an die NS-Zeit in Berlin vgl. u. a. Kühling, Gerd: Ein vergessener Streit der frühen Holocaust-Erinnerung: Adolf Burg und der ehemalige Deportationsbahnhof Grunewald. In: MEDAON 15 (2014). http://www.medaon.de/de/artikel/ein-vergessener-streiter-der-fruehen-holocaust-erinnerung-adolf-burg-und-der-ehemalige-deportationsbahnhof-berlin-grunewald/, vor allem S. 11 f. (30.3.2017).

Urteil über die gegenwärtigen Verhältnisse in Berlin zu bilden.[9] Weiter hieß es im Beschluss, die Stadt wolle „damit auf sinnvolle Weise den Grundgedanken der Wiedergutmachungsgesetzgebung weiterführen und an die in früheren Jahren von Vertretern des Senats öffentlich ausgesprochenen Einladungen anknüpfen".[10] Denn Berliner Kommunalpolitiker der SPD und CDU hatten Emigrantinnen und Emigranten bereits in den frühen 1960er Jahren verhalten zur Rückkehr eingeladen.[11] Dies war jedoch bis dahin ohne Konsequenzen geblieben und öffentlich nur bedingt wahrgenommen worden. Darüber hinaus betonte der Senatsbeschluss in der Begründung für die Einladungen, die Stadt habe bereits Anfragen von Einzelpersonen und jüdischen Organisationen erhalten, die Jahres- oder Gedenktage in der Stadt verbringen wollten oder schon einen Besuch planten. Dabei interpretierten die Verfasser der Erklärung diese Anfragen „als Ausdruck der Normalisierung der Beziehungen zwischen Berlin und seinen ehemaligen Mitbürgern".[12] Berlin griff mit den Einladungen folglich – ebenso wie andere Städte – bereits bestehendes Interesse auf Seiten der einst Verfolgten auf. Reisen in die Bundesrepublik und nach Berlin waren Ende der 1960er Jahre für viele Emigrantinnen und Emigranten gängige Praxis, auch wenn sie darüber nur sehr begrenzt öffentlich sowie privat sprachen.[13]

---

9 Hier und im Folgenden: Senatsvorlage 1720/69 vom 19. Mai 1969 durch den Regierenden Bürgermeister Klaus Schütz, zur Beschlussfassung für die Sitzung am 10. Juni 1969.
10 Der Beschluss bezog sich auf das „Entschädigungs-Schlussgesetz". Danach durften Anträge an das Entschädigungsamt bis zum 31. Dezember 1969 eingereicht werden, wobei anschließend jedoch Ausnahmen gemacht wurden und klar war, dass individuelle Wiedergutmachungszahlungen, beispielsweise von Renten, noch weit bis in die erste Hälfte des 21. Jahrhunderts erfolgen würden. Nawrocki, Joachim: 30 Jahre Wiedergutmachung. In: 30 Jahre Wiedergutmachung. Und eine Chronik der Berlin-Besuche emigrierter Mitbürger. Berliner Forum 3/81. Berlin 1981. S. 3–33, hier S. 22.
11 So beispielsweise der damalige SPD-Senator Adolf Arndt anlässlich des Jahrestages des Ermächtigungsgesetzes 1963, aber auch der CDU-Politiker Joachim Tiburtius 1965 im Rahmen seines Engagements für die Gesellschaft für Christlich-Jüdische Zusammenarbeit. Darüber hinaus sind Berlins Bemühungen im Rahmen der Verleihung von Auszeichnungen an einstige Helferinnen und Helfer von Verfolgten zu nennen, die der Berliner Innensenator und SPD-Politiker Joachim Lipschitz unter Bezug auf eine Veröffentlichung des aus Berlin geflohenen Autors Kurt Grossmann angeregt hatte. Vgl. Riffel, Dennis: Unbesungene Helden. Die Ehrungsinitiative des Berliner Senats 1958 bis 1966. Berlin 2007.
12 Senatsvorlage 1720/69 vom 19. Mai 1969 durch den Regierenden Bürgermeister Klaus Schütz, zur Beschlussfassung für die Sitzung am 10. Juni 1969.
13 Vgl. Schenderlein, Anne: „Germany on their Minds"? German Jewish Refugees in the United States and Relationships to Germany, 1938–1988. Dissertation. San Diego 2014. u. a. S. 375 f.

Einladungsregeln und lange Wartezeiten

Nachdem der Berliner Beschluss in deutschsprachigen Emigrantenzeitschriften und in der bundesrepublikanischen und Berliner Presse bekanntgegeben wurde, erhielt die Senatskanzlei innerhalb weniger Monate weit über 10.000 Zuschriften, wobei in den folgenden Jahren jährlich bis zu 1.000 neue Einladungswünsche hinzukamen. Besonders trugen Veröffentlichungen im in New York erscheinenden *Aufbau*, dessen Herausgeber eng mit der Berliner Senatskanzlei kooperierten, dazu bei, die Berliner Initiative bekannt zu machen. Die zahlreichen begeisterten Reaktionen nach der Veröffentlichung des Einladungsangebots überraschten sogar die Initiatoren. Aufgrund der großen Nachfrage richtete die Senatskanzlei 1970 ein Referat ein, das ausschließlich für die Organisation der Einladungen und die Korrespondenzen mit den Emigrierten zuständig war und teilweise über 1.000 Einladungen im Jahr koordinierte. Dieses Referat führte Richtlinien ein, um die Einladungsberechtigten auszuwählen und eine Reihenfolge festzulegen. So hieß es in einem Vermerk Ende 1970, über die Reihenfolge der Vergabe der Einladungen und die Bedingungen, die an die Einzuladenden gestellt wurden:

a) in Berlin geboren
b) überwiegend in Berlin gelebt
c) während der NS-Zeit aus Berlin ausgewandert
d) seit Auswanderung nicht mehr in Berlin gewesen

Parallel hierzu wurden drei gleichgestellte Prioritätengruppen gebildet:

a) Lebensalter
b) KZ-Haft, Illegalität bzw. Ghetto-Aufenthalt in Shanghai (in Reihenfolge des Lebensalters)
c) Journalisten und Multiplikatoren (PR-Personen)[14]

Damit richtete sich die Stadt bei der Priorisierung nach dem Grad der Verfolgung, bevorzugte aber auch Personen, die das Programm beispielsweise in der internationalen Presse bekannt machen konnten. Der Zeitpunkt, zu dem der Einladungswunsch in Berlin eintraf, spielte ebenfalls eine Rolle. Personen, die sich früher an die Senatskanzlei wandten, erhielten auch früher eine Einladung. Damit wurden diejenigen bevorzugt, die in deutschsprachigen Emigrantenkreisen ver-

---

14 Landesarchiv Berlin – B Rep 002: Vermerk, Betr.: Senatsbeschluss Nr. 1720/69 – Einladung an die in der nationalsozialistischen Zeit verfolgte ehemalige Mitbürger, hier: Durchführung des Senatsbeschlusses, 11.12.1970, S. 3.

kehrten und somit früh von dem Angebot erfuhren, sowie diejenigen, die sich ohne Zögern bei der Stadt meldeten.

Das Referat vermittelte die Einladungsregeln an die einstigen Berlinerinnen und Berliner sowohl individuell als auch öffentlich, indem das Presse- und Informationsamt der Stadt ab 1970 die Zeitschrift *Aktuell* herausgab. Diese wurde in der Regel vier Mal im Jahr veröffentlicht (sie erscheint nach wie vor zwei Mal jährlich) und an alle ehemaligen Gäste sowie an diejenigen einstigen Bürgerinnen und Bürger verschickt, die Interesse an Kontakten nach Berlin und/oder einer Einladung geäußert hatten. In der Zeitschrift ging es um die Geschichte Berlins vor 1933, um aktuelle Entwicklungen und Ereignisse in (West-)Berlin sowie um die Einladungen. *Aktuell* fungierte als Vermittlerin zwischen den Leserinnen und Lesern, die darin teilweise direkt angesprochen wurden, und den Organisatorinnen und Organisatoren der Einladungen. Wenn in der Zeitschrift die Einladungsregeln geschildert wurden, betonten die meisten Artikel die unbürokratische Art und Weise, mit der das Programm organisiert würde.[15] Bewusst sollte der Eindruck einer unkomplizierten Bürokratie vermittelt werden, um den Adressatenkreis nicht zu verschrecken, der im Nationalsozialismus vor allem auch mit Hilfe der deutschen Bürokratie verfolgt worden war.[16] So verzichtete das zuständige Referat in den meisten Fällen auf Dokumente zur Bestätigung der Angaben der Emigrantinnen und Emigranten und ging in späteren Jahren lediglich dazu über, die Personendaten in Einzelfällen prüfen zu lassen. Zahlreiche Personen legten jedoch auch ohne Aufforderung Kopien von Geburts- oder (Wieder-)Einbürgerungsurkunden bei, womit sie ihre Zugehörigkeit zu Berlin (und teilweise auch zu Deutschland) belegen wollten. Durch dieses Entgegenkommen erhofften sie sich eine baldige Einladung und erwarteten offensichtlich im Umgang mit einer deutschen Behörde ein entsprechendes bürokratisches Vorgehen.[17]

Schwer zu vermitteln war für das Berliner Referat vor allem, dass es durch die große Nachfrage teilweise zu über zehnjährigen Wartezeiten kam. Der Erhalt von *Aktuell* sollte dazu beitragen diese langen Wartezeiten zu überbrücken. Die Ver-

---

15 Mit einem ähnlichen Tenor berichtete auch der *Aufbau*, was verdeutlicht, dass die an der Zeitschrift Beteiligten ebenfalls ein Interesse daran hatten, die Einladungen als Erfolg darzustellen und so den Wandel Berlins hervorzuheben. Vgl. Berlin lädt ein. Sonderausgabe des „Aufbau" vom 13. 2.1970.
16 Wolfgang Seibel verweist darauf, dass Verwaltungsbeamtinnen und -beamte im Nationalsozialismus sehr wohl Handlungsspielräume besäßen, womit er auf die persönliche Verantwortung der Beamtinnen und Beamten in Verwaltungssystemen aufmerksam macht. Seibel, Wolfgang: Verwaltung verstehen. Eine theoretische Einführung. 2. Aufl. Berlin 2017. S. 138 f. und S. 154 f.
17 So auch Anna Loewenstein (Pseudonym), deren Korrespondenzen mit der Senatskanzlei im Folgenden analysiert werden.

waltungsmitarbeiterinnen und -mitarbeiter warben darin immer wieder um Geduld und Verständnis für die begrenzten finanziellen Mittel. Weiter argumentierten die Beamtinnen und Beamten moralisch, indem sie darauf verwiesen, dass „Selbstzahler" Personen eine Einladung ermöglichen würden, die finanziell schlechter gestellt seien. Die Verwaltungsmitarbeiterinnen und -mitarbeiter forderten die an einer Einladung interessierten zur Mithilfe auf, indem sie sie baten, die Reisekosten, wenn möglich, selbst zu übernehmen, wobei die Stadt lediglich die Aufenthaltskosten trug. Als Anreiz erhielten diejenigen, die für die Reisekosten selbst aufkamen sofort oder zumindest nach einer nur kurzen Wartezeit eine Einladung. Die Anzahl derer, die bereit und in der Lage waren, selbst für die Fahrtkosten aufzukommen, war jedoch begrenzt. Das Referat befürchtete schon Ende 1970, dass die „registrierte Unzufriedenheit unter den Bewerbern die moralische Auswirkung des Senatsbeschlusses [...] in Frage stellen könnte"[18] und hielt in einem internen Vermerk fest:

> Das vorläufige Ergebnis der Aktion [...] weist [...] aus, daß die Beibehaltung der bisher geübten Praxis den „Abbau" der altersmäßigen Reihenfolge praktisch unmöglich macht. Selbst wenn man annimmt, daß die hier registrierten rund 500 Bewerber über 80 Jahren nur noch zur Hälfte – wegen Reiseunfähigkeit – eingeladen zu werden brauchten, würden nach überschlägiger Berechnung rund 650.000,- DM benötigt.[19]

Damit befand sich die Verwaltung in einem Dilemma, das auch in den folgenden Jahrzehnten nicht gelöst wurde, so dass nur die Möglichkeit blieb, bei den Adressaten der Aktion für Verständnis zu werben. Beschwerden über dieses Vorgehen gingen auch von Jüngeren ein, wie von dem 69-Jährigen und nach eigener Aussage noch rüstigen Simon Sander[20] aus Tel Aviv, der 1972 einen Brief an die Senatskanzlei schrieb, nachdem er einen Artikel in *Aktuell* gelesen hatte. Ausgehend von 14.000 Einladungswünschen, die darin bekannt gegeben worden waren, hielt er fest:

> Als ich in dieser Woche wieder einmal Ihre Zeitschrift „Aktuell" erhielt, und Ihren Hauptartikel gelesen hatte, so mußte ich doch zur Feder greifen, um meiner Meinung etwas freie Luft zu lassen. Sind Sie mir deshalb bitte nicht böse, wir können weiter gute Freunde bleiben. [...] Aus Ihrem Artikel entnehme ich, daß das letzte Jahr ungefähr 1.000 Menschen das Glück hatten von Ihnen eingeladen zu werden, um wieder einmal Berlin wiederzusehen. Ich weiß

---

18 Landesarchiv Berlin – B Rep 002: Vermerk, Betr.: Senatsbeschluss Nr. 1720/69 – Einladung an die in der nationalsozialistischen Zeit verfolgte ehemalige Mitbürger, hier: Durchführung des Senatsbeschlusses, 11.12.1970. S. 6.
19 Ebd. S. 4. Dabei war diese Summe noch viel zu niedrig veranschlagt, wie sich später herausstellen sollte.
20 Pseudonym.

> nicht, wie Sie Ihre Mitteilung vornehmen betr. einer Reise nach Berlin, aber ich nehme an, daß es nach dem Alter geht. [...] Ich bin heute fast 70 Jahre alt, rüstig und gesund. Habe fast eine Generation in Berlin gelebt, habe auch dort die Schule besucht und bin heute auch deutscher Staatsbürger, aber leider bin ich finanziell nicht imstande solch eine Reise aus meiner Tasche zu finanzieren. Nach Ihrer eigenen Rechnung kommen jedes Jahr ungefähr 1.000 Menschen auf Ihre Einladung nach Berlin. Das heißt nach meiner Rechnung, wenn man kein Glück jetzt hat, so muß man eventuell [?] 14 Jahre oder noch mehr warten. Glauben Sie wirklich, und im Ernstfall, wenn ein Mensch 85 – 90 Jahre alt wird, daß er sich solch eine Reise körperlich erlauben kann, ich glaube es nicht [...].[21]

Simon Sander brachte, wie viele andere, in seinem Brief seine lebenslange und anhaltende Verbundenheit mit Berlin zum Ausdruck. Trotz seiner Kritik betonte er, dass dies nichts an seinem Wunsch ändere, gute Beziehungen zu seiner Heimatstadt zu pflegen. Schließlich hatte er sogar Erfolg mit seiner Beschwerde und erhielt bereits kurz nach seinem Schreiben eine Einladung. Dies zeigt, dass den Verwaltungsmitarbeiterinnen und -mitarbeitern bei der Vergabe der Einladungen Spielräume zur Verfügung standen. Diese nutzten sie jedoch nur selten, weil bereits zu Beginn Beschwerden eingingen, wenn sich Personen im Gegensatz zu anderen benachteiligt fühlten. Auch sehr emotionale und wiederholte Bitten um eine frühzeitige Einladung änderten daran nichts. Das zeigt etwa das Beispiel von Anna Loewenstein[22] aus Tel Aviv, welches unterschiedliche sowie übereinstimmende Motive für den Wunsch nach Kontakten auf beiden Seiten vor Augen führt.

Individuelle Bedürfnisse vs. Verwaltungshandeln

Die 1926 geborene Anna Loewenstein wandte sich im Oktober 1970 an den Regierenden Bürgermeister Berlins, bat um eine Einladung und führte aus, dass sie mit ihren Eltern „viele Jahre (Kriegszeit) in Lägern [...] interniert verbracht" hätte.[23] Sie betonte, dass sie seit langem geschieden sei und sich allein um ihre beiden Kinder kümmerte und schloss ihren Brief mit dem Hinweis: „Nachdem ich durch die Nazis auch schwer gesundheitlich geschädigt bin, ist meine Lebenserwartung auch nicht mehr so hoch und hoffe daher, dass Sie es mir bald ermöglichen werden Berlin wiederzusehen."[24] Charlotte Wolff – eine langjährige

---

21 Senatskanzlei Berlin (SK Berlin) – 1973 Israel Gruppe September – Simon Sander: Brief von Simon Sander an die Senatskanzlei Berlin vom 24.12.1972.
22 Pseudonym.
23 SK Berlin – 1973 Israel Gruppe September – Anna Loewenstein: Brief von Anna Loewenstein an den Regierenden Bürgermeister von Berlin vom 5.10.1970.
24 Ebd.

Mitarbeiterin des zuständigen Referats – vertröstete sie mit einer Standardantwort, die den Hinweis auf die begrenzten finanziellen Mittel enthielt und darauf verwies, dass ältere Berlinerinnen und Berliner Vortritt hätten. Außerdem bat sie Loewenstein ihr mitzuteilen, „zu welchem Zeitpunkt Sie unsere Stadt verlassen mußten. Falls Sie zu denen gehören, die aus der Vielzahl der Antragssteller ausgewählt werden, lasse ich rechtzeitig von mir hören."[25] Das Anschreiben zeigt, dass häufig Angaben von Emigrantinnen und Emigranten erfragt werden mussten, die trotz der Hinweise in *Aktuell* fehlten.[26] Das Formschreiben der Behörde ging des Weiteren auf Loewensteins Anfrage gar nicht ein, was daran deutlich wird, dass diese deportiert wurde und nicht emigriert war, was auch ihre Akte vermerkte. Außerdem behielt sich die Senatskanzlei vor, die Initiative für den folgenden Briefaustausch selbst anzuregen. Die Verwaltung vermied genaue Zeitangaben, um einerseits zu verhindern, dass Emigrierte auf Ansprüchen bestehen konnten und andererseits dem Referat eine gewisse Flexibilität bei seiner Einladungspolitik zu ermöglichen.

Loewenstein richtete ihre anschließende Antwort weder an Charlotte Wolff, noch folgte sie deren Bitte um Geduld. Stattdessen schrieb sie wiederholt direkt an den Regierenden Bürgermeister. In den Briefen schilderte sie ausführlich ihre schwierige persönliche Situation und ihr großes Heimweh nach Berlin, wobei sie angesichts eines Berlin-Buches, das sie von der Senatskanzlei erhielt, bemerkte: „Ich hatte vor Freude so geweint, als ich die wunderschönen Bilder sah, denn schließlich ist es meine gewesene Heimatstadt, in der ich zwar geboren bin, doch vertrieben wurde und meine Kindheit nur in Konzentrationslägern [sic] verbrachte."[27] Sie betonte weiter, dass es noch immer ihr größter Traum sei, „noch 1x in meinem Leben meine Heimatstadt wiederzusehen. Meine nachstehenden Verwandten [sic] und meine Eltern sind alle umgekommen, ich bin die einzige, die damals am Leben blieb [...]."[28] In Israel arbeite sie als Dolmetscherin, aufgrund des teuren Lebens dort könne sie sich eine Reise jedoch nicht leisten. Ausführlicher als Simon Sander rechtfertigte sie sich dafür, dass sie die Reisekosten nicht selbst tragen könne. Schließlich ging sie auch auf das Einladungsreglement ein:

---

25 SK Berlin – 1973 Israel Gruppe September – Anna Loewenstein: Brief von Charlotte Wolff an Anna Loewenstein vom 14.10.1970.
26 Vgl. u. a. den titelgebenden Artikel: Vollständige Angaben sind unbedingt nötig. In: Aktuell 5 (März 1971). S. (1).
27 SK Berlin – 1973 Israel Gruppe September – Anna Loewenstein: Brief von Anna Loewenstein an den Regierenden Bürgermeister von Berlin vom 11.11.1970. Bei dem Buch handelte es sich den Vermerken in der Senatskanzlei nach um Scholz, Arno: Berlin – Chronik in Bild und Wort. Berlin (?) 1970.
28 Ebd.

> Ich weiß, daß Sie es möglich machen älteren Leuten die Gelegenheit zu geben Berlin wiederzusehen, ich bin zwar nicht alt, und sehe noch viel jünger aus als ich bin, anbei ein Photo, dass bei Ihnen bleiben kann, ich stehe am Auto meines Cheffes [sic], denn ich bin hier im Lande privat Dolmetscherin für die Botschaften vom [?]land, zur Zeit arbeite ich für die italienische Botschaft. Leider fühle ich mich gesundheitlich nicht immer so gut, ich leide an Folgen von Darmkrankheiten die ich während des Hungerleidens im Lager erlitt, ich bekomme Bauchschmerzanfälle und muss dann stets für Wochen ins Hospital gehen, wenn nicht mein starker Wille meiner Kinder zuliebe wäre [...], ich glaube ich wäre schon längst gestorben, oder hätte selbst ein Ende gemacht.[29]

Sie bemühte sich, dem Bürgermeister ein möglichst genaues Bild von sich zu vermitteln, wollte individuell wahrgenommen werden und begründete ihr Bedürfnis nach einer möglichst schnellen Einladung mit ihrem schlechten körperlichen Zustand, wobei sie ausführlich ihre durch die Lagerhaft bedingten Krankheiten schilderte. Ihre Argumentation erinnert dabei an Begründungen in Wiedergutmachungsanträgen, in denen diese Beschreibungen von Bedeutung gewesen wären.[30] Auf ihre wiederholten verzweifelten Bitten um Einladung antwortete dieses Mal ein anderer Mitarbeiter der Senatskanzlei, Johannes Völckers:

> Ich kann Sie durchaus verstehen, daß Sie sich einen baldigen Besuch in Ihrer alten Heimatstadt herbeiwünschen, aber leider müssen – wie Sie ja wissen – die von uns zwangsläufig gesetzten Prioritäten eingehalten werden. [...] Seien Sie mir deshalb nicht böse, wenn ich Ihnen zum gegenwärtigen Zeitpunkt noch keine Hoffnungen auf einen baldigen Besuch Berlins machen kann. Ich bin jedoch sicher, daß Sie diesen meinen Standpunkt verstehen werden, niemand soll benachteiligt werden.[31]

Ähnlich wie Simon Sander wurde also auch Anna Loewenstein von der Behörde gebeten, sich weiterhin ein positives Bild ihrer Heimatstadt zu erhalten, obwohl ihr Wunsch gleichzeitig zurückgewiesen wurde. Vielmehr bat Völckers um Verständnis für das städtische Vorgehen, indem er an ihren Gerechtigkeitssinn appellierte, wobei er sich wiederum bemühte, ihr keine unbegründeten Hoffnungen auf eine baldige Einladung zu machen. Auf den Brief von Loewenstein hingegen

---

[29] SK Berlin – 1973 Israel Gruppe September – Anna Loewenstein: Brief von Anna Loewenstein an den Regierenden Bürgermeister von Berlin vom 11.11.1970.
[30] Die Notwendigkeit, im Rahmen der Wiedergutmachungsverfahren immer wieder die Verfolgungserlebnisse gegenüber den Behörden zu schildern, beschreibt unter anderem Rosemann, Marc: „It went on for years and years". Der Wiedergutmachungsantrag der Marianne Ellenbogen. In: Die Praxis der Wiedergutmachung. Geschichte, Erfahrung und Wirkung in Deutschland und Israel. Hrsg. v. Frei, Norbert, José Brunner u. Constantin Goschler. Göttingen 2009. S. 51–78.
[31] SK Berlin – 1973 Israel Gruppe September – Anna Loewenstein: Brief von Johannes Völckers an Anna Loewenstein vom 26.11.1970.

ging Völckers ebenfalls kaum ein, auch wenn sich sein Schreiben schon persönlicher liest als die Standardantwort von Charlotte Wolff.[32] Allerdings erstaunt, dass Völckers unerwähnt ließ, dass Anna Loewenstein als Konzentrationslagerüberlebende auf eine frühzeitige Einladung hoffen konnte. Obwohl sie *Aktuell* erhielt, berief sich Loewenstein ebenfalls nur teilweise auf die darin veröffentlichten Einladungsregeln, in denen eben dies erläutert wurde. In einem Brief bemerkte sie schließlich allerdings, die Regeln erinnernd, dass sie schon von jüngeren Leuten gehört habe, die eingeladen worden seien, womit sie die Befürchtung der Senatskanzlei bestätigte, dass sich die Emigrantinnen und Emigranten untereinander austauschten und Einladungen, die nicht dem städtischen Reglement entsprachen, kritisiert werden würden.[33] Sowohl Sander als auch Loewenstein beriefen sich in ihren Briefen nur teilweise auf die Ausführungen der Einladungsregeln durch die Stadt. Die Veröffentlichung der Einladungskriterien führte somit nicht unbedingt dazu, dass Emigrierte diese auch wahrnahmen, akzeptierten oder in ihren Briefen einen entsprechenden Anspruch daraus ableiteten.

Anna Loewenstein schrieb in der Folgezeit weiterhin mehrfach sehr persönlich an den Bürgermeister und versuchte, eine Beziehung zu ihm aufzubauen, auch wenn ihr immer wieder wechselnde Mitarbeiter der Senatskanzlei antworteten. Anfang 1973 erhielt sie schließlich einen Brief von Johannes Völkers, der sie zu einer Gruppenreise einlud.[34] Überschwänglich sagte sie zu und richtete ihre Antwort erneut an den Bürgermeister:

> Lieber Herr Bürgermeister Schalom! Ich habe mich schrecklich mit ihrem letzten Brief vom 17.1.73 gefreut; und kann ich es kaum erwarten, meine Heimatstadt BERLIN wiederzusehen. Sie können sich nicht vorstellen, welche große Freude, sie mir, [sic] mit dieser Reise bereiten. Sie fragen an, ob mir September recht wäre? Jederzeit, jede Woche, jeder Monat ist mir recht Berlin wiederzusehen! In der festen Hoffnung, daß ich in die September-Gruppe eingereiht werde, und in Erwartung ihrer baldigen endgültigen Reisebestätigung, verbleibe ich von ganzen Herzen dankend [...].[35]

---

32 Später schloss die Senatskanzlei sogar in einem internen Vermerk aus Wünschen nach vorzeitigen Einladungen, die nicht den Prioritäten entsprachen stattzugeben und hielt fest, dass fortschreitende Krankheiten auch mit einem ärztlichen Attest nicht berücksichtigt würden. Landesarchiv Berlin – B Rep 002: Vermerk, Betr.: Sonderbesuchsprogramm 1972/73, 3.10.1972, S. 3.
33 SK Berlin – 1973 Israel Gruppe September – Anna Loewenstein: Brief von Anna Loewenstein an den Bürgermeister von Berlin vom 20.10.1971.
34 SK Berlin – 1973 Israel Gruppe September – Anna Loewenstein: Brief von Johannes Völkers an Anna Loewenstein vom 17.1.1973.
35 SK Berlin – 1973 Israel Gruppe September – Anna Loewenstein: Brief von Anna Loewenstein an den Regierenden Bürgermeister von Berlin vom 29.1.1973.

Daraufhin erhielt sie eine Einladung, die die Details zum Ablauf der Reise sowie den Hinweis enthielt, dass Terminänderungen nicht möglich seien.[36] Darüber hinaus wurde um schnelle Rückmeldung gebeten, da ansonsten „über den Platz sofort anderweitig verfügt" würde.[37] Weil nur Ehepartner als Begleitpersonen eingeladen wurden, bedeutete dies im Fall der geschiedenen Anna Loewenstein, dass sie die Einladung allein annehmen musste, auch wenn sie schrieb, dass ihre Tochter oder ihr Sohn sie gern begleitet hätten. Die Einladungsbedingungen benachteiligten also Personen ohne Ehepartner, was Loewenstein jedoch nur verhalten kritisierte. Nach dem Besuch bedankte sie sich überschwänglich mit mehreren Briefen, die sie dieses Mal nicht nur an den Bürgermeister, sondern auch an mehrere Mitarbeiterinnen und Mitarbeiter der Senatskanzlei richtete, und teilte mit, dass es für sie ein einmaliges Ereignis gewesen sei, ihre „gewesene Heimatstadt, nach 37 Jahren wiederzusehen".[38] Außerdem kam sie darauf zu sprechen, dass sie sich über eine Remigration Gedanken mache, die sie letztendlich aber wohl nicht in die Tat umsetzte.

Mitte 1974 schrieb Anna Loewenstein erneut nach Berlin und fragte an, ob die Stadt die Hotelkosten während eines weiteren Berlinaufenthalts übernehmen könnte, damit sie ihrem Sohn die Stadt zeigen könne, was Charlotte Wolff jedoch mit dem Hinweis auf die bereits erfolgte Einladung ablehnte. Solche Anfragen, von denen es nicht wenige gab, verdeutlichen, dass die städtische Einladung die Sehnsüchte der Emigrierten nach ihrem einstigen Wohnort höchstens vorübergehend stillen konnten, und dass viele Personen womöglich häufiger nach Berlin gekommen wären, wenn sie es sich hätten leisten können. In ihrem letzten Brief an die Senatskanzlei bedankte sich Loewenstein 1979 für den Berlin-Kalender, der nun ihre Wohnung schmücke und bemerkte, dass sie, derzeit bettlägerig, sich wünsche, rasch wieder gesund zu werden, um die Straße in Berlin, in der sie geboren wurde, noch einmal wiederzusehen.[39] Wie Loewenstein wünschten sich viele ehemalige Berlinerinnen und Berliner eine anhaltende persönliche Bindung zu der Stadt aus der sie vertrieben oder deportiert worden waren, mit der sie aber auch positive Erinnerungen verbanden, und die regelmäßigen Sendungen der Senatskanzlei ermöglichten ihnen dies zumindest in begrenztem Ausmaß.

---

36 SK Berlin – 1973 Israel Gruppe September – Anna Loewenstein: Brief von Johannes Völkers an Anna Loewenstein vom 15.6.1973.
37 Ebd.
38 SK Berlin – 1973 Israel Gruppe September – Anna Loewenstein: Brief von Anna Loewenstein an die Berliner Senatskanzlei vom 29.9.1973.
39 SK Berlin – 1973 Israel Gruppe September – Anna Loewenstein: Brief von Anna Loewenstein an Herrn Sötje von der Berliner Senatskanzlei vom 6.2.1979.

Wiedergutmachung, Bürokratie und Macht

Die Personenakten der Berliner Senatskanzlei Anfang der 1970er Jahre offenbaren ein Machtgefälle: Die Emigrantinnen und Emigranten traten als Bittsteller auf, deren Wünsche zum überwiegenden Teil nicht erfüllt wurden (oder werden konnten). Die einst Verfolgten mussten um eine Einladung bitten, wodurch ein älteres Machtverhältnis reproduziert wurde, das besonders in den Fällen offensichtlich wurde, in denen Personen sich eine Reise nach Europa und Berlin finanziell nicht leisten konnten. Allerdings nahmen die Eingeladenen durch ihre Äußerungen und ihre Kritik Einfluss darauf, wie das zuständige Referat agierte, da dieses den einst Verfolgten schließlich ein positives Bild der Stadt vermitteln sollte. Dieses Ziel konnte nur erreicht werden, wenn die Kontakte für die einst Verfolgten zum überwiegenden Teil zufriedenstellend verliefen und als positiv wahrgenommen wurden. Der Kulturwissenschaftler Walter Leimgruber bemerkte bezogen auf die Kommunikationsweisen, die sich in Verwaltungsakten abbilden, dass „es [...] nicht um eine klare Trennung in aktiv und passiv, herrschend und beherrscht, Täter und Opfer gehen [kann], sondern vielmehr um die Analyse der komplexen, vielschichtigen Beziehungen der beiden Seiten, die sich durch je spezifische Handlungsweisen auszeichnen".[40] Diese komplexen Interaktionen werden in den Berliner Personenakten besonders deutlich, weil die Stadt für das Einladungsprogramm spezifische Regeln erarbeitete, für die sie sich jedoch permanent individuell sowie öffentlich gegenüber den Adressatinnen und Adressaten rechtfertigen musste.[41]

Die städtischen Verwaltungsbeamtinnen und -beamten waren im Rahmen der Einladungen um ein gutes Verhältnis zu den „Antragstellern" bemüht, was bei der Realisierung und Verwaltung der finanziellen Wiedergutmachungszahlungen in den 1950er und 1960er Jahren noch durchaus anders gewesen war. Damals hatte sich die Situation für die einst Verfolgten wesentlich unerfreulicher dargestellt. Die Historikerin Julia Vollmer-Naumann hat festgestellt, dass im Rahmen der Entschädigungsverfahren Sachbearbeiterinnen und -bearbeiter und ehemals Verfolgte aufeinandertrafen, deren Einstellungen unvereinbar waren, da sich die Verwaltungsbeamten, die die Entscheidungsmacht hatten, „als die ausführenden

---

40 Leimgruber, Walter: Einleitung. Akten: Die gesellschaftliche Kraft eines Verwaltungsinstruments. In: Was Akten bewirken können. Integrations- und Ausschlussprozesse eines Verwaltungsorgans. Hrsg. v. Kaufmann, Claudia u. Walter Leimgruber. Zürich 2008. S. 12.
41 Dieses Prinzip von Transparenz und Partizipation gilt auch allgemein für Verwaltungsprozesse, angesichts der sensiblen Thematik und des begrenzten Adressatenkreises wird es in diesem Fall aber besonders deutlich. Vgl. Seibel, Verwaltung verstehen, S. 23.

Bürokraten eines mit Mängeln behafteten Gesetzes" sahen, während „die durch die nationalsozialistische Verfolgung oft psychisch, körperlich und finanziell schwerst" Geschädigten „nicht nur einen finanziellen Ausgleich, sondern auch eine besondere Anerkennung für ihre Leiden" erwarteten.[42] Dabei sei „[d]er gesetzlich vorgesehene und durch Politik, Verwaltung und Justiz ausgestaltete Entschädigungsvorgang [...] nicht dazu geeignet [gewesen], diese Erwartungen zu erfüllen."[43]

Im Rahmen des Berliner Einladungsprogramms existierten auf Verfolgtenseite ähnliche Erwartungen oder zumindest Hoffnungen. Auch hier konnte die Verwaltung diesen Ansprüchen nur begrenzt gerecht werden, bemühte sich jedoch, den ehemaligen Berlinerinnen und Berlinern zumindest das Gefühl zu vermitteln verstanden zu werden, denn davon hing der Erfolg der Initiative ab. Die Entscheidungsmacht blieb jedoch bei den Beamtinnen und Beamten. Der Versuch der Westberliner Senatskanzlei, ein gerechtes Auswahlverfahren für die Reihenfolge der Einladungen zu schaffen, scheiterte jedoch letztlich, weil die Verwaltungsbeamtinnen und -beamten mit begrenzten finanziellen Mitteln eine sehr große Zahl an Einladungswünschen erfüllen mussten und weil sie mit individuellen Bedürfnissen und Leidensgeschichten konfrontiert waren, denen die aufgestellten Regeln nicht gerecht werden konnten. Anders als bei den Verfahren um finanzielle Wiedergutmachung stellte das Referat diese Regeln jedoch selbst auf und konnte sie bei Bedarf anpassen. Darüber hinaus mussten die Verwaltungsbeamten sich zwar vor den Emigrantinnen und Emigranten selbst und teilweise auch vor ihren Vorgesetzten rechtfertigen, sie konnten allerdings Ausnahmen machen. Strukturell orientierte sich das Einladungsprogramm an in der Stadtverwaltung üblichen Verfahren, wobei die Überprüfung der so genannten Antragstellerinnen und Antragsteller wesentlich nachsichtiger gehandhabt wurde als dies in Verwaltungsverfahren üblicherweise der Fall war und ist, was verdeutlicht, dass sich die Verwaltung auch strukturell um ein Entgegenkommen bemühte.

---

42 Volmer-Naumann, Julia: „Betrifft: Wiedergutmachung". Entschädigung als Verwaltungsakt am Beispiel Nordrhein-Westfalen. In: „Arisierung" und „Wiedergutmachung" in deutschen Städten. Hrsg. v. Fritsche, Christiane u. Johannes Paulmann. Köln u. a. 2014. S. 335–362, hier S. 237.
43 Ebd.

Resümee

Viele Emigrantinnen und Emigranten waren für einen Besuch in Berlin auf finanzielle Unterstützung angewiesen, um sich die Reise leisten zu können. Gleichzeitig wünschten sich viele derjenigen, die sich dazu entschlossen, auf die Aufrufe zu reagieren, aber auch eine dauerhafte persönliche Beziehung zur Stadt, wobei sie vor allem vor den Besuchsreisen, wenn sich Beamte und Senatsgäste trafen, in ihren Briefen häufig zunächst den Regierenden Bürgermeister persönlich ansprachen. Ablehnung gegenüber dem Kontaktangebot der Stadt brachten nur wenige in der Korrespondenz mit der Senatskanzlei zum Ausdruck, was auch daran lag, dass sich die Emigrierten in der Regel von sich aus in Berlin meldeten, was zumindest einen grundsätzlichen Wunsch nach Kontakt voraussetzte. Ambivalente Gefühle und Zweifel kamen in den Korrespondenzen zur Sprache, gingen jedoch häufig mit einer generell zugewandten Haltung gegenüber der früheren Heimatstadt einher. Die für den Briefverkehr zuständigen Verwaltungsbeamtinnen und -beamten konnten dem Wunsch nach individueller Betreuung angesichts hunderter Personen für die sie zuständig waren, sowie im Rahmen ihrer Rolle als offizielle städtische Repräsentanten nur in Ausnahmefällen entsprechen. Dementsprechend einseitig stellte sich die Kommunikation dar: Während Emigrierte ausführliche persönliche Briefe an die Stadt schrieben, erhielten sie häufig Formschreiben oder kurze individuelle Antworten, in denen die Beamtinnen und Beamten vor allem um Verständnis für die Position der Stadt warben. Dass so viele Eingeladene die Reisekosten selbst trugen und die städtische Einladung trotz langer Wartezeiten meist dankbar annahmen, bezeugt aber auch, dass für viele einst Verfolgte die offizielle Einladung und damit die Geste entscheidend war, um nach Flucht oder Deportation wieder nach Berlin zu kommen. Somit trafen sich bei den Einladungen gemeinsame Interessen der Gastgeber und Gäste. Beide Seiten wollten positive Beziehungen aufbauen, wobei die Verwaltungsbeamtinnen und -beamten im Interesse der Stadt handelten und die Emigrierten in ihnen Ansprechpartner für ihre Sehnsüchte nach einem positiv erinnerten Berlin fanden. Der erhoffte Effekt der Einladungen auf das Image der Stadt, vor allem in den jüdischen Gemeinden im Ausland, lässt sich nur begrenzt abschätzen. Die meist überschwänglichen Dankesschreiben nach den Besuchsreisen belegen jedoch, dass es der Stadtverwaltung gelang, den meisten Besuchern während des Aufenthalts einen positiven Eindruck zu vermitteln, so dass sie begeistert zurückfuhren – oder ihre Kritik womöglich aus Höflichkeit zumindest selten in Briefen an die Senatskanzlei äußerten.

Rainer Kampling
„Kommt und lasst uns hinaufziehen zum Berg des HERRN" (Mi 4,2).
Die Bedeutung der Staatswerdung Israels für die Jüdisch-Christlichen Dialoggruppen

Einführung

Die Adjektive ‚jüdisch' und ‚christlich' können bei Außenstehenden den Eindruck erwecken, es handele sich bei den Gruppen, Gesellschaften oder am Dialog Beteiligten, die das interreligiöse Gespräch führen, um solche, die einer rein religiösen Angelegenheit nachgehen. Nun verweist diese Annahme freilich zunächst auf ein Missverstehen des Religiösen als privatistische Angelegenheit, ist aber immerhin dadurch erklärbar, dass sich die Agierenden einer der beiden Glaubensgemeinschaften verbunden wissen. Allerdings wäre die Mutmaßung gänzlich verfehlt, und zwar insbesondere für die Zeit nach dem Zweiten Weltkrieg, falls man sie auf die Motivation und Zielsetzung bezöge. Jene waren und sind entschieden politisch bestimmt im Sinne einer aktiven Teilhabe an demokratischen Prozessen. Weiterhin sind sie immer mit der Mehrung und Weitergabe von Wissen und Bildung verbunden.[1] Gewiss gehören diese jüdisch-christlichen Gruppen und ihre Arbeit in das weite Spektrum der Auseinandersetzung mit den Verbrechen Deutschlands in den Jahren der nationalsozialistischen Herrschaft, aber es ist nicht zu gering zu schätzen, dass auf Seiten der beteiligten Christen und Christinnen ein großes Interesse daran bestand, mehr über das Judentum zu lernen, weil es ihnen fast ausschließlich in der Verzerrung des Antisemitismus bekannt war. Dabei handelte es sich überwiegend um Personen, die nicht professionell in kirchlichen oder universitären Institutionen verankert waren, sondern als Laien gelten konnten. Insbesondere in der hierarchischen Struktur der römisch-katholischen Kirche war es zunächst eine Bewegung ‚von unten', die innerkirchlich nicht ohne Einfluss blieb, wie sich dann auf dem Vaticanum II (1962–1965) zeigte. Außerkirchlich wirkten diese Gruppen, deren Mitglieder mehrheitlich dem Bürgertum entstammten, in allen Belangen, die das Judentum

---

1 Vgl. Münz, Christoph u. Rudolf W. Sirsch (Hrsg.): „Wenn nicht ich, wer? Wenn nicht jetzt, wann?" Zur gesellschaftspolitischen Bedeutung des Deutschen Koordinierungsrates der Gesellschaften für Christlich-Jüdische Zusammenarbeit (DKR). Münster 2004.

betrafen, in nicht unerheblichen Maße auf die gesellschaftlichen Prozesse ein. Das Eintreten für den Staat Israel spielte dabei eine herausragende Rolle.

Im Folgenden soll aus dem breiten Spektrum der Beweggründe und Interessen ein Aspekt aufgegriffen werden, der in den späten Vierzigern und Fünfzigern des vergangenen Jahrhunderts die Wahrnehmung der Staatsgründung Israels beeinflusst hat. Näherhin geht es um eine geschichtstheologische Deutung, deren positive Aussageabsicht nicht die mitgegebene Ambivalenz aufheben kann.

Zum Hintergrund

Der jüdisch-christliche Dialog in seiner institutionalisierten Form[2] ist in Westdeutschland als Initiative der US-Besatzungsmacht entstanden. Die erste Gesellschaft für Christlich-Jüdische Zusammenarbeit wurde am 9. Juli 1948 in München gegründet, mithin wenige Monate nach der Gründung des Staates Israel am 14. Mai 1948. In Anlehnung an ähnliche Gruppen in den USA – das Modell der Gesellschaften war die 1927 gegründete National Conference of Christians and Jews (NCCJ)[3] – wurde die Form kleiner Gruppen gewählt, die auf die öffentliche Meinungsbildung und auf pädagogische Programme Einfluss nehmen sollten. Dementsprechend handelte es sich bei den ersten Mitgliedern um Vertreter und Vertreterinnen der, wie man formulierte, ‚gehobenen Schichten'.

Dazu gehörten Kommunal- und Landespolitiker, Vertreter der Geistlichkeit primär aus den protestantischen Kirchen, Hochschullehrer und Angehörige freier Berufe. Von den nichtjüdischen Mitgliedern wurde erwartet, dass sie durch die Zeit des Nationalsozialismus ‚nicht belastet' waren, eine Forderung, die sich

---

2 Zur Entstehungsgeschichte der Gesellschaften für Christlich-Jüdische Zusammenarbeit vgl. Foschepoth, Josef: Im Schatten der Vergangenheit. Die Anfänge der Gesellschaften für Christlich-Jüdische Zusammenarbeit. Göttingen 1993; vgl. weiterhin: Braunwarth, Esther: Interkulturelle Kooperation in Deutschland am Beispiel der Gesellschaften für christlich-jüdische Zusammenarbeit. München 2011; Münz u. Sirsch „Wenn nicht ich, wer?; Enzenbach, Isabel: Art. Gesellschaft für Christlich-Jüdische Zusammenarbeit. In: Handbuch des Antisemitismus. Judenfeindschaft in Geschichte und Gegenwart. Bd. 5. Hrsg. von Wolfgang Benz. München 2012. S. 282–284; Erler, Hans u. Ansgar Koschel (Hrsg.): Der Dialog zwischen Juden und Christen. Versuche des Gesprächs nach Auschwitz. Frankfurt/Main 1999; Schulz-Jander, Eva Maria: Die Gesellschaften für Christlich-Jüdische Zusammenarbeit im Wandel von 50 Jahren. In: Kirche und Israel 13 (1998). S. 113–119; Tuor-Kurth, Christina (Hrsg.): Das christlich-jüdische Gespräch. Standortbestimmungen. Stuttgart 2000.
3 Vgl. Kraut, Benny: Towards the Establishment of the National Conference of Christians and Jews. The Tenuous Road to Religious Goodwill in the 1920s. In: American Jewish History 77 (1988). S. 388–412.

nicht immer durchsetzen ließ. Bei den jüdischen Mitgliedern handelte es sich um Überlebende, Zurückgekehrte aus der Vertreibung oder aus den Lagern. Sie nahmen oft Funktionen in den kleinen jüdischen Gemeinden wahr und entstammten ebenfalls mehrfach dem klassischen Bildungsbürgertum. Theodor W. Adorno und Max Horkheimer etwa gehörten zur Frankfurter Gesellschaft.

Für die Wahrnehmung des Staates Israel in den Christlich-Jüdischen Gesellschaften ist freilich eines von besonderer Bedeutung: Die jüdischen Mitglieder hatten sich nach der Shoah entschieden, in Deutschland zu bleiben und nicht nach Israel zu gehen. Damit waren sie nicht nur in Deutschland eine Minorität, sondern standen auch unter einem ständigen Legitimationsdruck gegenüber anderen Jüdinnen und Juden hinsichtlich ihrer Entscheidung, die diese nicht nachvollziehen konnten.[4] Die Resolution des World Jewish Congress (WJC) auf seiner Sitzung im Frühsommer 1948 in Montreux gibt eine durchaus verbreitete Haltung wieder: „[…] the determination of the Jewish people never again to settle on the bloodstained soil of Germany".[5] Juden, die in Deutschland nach 1945 lebten, stemmten sich in den Augen Anderer gegen das geschichtliche Geschehen und die Verheerung. Die Gesellschaften dagegen boten ihnen die Möglichkeit, sich in einem Kontext, von dem sie erwarten konnten, nicht ausgegrenzt zu werden, in die gesellschaftlichen Prozesse einzubringen. Denn Zielsetzungen der Gesellschaften waren neben der Mitwirkung am Aufbau demokratischer Formen in Deutschland insbesondere der Kampf gegen den Antisemitismus und die Überwindung nationalsozialistischer Anschauungen.

Zweifelsohne ist mithin dies zu bedenken: Das eigentliche Feld der Tätigkeit ist Deutschland selbst. Insofern international gedacht wurde, ging es primär darum, Deutschland nach dem Krieg und der Shoah Ansehen zu verschaffen, und zwar bei den westlichen Staaten.

Israel war im wahrsten Sinne des Wortes ein fernes Land. Gewiss hatten zahlreiche jüdische Mitglieder der Gesellschaften verwandtschaftliche Beziehungen zu Bürgern des neuen Staates, aber auch vielen von ihnen war eine Reise oftmals aus diversen Gründen unmöglich. Für christliche Deutsche war zu Anfang der 1950er Jahre eine Reise nach Israel fast außerhalb der Vorstellung, wobei die

---

4 Vgl. Diner, Dan: Im Zeichen des Banns. In: Geschichte der Juden in Deutschland von 1945 bis zur Gegenwart. Hrsg. von Michael Brenner. München 2012. S. 15 – 66; Sinn, Andrea: „Und ich lebe wieder an der Isar". Exil und Rückkehr des Münchner Juden Hans Lamm. München 2008. Insb. S. 47 – 92.
5 World Jewish Congress: Resolutions Adopted by the Second Plenary Assembly of the World Jewish Congress, Montreaux, Switzerland. June 27th-July 6th 1948. London 1948. S. 7; vgl. dazu: Brenner, Michael: Nach dem Holocaust. Juden in Deutschland 1945 – 1950. München 1995. S. 99 – 102; Geller, Jay Howard: Jews in post-Holocaust Germany, 1945 – 1953. Cambridge 2005. S. 62 – 65.

praktischen und bürokratischen Hindernisse gewiss eine nicht unbedeutende Rolle spielten. Es ging hier aber auch um eine Scheu vor der Konfrontation mit der eigenen deutschen Geschichte. Theodor Heuss hatte dafür den Begriff ‚Kollektivscham' geprägt, und zwar in einer Ansprache vor der Gesellschaft für christlich-jüdische Zusammenarbeit in Wiesbaden am 7. Dezember 1949.[6] Bevor sich in den 1960er Jahren Gruppenreisen nach Israel in den Gesellschaften etablierten, war der Staat Israel ein weitgehend imaginiertes Land, dessen Entwicklung man durch Medienberichte und Vorträge verfolgte.

Ein Indiz für die ambivalente Wahrnehmung des Staates zeigt sich nicht zuletzt im Gebrauch des Wortes ‚Israel' in den Publikationen der Gesellschaften. Vorrangig ist der Begriff biblisch-theologisch aufgeladen oder wird mit qualifizierenden Genitiven wie ‚Land der Bibel', ‚Land der Propheten' und eben ‚Land der Verheißung' verbunden. Dahinter verbirgt sich nicht nur eine Unkenntnis der realen Situation, sondern die bei vielen Christen und Christinnen nicht nur im Nachkriegsdeutschland vorhandene Unsicherheit angesichts der Staatsgründung Israels. Diese Unsicherheit war mentalitätsgeschichtlich in einem Konstrukt der eigenen Religion begründet.

Seit dem 3. Jahrhundert existierte im Christentum die Vorstellung, die Zerstörung des Jerusalemer Tempels und der Verlust der staatlichen Autorität seien eine Strafe Gottes für die Kreuzigung Jesu gewesen. Auf diesem Konstrukt beruhte in nicht geringem Maße die Behauptung, das Christentum sei heilsgeschichtlich an die Stelle des Judentums getreten, dessen göttliche Verwerfung sich in der Diasporasituation bleibend manifestiere.[7] Wie verbreitet diese Vorstellung noch um die Mitte des vergangenen Jahrhunderts war, kann man an kirchlichen Verlautbarungen ablesen, die selbst die Shoah von diesem Antijudaismus her deuteten.[8] Mit der Staatsgründung Israels wurde dieses Konzept radikal infrage ge-

---

6 Heuss, Theodor: An und über Juden. Aus Schriften und Reden (1906–1963) zusammengestellt u. hrsg. von Hans Lamm. Wien 1964. S. 121–127, hier S. 122; zur Kritik an dem Begriff vgl. Giordano, Ralph: Die zweite Schuld oder von der Last Deutscher zu sein. Berlin 1987. S. 269–272.
7 Vgl. Kampling, Rainer: Theologische Antisemitismusforschung. Anmerkungen zu einer transdisziplinären Fragestellung. In: Antisemitismusforschung in den Wissenschaften. Hrsg. von Werner Bergmann u. Mona Körte. Berlin 2004. 67–83; Das Kreuz, die Historie und die christliche Judenfeindschaft. Nachdenken über Ursprünge und Zusammenhänge. In: Gelebte Religionen. Untersuchungen zur sozialen Gestaltungskraft religiöser Vorstellungen und Praktiken in Geschichte und Gegenwart (FS Hartmut Zinser). Hrsg. von Hildegard Piegeler [u. a.]. Würzburg 2004. S. 97–105.
8 Wie hartnäckig sich Stereotypen des Antijudaismus hielten, kann man etwa an Romano Guardini ablesen; vgl. Kampling, Rainer: „Da hilft es nicht, zu vergessen oder zu tun, als ob nichts wäre …". Anmerkungen zu Romano Guardinis „Verantwortung. Gedanken zur jüdischen Frage".

stellt und der Gedanke einer christlichen Überlegenheit über das Judentum erschüttert.

Auf Seiten der christlichen Mitglieder leitete die Staatsgründung mithin einen Trennungsprozess von traditionellen christlichen Wahrnehmungsmustern des Judentums ein. Dass dieser nicht unkompliziert verlief, zeigt sich in einem für Juden besonders empfindlichen Themenfeld, nämlich der Judenmission: Zwar verstanden sich die Gesellschaften explizit als religiös gleichberechtigt, das hinderte aber einige christliche Mitglieder nicht, solche Versuche sublim zu unternehmen.

Am Anfang der Christlich-Jüdischen Gesellschaften stand politisch eine völlige Bejahung des Staates Israel, die einher ging mit einer mentalen Verunsicherung insbesondere auf Seiten der christlichen Mitglieder. Ein Lösungsversuch für diese Situation findet sich in der Theologisierung des Staates Israel. Dass diese wiederum christlich geprägt ist, sei an einem Beispiel gezeigt, dem von Hermann Ludwig Maas.

Hermann Ludwig Maas und sein Reisebericht

Hermann Ludwig Maas, 1877 geboren und 1970 gestorben, war gewiss kein gewöhnlicher deutscher evangelischer Pfarrer.[9] Bereits 1903 hatte er am 6. Zionistenkongress in Basel teilgenommen, trat seitdem für die Gründung eines jüdischen Staates ein und unterhielt etliche Verbindungen zu jüdischen Institutionen und Personen. 1933 reiste er in das britische Mandatsgebiet und knüpfte dort zahlreiche Kontakte, die ihm dann bis 1939 dazu verhalfen, Verfolgten die Ausreise zu ermöglichen.

Er hielt, solange sie bestand, engen Kontakt zur jüdischen Gemeinde in Heidelberg und besuchte demonstrativ deren Gottesdienste. Im Frühjahr 1943 wurde er in den Zwangsruhestand versetzt und ihm alle geistliche Tätigkeit untersagt. Im September 1944 wurde Maas zur Zwangsarbeit in Frankreich abkommandiert. Das Kriegsende erlebte er wieder in Heidelberg. Bereits im Jahre 1946 nahm er an internationalen Konferenzen in der Schweiz und in England teil und setzte seine Arbeit der interreligiösen Begegnung fort.

In: Theologie und Verantwortung. Eine kritische Bestandsaufnahme im interdisziplinären Vergleich. Hrsg. von Lucia Scherzberg. Paderborn 2005. S. 153–162.
9 Zu ihm vgl. Geiger, Markus: Hermann Maas – Eine Liebe zum Judentum. Leben und Wirken des Heidelberger Heiliggeistpfarrers und badischen Prälaten. Heidelberg 2016; Keller, Werner (Hrsg.): Leben für Versöhnung. Hermann Maas – Wegbereiter des christlich-jüdischen Dialoges. Neubearb./erw. Aufl. Karlsruhe 1997.

Hermann Ludwig Maas kann zweifelsohne als einer der wichtigsten Vordenker im Kontext des Dialogs und der Christlich-Jüdischen Gesellschaften gelten.

Viele derer, denen Maas zur Flucht verholfen hatte, lebten in Israel. Nicht zuletzt ihrem Einfluss war es wohl zu verdanken, dass Maas als erster nichtjüdischer Deutscher bereits 1949 eine offizielle Einladung nach Israel erhielt, der er 1950 folgte. Im gleichen Jahr publizierte er einen Reisebericht über seinen siebenwöchigen Aufenthalt: *Skizzen von einer Fahrt nach Israel.*[10]

Maas hatte die Gelegenheit, das ganze Land zu bereisen; mit regierungsamtlicher Unterstützung konnte er zahlreiche soziale, pädagogische und wirtschaftliche Einrichtungen besuchen. Ihre Darstellung nimmt neben ausufernden Naturbeschreibungen einen Schwerpunkt ein; dazu treten Berichte über das Treffen mit Israelis, viele von ihnen ehemalige Bekannte und Freunde aus der Zeit vor der Shoah. Der ganze Text ist durchzogen von religiöser Interpretation. Nun dürfte das bei der Begegnung mit Geretteten bei einem gläubigen Christen nicht wirklich verwundern, doch betrifft es keineswegs nur solch emotional bewegende Kontexte. Eher verstärkt sich bei der Lektüre der Eindruck, dass die ganze Reise als eine Bejahung der angesichts der Modernität Tel Avivs gestellten Frage erfahren und gedeutet wird: „Und doch, sollte Gott nicht einmal die Geschichte so gewendet haben, daß die Auferstehung seines uralten Volkes auch in solch einer neuen Stadt sich offenbaren müßte?"[11] Jedenfalls gilt dies gewiss für seine Beschreibung des Lebens im Kibbuz. Die dortige Lebensform skizziert er voller Bewunderung, wobei er die Intention der Bewohner überhaupt nicht in den Blick nimmt:

> Das Leben hier ist merkwürdig losgelöst von dem, was wir Geld nennen. Es ist eine neue Form, sowohl der Gemeinschaft als auch des inneren Wollens und der geistigen Haltung. So wird das Kind hier von klein auf ganz unkapitalistisch erzogen ohne auf der anderen Seite auch nur in irgend einer Weise kommunistisch geführt zu werden. Wenn wir der Sache einen Namen geben wollten, müßte ich mir außer vielen Stellen im Alten Testament vor allem auch die Bilder aus der Urgemeinde des Neuen Testaments heranziehen.[12]

Für Maas handelt es sich nicht etwa um einen sozialistischen Lebensentwurf, sondern um einen gesamtbiblischen. Und er sieht darin Parallelen zu den Anfängen des Christentums nach Apg 2, 44 f.: „Alle Glaubenden aber hielten zu-

---

10 Maas, Hermann: Skizzen von einer Fahrt nach Israel. Karlsruhe 1950.
11 Maas, Skizzen, S. 5.
12 Maas, Skizzen, S. 10.

sammen und hatten alles gemeinsam; Güter und Besitz verkauften sie und gaben von dem Erlös jedem so viel, wie er nötig hatte."

Ähnlich verklärt er die israelische Regierung. Ihre Mitglieder sind ihm „Handlanger Gottes" und wirken an dem Kommen des Messias mit:

> Sie weiß sich als Handlanger Gottes, der sein Volk sammeln will in dieser Stunde seiner Reich-Gottes-Geschichte. Diese Sammlung soll dem viel Größeren vorangehen, das wir heute noch nicht fassen und uns ausdenken und ausmalen können, was aber nur mit den Worten ‚Erlösung' und ‚Erfüllung' zu fassen ist, hinter denen groß und lebendig der Messias steht.[13]

Die Staatsgründung ist „der Beginn der Erlösung des jüdischen Volkes", folglich nimmt Maas im Staat Israel bei all seinen gesellschaftlichen Kontakten eine neue intensive Religiosität wahr. Angesichts der damaligen Klagen der Orthodoxie verwundert diese Aussage doch ein wenig.

> Die Probleme in Israel sind riesengroß, die Aufgaben übermenschlich, die Bedrohungen oft grausam, die Entbehrungen ohne Mitleid. Sie können nicht gelöst werden ohne den Glauben, die Hoffnung [...] Für die meisten meiner Freunde ist der neue Staat und was heute geschieht, der Beginn der Erlösung des jüdischen Volkes. Darum geht ein großes Wundern und Danken durch die Herzen. Sie zitieren mit leuchtenden, oft tränenerfüllten Augen die Verheißungen der Propheten, die sich auf die Rückkehr Israels in sein Land beziehen und auf die Wiedererrichtung des jüdischen Staates im Land der Verheißung.[14]

Allerdings überträgt Maas bei diesen Beschreibungen das christlich-theologische Schema ‚Verheißung und Erfüllung' auf die jüdische Wahrnehmung:

> Das Volk weiß, daß es am Scheidewege steht, am Weg zum Leben oder zum Tode. Es weiß, daß es sich entscheiden muß, Tag um Tag. Aber es sieht in dieser Tatsache kein zufälliges historisches Ereignis, auch keinen Mythus, sondern eine Tat Gottes, einen Schritt Gottes, der nicht nationalistische Logik, sondern tiefen Glauben verlangt und seherisches Ergreifen der Gottesstunde, Erfassen der Inspiration. Was am 5. Ijar 5708, am 14. Mai 1948 bei der Proklamation des selbstständigen Staates durch Ben Gurion, den jetzigen Ministerpräsidenten geschah, war etwas Unbegreifliches, und bedeutete eine Umkehr, eine Teschuwah, eine Antwort des Volkes auf die Antwort und Hinkehr Gottes zu seinem Volke, das aus tiefer Not flehende Hände, Seufzen und Stöhnen zu ihm hatte aufsteigen lassen. [...] Als Gottesvolk fühlt sich Israel, als berufen zur Umkehr zum königlichen Priestertum, zum heiligen Volk, zum Volk des Eigentums. Nicht gesteigertes Nationalgefühl, sondern ein neuer Glaube an seine geheimnisvolle Berufung formt die Seele Israels. Das hilft, Parteigegensätze, natio-

---

13 Maas, Skizzen, S. 22.
14 Maas, Skizzen, S. 61.

> nalen Terrorismus und militärische Versuchungen überwinden und stärkt den inneren Widerstand gegen sie.[15]

Die Gründung des Staates Israel besitzt also auch für Christen eine theologisch-religiöse Bedeutung und sie sind aufgefordert, darin das Handeln Gottes zu sehen und es als Beitrag zur Errichtung des Reiches Gottes zu erkennen.

> Dann ist man erst so weit gekommen, dann fängt man wohl an zu sehen, was dieses Geschehen in Israel w e i t e r gerade uns Christen zu sagen hat. Die Stunde, in der am 14. Mai 1948 der seltsame tapfere Mann, der allen seinen Ratgebern und den großen Mächten zum Trotz es wagten, die Selbstständigkeit des Staates Israel zu erklären, ist eine Gottesstunde. Ben Gurion ist nichts als ein Handlanger Gottes. Und nach dem, was ich von ihm gehört habe, weiß er darum. Wenn wir auch ganz stille sein müssen, wenn Gott redet und handelt, so dürfen wir doch nicht aufhören, nach den Zeichen der Zeit auszuschauen und ‚ja' zu seinem Tun zu sagen. Hier in dieser Stunde hat der ewige Gott seinem Volke eine Gelegenheit geschenkt, die zu erleben zu den größten Ereignissen in der Geschichte des Reiches Gottes gehört.[16]

Man begegnet an dieser Stelle einem in den 1920er Jahren nicht selten anzutreffenden Element des christlichen Philosemitismus und -zionismus. Es geht um die eschatologische Zeitenwende. Bei Maas ist jedoch bemerkenswert, dass es sich nicht mit missionstheologischen Aussagen verbindet; nicht die Hinwendung der Juden zum Christentum bedeutet Erlösung, sondern das Werden des Staates.

Eines muss noch erwähnt werden: Maas gedenkt der Shoah oder besser: wird in Israel an sie erinnert. Und dieser Befund trifft nicht nur dann zu, wenn er Freunde und Bekannte trifft, denen er zur Flucht verhalf. Sie ist vielmehr allgegenwärtig.

> Dort hatten sie die Reste der Torarollen, die Kronen und Mäntel derselben, die Stäbe zum Lesen, andre Kultgegenstände und Teppiche von der heiligen Lade ausgestellt, die teils unversehrt, teils halb verbrannt bei dem furchtbaren Sturm auf die Synagogen in Deutschland und in anderen Ländern gerettet werden konnten. Es war einfach entsetzlich für mich, wie ich diese Leute, Männer, Frauen und Kinder, sich unter Tränen an diesen heiligen Resten beugen und sie küssen sah. Und wie ich sah, wie sie suchten nach den ihnen bekannten Namen. Dies Schluchzen und stille Weinen werde ich mein Leben lang nicht vergessen. Eine furchtbare Anklage war's mir, die nicht verstummen wird.[17]

---

15 Maas, Skizzen, S. 65.
16 Maas, Skizzen, S. 70.
17 Maas, Skizzen, S. 18.

Mass, das sei ausdrücklich festgehalten, gehört nicht zu denen, die die deutsche Verantwortung für die Shoah nicht wahrhaben wollten. Das unterscheidet ihn von vielen, auch Geistlichen beider Konfessionen der damaligen Zeit. Dennoch bleibt bemerkenswert oder auch irritierend, wie er die Begegnung mit Überlebenden der Shoa theologisch auflädt interpretiert: „Und um mich die Männer und Frauen, deren Angesicht wir zerstört, gequält haben. Nun hat sie die Gottesglorie über ihrer Heimat erfaßt [...]"[18] Die Gottesglorie überleuchtet letztlich auch das „wir" in der Aussage.

Zusammenfassung

An den Staat Israel hefteten sich von der Gründung an bedeutend mehr Konnotationen als an jeden anderen Staat, eben auch theologische. Diese Einschätzung mag als banal gelten, insofern sie sich auf Gesellschaften beziehen, die von Menschen jüdischen und christlichen Glaubens getragen werden. Dennoch sei hier eine Überlegung zur besonderen Funktion dieser religiösen Aufladung Israels innerhalb der deutschen Debatten angestellt. Ganz offensichtlich ist diese Deutung mit einer anderen verschränkt, nämlich mit der der Shoah. Hierbei geht es darum, dass die Vernichtung als in der Staatsgründung endend gedacht wurde. In kühnen und abwegigen geschichtstheologischen Konstruktionen wurden beide in eine Beziehung gesetzt. Shoah und Staatsgründung wurden als Geschehen gedeutet, die alleinig im Handeln Gottes gründeten. Sie waren letztlich menschlicher Einsicht nicht zugänglich. Mit dem Begriff Mysterium wurden sie dem Diskurs entzogen.

Auf eine sehr merkwürdige Weise trugen somit die Staatsgründung und ihre theologische Deutung zu einer gleichsam transzendenten Exkulpation der christlichen Deutschen bei. In den sechziger und siebziger Jahren wich dann in den Gesellschaften für Christlich-Jüdische Zusammenarbeit, nicht zuletzt wegen enger Kontakte, die religiöse Apotheose Israels einer nüchternen Betrachtungsweise bei gleichbleibender Solidarität, wobei die Frage einer theologischen Deutung der Staatsgründung für christliches Denken virulent blieb.[19]

---

18 Maas, Skizzen, S. 56.
19 Vgl. dazu: Bongardt, Michael, Christen können den Anspruch des jüdischen Volkes auf das Land Israel respektieren, in: Kampling, Rainer u. Michael Weinrich (Hrsg.): Dabru emet – redet Wahrheit. Eine jüdische Herausforderung zum Dialog mit den Christen, Gütersloh 2003. S. 94–102.

Nathanael Riemer
Messianische Juden und ihr Beitrag zu deutsch-jüdischen und deutsch-israelischen Begegnungen

1 Einleitung

Der vorliegende Beitrag untersucht exemplarisch den Einfluss „messianisch-jüdischer" Gemeinden und Aktivisten auf das deutsch-jüdische Verhältnis und das in Deutschland vermittelte Israelbild. Es handelt sich hierbei nicht um eine umfassende Darstellung der messianischen Bewegungen in Israel, den USA oder Deutschland, wie sie zuletzt in den Monographien von Hanna Rucks, Dan Cohn-Sherbok, Willem Lauerns Hornstra und Stefanie Pfisterer vorgelegt wurden.[1] Stattdessen wird danach gefragt, wie „Juden" und „deutsche Christen" nach der Shoah miteinander in Beziehung traten und welche religiöse, historische und politische Themen diskutiert wurden. Nach einer einleitenden Definition der Selbstbezeichnung „messianische Juden" werden zunächst die Entwicklungsgeschichte der Denomination skizziert. Im Anschluss daran sollen mit Ludwig Schneider und Klaus Mosche Pülz zwei bekannte Persönlichkeiten der messianisch-jüdischen Gemeinden in den Fokus gerückt werden, die mit ihren Zeitschriften, Büchern und Vorträgen das Bild von Israel und dem Judentum der breitgefächerten christlichen Landschaft Deutschlands wesentlich bestimmt haben.

---

[1] In Hinblick auf den Forschungsstand möchte ich zunächst allgemein auf die wichtigsten Monographien verweisen: Rucks, Hanna: Messianische Juden. Geschichte und Theologie der Bewegung in Israel. Neukirchen-Vluyn 2014; Pfisterer, Stefanie: Messianische Juden in Deutschland. Eine historische und religionssoziologische Untersuchung. Münster 2008. Eine wahre Fundgrube ist die sehr gut recherchierte Arbeit von Hornstra, Willem Laurens: Christian Zionism among Evangelicals in the Federal Republic of Germany. Doctor thesis submitted at the University of Wales. 2nd edition. Oxford Cardiff 2007. Vgl. u. a. die englischsprachigen Publikationen, die sich oft an ein breiteres Publikum richten und eher essayistische Charakter tragen: Harris-Shapiro, Carol: Messianic Judaism. A Rabbi's Journey through Religious Change in America. Boston, MA 1999; Cohn-Sherbok, Dan: Messianic Judaism. London u. New York 2000; Kinzer, Mark S.: Postmissionary Messianic Judaism. Grand Rapids, MI 2005. Harvey bezieht als messianischer Jude selbst Stellung: Harvey, Richard: Mapping Messianic Jewish Theology. A Constructive Approach. Milton Keynes 2009.

Warum es nicht ganz richtig ist, „messianische Juden" als ein „christliches" Phänomen beiseitezuschieben, sie aber dennoch als Teil der evangelikalen Bewegung[2] betrachtet werden können, wird an mehreren Stellen des folgenden Artikels deutlich werden. Einen großen Teil der vielfältigen Quellen, die hier nur zum Teil ausgewertet werden können, habe ich seit Mitte der 1990er selbst gesammelt, andere Materialien wurden mir von verschiedenen Seiten zur Verfügung gestellt.[3] Im Laufe der Jahre habe ich zahlreiche Akteure der Szene in Deutschland und Israel auf die eine oder andere Weise persönlich kennengelernt.

2 „Messianische Juden" – Definitionen und Überlegungen

Was sind „messianische Juden"? Beginnen wir mit dem einfacheren Aspekt, der als Credo und Selbstbezeichnung alle Einzelpersonen und Gemeinden verbindet: Das Adjektiv „messianisch" wird auf den Glauben bezogen, Jesus von Nazareth sei der „Messias" der gesamten Menschheit, dessen göttlich beschlossene Aufgabe darin bestehe, die universale Erlösung über die gesamte Welt herbeizuführen. Diese Position eint trotz aller konfessionellen Unterschiede die christliche Welt.

Das in der Selbstbezeichnung enthaltene Substantiv „Jude" verweist hingegen auf eine jüdische Identität. Doch wer ist überhaupt Jude? Laut der Halacha ist ein Jude eine Person, die entweder von einer jüdischen Mutter geboren wurde oder regelkonform zum Judentum konvertiert ist.[4] Das liberale Judentum subsummiert unter diese Bezeichnung auch Personen mit jüdischer Herkunft (wie etwa sogenannte Vaterjuden[5]) und einer wie auch immer gearteten jüdischen „Identität".

---

[2] Unter der Sammelbezeichnung „Evangelikale" wird eine facettenreiche theologische Richtung verstanden, die in zahlreichen, zurzeit noch überwiegend protestantischen Kirchen und Freikirchen beheimatet ist. Im Vordergrund stehen zumeist die textorientierte Bibelexegese, die Betonung frühchristlicher Traditionen, Parusie und apokalyptischer Elemente sowie eine besonders enge, persönliche Beziehung der Gläubigen zu Jesus als Erlöser von individueller Sünde. Vgl. zum vorliegenden Thema insbesondere Gronauer, Gerhard: Der Staat Israel in der pietistisch-evangelikalen Endzeitfrömmigkeit nach 1945. In: Frömmigkeit, Theologie, Frömmigkeitstheologie. Contributions to European Church History. Festschrift für Berndt Hamm zum 60. Geburtstag. Hrsg. von Gudrun Litz, Heidrun Munzert u. Roland Liebenberg. Leiden u. Boston 2005. S. 797–810.
[3] Vor allem habe ich Uriel Kashi zu danken.
[4] Homolka, Walter u. Seidel, Esther (Hrsg.): Nicht durch Geburt allein. Übertritt zum Judentum. Darmstadt 1995.
[5] Olmer, Heinrich Chaim: Wer ist Jude? Ein Beitrag zur Diskussion über die Zukunftssicherung der jüdischen Gemeinschaft. Würzburg 2010.

Dieser im westlichen Kontext weitgehend akzeptierten Auffassung zufolge beinhaltet die Zuschreibung „Jude" auch jene, welche fern aller religiösen Traditionen säkular leben und/oder diese vollständig negieren. Folgt man dieser Ansicht, ist die Bezeichnung „Jude" nicht mit einem Bekenntnis zum Judentum als Religion verbunden, sondern wird mit einer sich wandelnden „jüdischen Identität" verknüpft. Dementsprechend spielt die Existenz bzw. Nichtexistenz und die Besonderheit irgendeiner Art von religiöser Frömmigkeit keine Rolle. Dies bedeutet, dass wenn beispielsweise ein „Vaterjude" zum Buddhismus konvertieren würde, er dennoch seine Identität sowohl als Jude als auch Buddhist beschreiben und die Akzeptanz diesbezüglich seitens seiner Umgebung einfordern könnte. Damit ist ein weiteres Problem angedeutet: So wie ein „JewBu"[6] sowohl Jude als auch Buddist ist, so schafft das „messianische Judentum" eine Schnittmenge zwischen einer jüdischen Abstammung oder „Identität" und einer freiwilligen Annahme des christlichen Glaubens, die oftmals durch eine Erwachsenentaufe nach außen hin bezeugt wird.[7]

Das ist der Hintergrund für die klare Definition von Arnold Fruchtenbaum – hier noch mit dem alten Terminus „Hebrew Christian": „A Hebrew Christian is a Jew who belives that Jesus Christ is his Messiah. By faith Hebrews align themselves with other believers in Christ whether Jews or gentiles, but nationally they identify themselves with the Jewish people."[8] Stefanie Pfisterer schließt sich dieser Schlussfolgerung an: „Messianische Juden sind Juden, die an Jesus als Messias Israels glauben."[9] Hanna Rucks gibt zu, dass „der Begriff „Messianische Juden" – wie ‚Christentum' und ‚Judentum' eine Kategorie mit unklaren Grenzen

---

6 Vgl. dazu die Beiträge in: Riemer, Nathanael, Gidron-Albeck, Rachel u. Krah, Markus (Hrsg.): JewBus, Jewish Hindus & other Jewish Encounters with East Asian Religions. In: PaRDeS. Zeitschrift der Vereinigung für Jüdische Studien 23 (2017).
7 Damit widerspreche ich den Thesen von Carol Harris-Shapiro: Messianic Judaism. Im Anschluss an meinen Vortrag auf der Jahrestagung ergab sich eine Diskussion mit US-amerikanischen Kollegen, die argumentierten, dass bei einer Annahme des christlichen Glaubens ein Jude seine jüdische Identität verliere beziehungsweise vollständig Christ werde. Daraus ergeben sich mehrere Probleme: 1.) Dies widerspricht der Halacha: Ein Jude bleibt Jude, selbst wenn er in eine andere Religion konvertiert. 2.) Sollte ein Jude durch offizielle Konversion oder inoffizielle „Annahme eines anderen Glaubens" seine jüdische Identität tatsächlich verlieren können, gilt dies nicht nur für „messianische Juden", sondern konsequenterweise auch für die Conversos und einen großen Teil deutsch-jüdischer Kulturschaffender des 19. und 20. Jahrhunderts wie etwa Heinrich Heine und Bruno Schulz. Diese Schlussfolgerung hätte weitreichende Konsequenzen für das jüdische Selbstverständnis und das Konzept der Jüdischen Studien als akademische Disziplin.
8 Fruchtenbaum, Arnold: Hebrew Christianity. Its Theology, History, and Philosophy. Tustin, CA 1992. S. 13.
9 Pfisterer, Messianische Juden, S. 15.

ist",[10] kommt aber letztlich zu demselben Ergebnis, dass es sich hierbei um Menschen handelt, „die sich selbst als jüdisch verstehen und gleichzeitig an Jesus als den Messias Israels glauben".[11] Diese Individuen, Gruppen und Organisationen reklamieren für sich mehrere, sich überschneidende Identitäten und wehren sich massiv gegen Fremdzuschreibungen, die mit entsprechenden Abwertungen verbunden sind.

Da der Definition des „messianischen Judentums" die Berufungen auf Identitäten zugrunde liegen, sind herkömmliche religionsphänomenologische Begriffe wie „Synkretismus" und synkretistische Beschreibungen problematisch[12] – auch deshalb, weil ihnen exkludierende Konnotationen innewohnen, mit denen der (vermeintlich) „Fremde" als „gefährlich und irreführend" markiert wird.[13] Religionen sind keine von der Natur vorgegebenen und starren Phänomene, sondern gesellschaftliche Konstrukte. Die Auseinandersetzung mit dem „messianischen Judentum" der Gegenwart ist in moderne Diskurshorizonte eingebunden, die eine klare Unterscheidung zwischen einem „echten, klar abgrenzbaren" „Judentum" auf der einen Seite und einem „echten, klar abgrenzbaren" „Christentum" auf der anderen Seite kritisch hinterfragen. Wie die Biographien der zahlreichen Akteure erkennen lassen, befanden sich die zumeist säkular lebenden Individuen in einer Lebens- und Sinnkrise und gelangten nach einer längeren Suche bei anderen religiösen Gruppen zu den multi-identitären Gemeinden des messianischen Judentums. Bei genauerer Betrachtung des Gesamtphänomens handelt es sich hier um eine von vielen modernen Lebens- und Frömmigkeitskulturen, die heute möglicherweise eher als „religious queer" denn als „Synkretismus" zu beschreiben wären.

---

10 Rucks, Messianische Juden, S. 14.
11 Rucks, Messianische Juden, S. 15. Insofern sind diese Juden aber auch zugleich „Christen", die Jesus als universalen „Christos" bekennen – und zwar unabhängig davon, ob sie christlich getauft sind oder das Konzept der Trinität negieren. Grundlage für diese Auffassung ist, dass die liberale Definition jüdischer Identität ein ebenso liberales Äquivalent in Hinblick auf die christliche Identität verlangt.
12 Zur systematischen Klassifikation der religiösen Fremdwahrnehmung vgl. u. a. Grünschloß, Andreas: Der eigene und der fremde Glaube. Studien zur Struktur interreligiöser Fremdwahrnehmung in Islam, Hinduismus, Buddhismus und Christentum. Tübingen 1999. S. 44–79; Berner, Ulrich: Untersuchungen zur Verwendung des Synkretismus-Begriffes. Wiesbaden 1982.
13 Siehe beispielsweise Rothschild, Walter: 99 Fragen an das Judentum. Gütersloh 2001. S. 55; weitere Beispiele bei Pfisterer, Messianische Juden, S. 16.

3 Die Entwicklung messianisch-jüdischer Gemeinden: Eine Skizze

Eine umfassende Darstellung des religionshistorischen Phänomens der „Judenchristen", das bei den Judenchristen des 1. Jahrhunderts einsetzt, sich über die Kreuzzüge, die „Wikkuchim" und die Zwangskonversionen bis hin zur philosemitischen Judenmission des 17. Jahrhunderts erstreckt und in unsere Gegenwart reicht, würde den Rahmen der vorliegenden Studie sprengen.[14]

Zwei wichtige Aspekte müssen aber dennoch berücksichtigt werden: Einerseits die Loslösung des modernen Menschen von religiösen Traditionen als Folge der Französischen Revolution. Das hierin wurzelnde Konzept der Menschenrechte beinhaltet in § 18 ausdrücklich das Recht auf Religionsbekenntnis einschließlich das auf Mission und Konversion als Bestandteil der Religionsfreiheit. Zu beachten ist andererseits die jüdische Grunderfahrung, durch alle Epochen der Geschichte hindurch von christlichen Aktivisten verfolgt zu werden, die Jesus als rechtmäßigen und universalen Messias propagieren. Nach der Shoah wird dieses Trauma der Judenmission als eine weiterhin andauernde Bedrohung des Judentums in seiner Grundexistenz verstanden, die auf eine spirituelle „Endlösung" mit friedlichen Mitteln hinausläuft.[15]

Im 19. und 20. Jahrhundert übten überwiegend protestantische Organisationen und Einzelpersonen eine Judenmission aus, die im Vergleich zu ihren großen finanziellen Anstrengungen insgesamt recht erfolglos blieb. Das intensive Bemühen zumeist protestantischer Aktivisten wird in der Regel von millenaristisch-chiliastischen Ideen getragen, in denen die Bekehrung aller Judenheiten einen zentralen Aspekt im göttlichen Heilsplan darstellt. Stark verallgemeinert lassen sich diese Vorstellungen dahingehend zusammenfassen, dass solange die Judenheiten Jesus nicht als *Christos* anerkennen, Teilprozesse der universalen Er-

---

[14] Stellvertretend für die zahlreichen einschlägigen Forschungen verweise ich auf die Beiträge in: Rengstorf, Karl Heinrich u. Siegfried von Kortzfleisch (Hrsg.): Kirche und Synagoge. Handbuch zur Geschichte von Christen und Juden. Darstellung mit Quellen. 2 Bde. Stuttgart 1968.
[15] Meines Wissens hat dieses Argument erstmalig Lothar Rothschild angeführt: „Die christologische Auffassung der Judenfrage geht manchmal hart an der Verfolgung der jüdischen Seele vorbei, denn das Gewinnenwollen bedeutet doch gleichzeitig das Auslöschenwollen einer jüdischen Existenz." Rothschild, Lothar: Die „Judenfrage" in jüdischer Sicht. In: Judaica. Beiträge zum Verständnis des Judentums 1 (1945), S. 319–341, hier S. 330. Vgl. zu diesen Argumenten in den interreligiösen Diskursen der 1970er Jahre: Baumann, Arnulf H.: Judenmission – gestern und heute. In: Evangelische Mission Jahrbuch (1977), S. 17–39, hier S. 30; Gollwitzer, Helmut [u. a.]: Thema Juden, Christen, Israel. Ein Gespräch. Stuttgart 1978. S. 22–27; Levinson, Nathan Peter: Ein Rabbiner in Deutschland. Aufzeichnungen zu Religion und Politik. Gerlingen 1987. S. 80.

lösung verhindert oder gestört werden. Unter dem fortwährenden Einfluss protestantischer Aktivisten wurden diese millenaristisch-chiliastischen Ideen zum festen Bestandteil der messianisch-jüdischen Theologie und bilden damit eine weitere religiöse Schnittmenge mit evangelikalen Gemeinden.

Während die jüdischen Konvertiten im deutschsprachigen Raum zumeist innerhalb der Kirchengemeinden aufgingen und ihre Identität aufgaben, gestaltete sich dies im anglo-amerikanischen Raum wesentlich anders. Im Jahre 1813 schlossen sich die „Bnei Avraham" in London zusammen, eine aus etwa 40 Konvertiten bestehende Gruppe, die den Schabbat feierte.[16] Unter der Bezeichnung „Hebrew Christian Union" entstand 1865 ebenfalls in London eine erste Allianz von Gemeinden und Einzelpersonen. Der aus Moldawien stammende Joseph Rabinowitz gründete 1884 in Kischinew die wohl erste „messianisch-jüdische" Gemeinde, in der der jüdische Ritus und das Brauchtum einen festen Platz erhielten.[17] Rabinowitz beeinflusste mit seiner Auffassung den Methodistenpfarrer Arno C. Gaebelein, der fortan die Auffassung propagierte, dass „ein an Christus glaubender Jude nicht als Heide, sondern nach dem mosaischen Gesetz leben" solle.[18] Als die „International Hebrew Christian Alliance" Anfang September 1925 zu einer Konferenz zusammentrat, schätzte man die weltweite Zahl der „hebräischen Christen" auf 147.000.[19]

Die Shoah bedeutete auch für die „messianischen Juden" eine Zäsur. Zunächst waren sowohl Einzelpersonen und Organisationen von der Verfolgung betroffen, auch wenn sie oft durch nichtjüdische Ehepartner oder christliche Netzwerke vor der direkten Vernichtung besser geschützt waren als jene, die unter der vollen Härte der Nürnberger Gesetze zu leiden hatten.[20] Als nach der Shoah im Jahre 1948 der Staat Israel gegründet wurde, brachen die millenaristisch-chiliastischen Ideen wieder auf und erfassten in der anglo-amerikanischen Welt die hebräisch-christlichen Gemeinden. Beeinflusst von den Arbeiten aus der Wissenschaft des Judentums, begann man in diesen Gemeinden Jesus als Juden zu betrachten und verstärkt Aspekte der jüdischen Tradition zu berücksichtigen. Mit

---

16 Pfisterer, Messianische Juden, S. 61.
17 Kjær-Hansen, Kai: Joseph Rabinowitz and the Messianic Movement. The Herzl of Jewish Christianity. Edinburgh 1995. Vgl. auch Rabinowitch, Joseph: Articles, Creed and Form of Worship of Joseph Rabinowitch and the Sons of the New Covenant. Translated from Hebrew by James Adler. London 1880.
18 Pfisterer, Messianische Juden, S. 62–63. Vgl. zu ihm auch Ariel, Yaakov: Evangelizing the Chosen People. Missions to the Jews in America, 1880–2000. Chapel Hill, NC 2000. S. 13–24.
19 Pfisterer, Messianische Juden, S. 66.
20 Vgl. Vuletic, Aleksander-Sasa: Christen jüdischer Herkunft im Dritten Reich. Verfolgung und organisierte Selbsthilfe 1933-1939. Mainz 1999.

der Staatsgründung Israels schien die Endzeit in eine entscheidende Phase eingetreten zu sein und die Wiederkunft Jesu unmittelbar bevorzustehen. In der Eroberung von Ostjerusalem und des Westjordanlands im Jahre 1967 sah man einen endgültigen Beweis für das Wiedererblühen des „Mandelbaumzweiges" (Jer. 1,11) beziehungsweise des „Feigenbaumes" (Matth. 24, 32–34), denen weitere politische Ereignisse entsprechend hinzugefügt werden können – wie zum Beispiel der Jom Kippur-Krieg von 1973, der Wahlsieg des Likud-Blocks im Jahre 1977, das Jerusalem-Gesetz von 1980 und die jüngsten Veränderungen.

Daneben verhalfen auch die gesellschaftlichen und religiösen Umbrüche der 1960er und 1970er Jahre den messianisch-jüdischen Gemeinden zu einem Wachstum. Es entstanden alternative idealistische Bewegungen, denen sich auch junge Juden anschlossen, wie es beispielsweise für die „Jesus People" bzw. „Jesus Freaks" und den „Jews for Jesus" belegt ist.[21] Als eine besondere Zeit kann das Jahr 1975 betrachtet werden, in dem sich die „hebräisch-christlichen" Verbände in „messianisch-jüdische" Allianzen umbenannten und damit begannen, sich gezielt auf ein jüdisches Erbe zu berufen.[22] In den 1980er Jahren entstanden zahlreiche Gemeinden und Organisationen, die bereits vorhandene Initiativen in Israel und Deutschland verstärken.

Die messianisch-jüdische Bewegung war im Jahre 2005 mit 300 bis 400 Gemeinden und ca. 40.000 bis 100.000 Mitgliedern in den USA am stärksten vertreten[23] und ist zu 90 Prozent charismatisch-christlich geprägt.[24] Im Vergleich zu Israel und Deutschland spielen in den USA Einwanderer russisch-jüdischer Herkunft eine geringere Rolle. Genauere Beobachtungen zeigen, dass die messianisch-jüdischen Gemeinden sich kaum an den Gelehrtentraditionen und halachischen Verbindlichkeiten des rabbinischen Judentums orientieren, da sie unter „Judentum" zumeist christologische Deutungen des biblischen Israel verstehen. Gleichwohl werden dem rabbinischen Judentum gezielt Kultusgegenstände und Bestandteile des Ritus entliehen und als Symbole eingesetzt, die sich jedoch erst nach dem jüdisch-christlichen Schisma entwickelt haben.[25]

---

21 Eskridge, Larry: God's Forever Family. The Jesus People Movement in America. New York, NY 2013, S. 263; Bustraan, Richard A.: The Jesus People Movement. A Story of Spiritual Revolution among the Hippies. Eugene, OR 2014.
22 Cohn-Sherbok, Messianic Judaism, S. 58–80.
23 Pfisterer, Messianische Juden, S. 74.
24 Pfisterer, Messianische Juden, S. 76.
25 Kasdan, Barney: God's appointed Customs. A Messianic Jewish Guide to the Biblical Lifecycle and Lifestyle. Baltimore, MD 1996, S. 129–130. Ein weitverbreitetes Beispiel aus dem deutschsprachigen evangelikalen Raum ist Gleis, Peter [u. a.]: Christen feiern biblische Feste. Schabbat, Passa, Jom Kippur, Laubhüttenfest. Geistliche Gemeinde-Erneuerung in der Evangelischen Kirche. Hamburg 2001.

Im Hinblick auf die Situation in Deutschland konstatiert Pfisterer: „Ohne die Einwanderung russischer Juden aus den ehemaligen GUS-Staaten wäre es weder zu einer Wiederbelebung jüdischer Gemeinden in Deutschland noch zu der Entwicklung einer aktiven messianisch-jüdischen Bewegung gekommen."[26] Die Kontingentflüchtlinge, die aufgrund „staatlicher, vor 1990 ausgestellter Personenstandsurkunden jüdischer Nationalität im Sinne ehemaliger sowjetischer Vorschriften" sind,[27] ließen sich aus mehreren Gründen nicht so gut in die jüdischen Gemeinden integrieren: Ein großer Teil der Einwanderer war unter halachischen Gesichtspunkten nicht jüdisch. Wie Rachel Klüger meint, konnten die wenigsten ein minimales Basiswissen über die jüdische Religion und Kultur vorweisen und traten stattdessen als russische „Kulturpatrioten" in Erscheinung.[28] Sofern die Zurückgewiesenen nicht in den nun prosperierenden liberalen jüdischen Gemeinden ein neues Zuhause fanden, wurden sie gezielt von messianisch-jüdischen Aktivisten umworben.

In Israel setzen sich die Gemeinden überwiegend aus russischen Einwanderern, christlichen Arabern und eingewanderten Mitgliedern aus den USA und Mitteleuropa zusammen. In den 2000er Jahren wurden in ca. 70 – 200 Gemeinden und sogenannten Hauskreisen zwischen 2300 bis 10.000 Mitglieder gezählt.[29]

Die starken Schwankungen beruhen auf verschiedenen Methoden der Definition von Gemeinden und Hauskreisen sowie der Erfassung von Mitgliedern, bei der hier nur die Personen mit eher jüdischer Identität, dort auch solche mit explizit christlicher Identität – also „messianische Nichtjuden" – mitgezählt werden.

---

26 Pfisterer, Messianische Juden, S. 99.
27 Haug, Sonja: Soziodemographische Merkmale, Berufsstruktur und Verwandtschaftsnetze jüdischer Zuwanderer. Eine Auswertung von Antragsakten der jüdischen Zuwanderer in der Landesaufnahmestelle des Freistaates Bayern im Jahr 2005. Working Paper Nr. 8 der Forschungsgruppe des Bundesamtes. Nürnberg 2007. S. 7.
28 Klüger, Rachel: Viel zu tolerant. In: Jüdische Allgemeine 50 (16.12.2004), S. 11.
29 Vgl. dazu Rucks, Messianische Juden, 177–181. Die Ausführungen hier sind nicht vollständig. Vgl. ferner Pfisterer, Messianische Juden, S. 81–83; Kjær-Hansen, Kai u. Bodil F. Skøjtt: Facts & Myths about the Messianic congregations in Israel. Jerusalem 1999.

4 Messianisch-jüdische Konkurrenten um die evangelikale Öffentlichkeit: Ludwig Schneider und Klaus Mosche Pülz

Im Folgenden sollen zwei Zeitschriften beziehungsweise Nachrichtenagenturen vorgestellt werden, die jeweils von Personen mit deutsch-jüdischem Hintergrund gegründet wurden, die sich aber als messianische Juden bezeichnen. Beide Agenturen verbreiteten ihre Nachrichten zunächst nur in deutscher Sprache und sind eher als bilaterale deutsch-israelische Netzwerke mit äußerst heterogenen Unterstützerkreisen zu begreifen. Mit ihren Darstellungen des „Judentums" und des Staates Israel wirken sie seit Jahrzehnten weit in den protestantischen Raum hinein und haben damit einen wichtigen Beitrag sowohl für das deutsch-jüdische als auch das deutsch-israelische Verhältnis geleistet.

4.1 Ludwig Schneider: „Nachrichten aus Israel/Israel heute"

Ludwig Schneider gründete sein Medienunternehmen „Nachrichten aus Israel" (NAI) im Jahr 1978 und leitete es bis zur Geschäftsübergabe an seinen Sohn Aviel Schneider im Jahr 2002, der es heute unter dem Namen „Israel heute" weiterführt.

Schneiders ungenauen Angaben zufolge überlebte seine Familie[30] die Shoah dank der Unterstützung einer Küsterfamilie in einem Quedlinburger Hinterhaus,[31] floh aber 1950 vor einer drohenden Deportation aus der DDR nach Sibirien und gelangte in den Krefelder Raum.[32] Der junge Bäckerlehrling bekehrte sich 1960 durch die Initiative des Missionars Erich Weinmann, der wegen seiner jüdischen Abstammung 1939 mit einem Kindertransport nach Großbritannien fliehen konnte und in einer pfingstlerisch aufgerichteten Ecclesia-Gemeinde wirkte. Im gleichen Jahr belegte Schneider einige Predigerkurse am Theologischen Seminar

---

30 Vgl. Hornstra, Christian Zionism, S. 38; Schneider, Ludwig: Das Problem der Flüchtlinge. In: David. Jüdische Kulturzeitschrift 90 (Sep. 2011), S. 66–68, hier S. 66 mit Eisenlöffel, Ludwig David: Freikirchliche Pfingstbewegung in Deutschland. Innenansichten 1945–1985. Göttingen 2006. S. 212: „mit jüdischem Zweig in seinem Stammbaum".
31 Schneider, Das Problem der Flüchtlinge, S. 66.
32 Kashi, Uriel: Fundamentalismus und Hetze. NAI und die Missionierung der Juden [9.4.2000]. hagalil.com/israel/fundamentalismus/nai-1.htm (14.9.2016). Vgl. zu Weinmann, Erich: A True Story of Life. In: New Covenant Forum. Encouraging Conversation about Jesus the Jewish Messiah. newcovenantforum.org/?page_id=164 (14.9.2016).

Beröa, das später die Bewegung der „Jesus-People" in Deutschland zu etablieren versuchte.[33]

Von 1964 bis 1968 lebte Schneider mit seiner christlichen Frau in einem Kibbuz. Nach seiner Rückkehr nach Deutschland leitete er eine kleine Düsseldorfer Pfingstgemeinde unter dem Namen „Jesus-Haus", für die er auch – wie er erklärte – einige „linke Studenten" bekehren konnte.[34] Im Zuge des Jom-Kippur Kriegs gelang es ihm, die neue Israel-Begeisterung der christlichen Welt in fiskalische Kanäle zu lenken und ein Unternehmen namens „Israel-Hilfe" mit einem Nachrichtenblatt namens „Jesus in Israel" aufzubauen, deren Ziele darin bestanden, Gelder für verschiedene Projekte zu sammeln: So wurden in Israel Bäume gepflanzt, Bibeln verteilt und Freiwillige in Kibbuzim entsandt, während in Deutschland Film- und Vortragsreisen über das Gelobte Land angeboten wurden.[35] Über das parallel aufgebaute Unternehmen „Shalom Israel Travels and Publishing House" konnten die Zielgruppen Israelreisen buchen und israelische Produkte erwerben. Welche Nachfrage Schneider im deutsch-jüdischen und deutsch-israelischen Verhältnis zu befriedigen vermochte, wird bei der Betrachtung der Zahlen deutlich, die Willem Lauerns Hornstra in seiner Dissertation zusammengetragen hat:

> The 35,000 copies of the first issue of *Jesus in Israel* [of 1973] were in high demand, and out of stock within days. In February 1976, circulation had increased to 60,000. Its magazine conveys the impression of buzzing activity and a steady flow of new ideas and projects, but there were also signs that not all was well. Several times, the magazine mentions "embarrassing delays" in answering mail.[36]

Im August 1977 legte Pastor Ludwig Schneider einen Entwurf für ein spezielles „Seminar für die Gemeinsamkeit von Juden und Christen" vor, und zwar mit der Begründung, die 60 Millionen Deutschen benötigten dringend eine Einführung ins Judentum, da dies sonst durch „die Antisemiten, die heutigen Antizionisten" übernommen werden würde.[37] Unter anderem wurden Spenden für ein Seminar- und Museumsgebäude in Form des Sterns von Bethlehem gesammelt, dessen Grundriss heilsgeschichtlich angeordnete Gedenk- und Seminarräume vorsah. Die aufschlussreichsten Stationen waren a.) das Abraham-Tor, b.) das Jeschuah-

---

33 Hornstra, Christian Zionism, S. 38.
34 Kashi, Fundamentalismus.
35 Hornstra, Christian Zionism, S. 38.
36 Hornstra, Christian Zionism, S. 39.
37 [Schneider, Ludwig]: Eine Vision. Deutschlands 60 Millionen Menschen benötigen dringend ein spezielles Seminar für Gemeinsamkeit von Juden und Christen. In: Jesus in Israel 3 (August 1977), S. 27.

Tor, c.) Der KZ-Gedenkraum, d.) das Ben-Gurion-Tor, e.) das Harmaggeddon-Tor und f.) der große Vortragsraum „Messianisches Reich". Für dieses Projekt wären nicht nur Gebete und Fasten, sondern auch die Unterstützung von Kirchen, Schulen und Universitäten notwendig. Im Juni 1978 gab Pastor Ludwig Schneider und Gründer der in einer Auflage von 165.000 Exemplaren erscheinenden Zeitschrift „Jesus in Israel" in einem Pressegespräch das jährliche Spendenvolumen der ebenfalls von ihm geleiteten „Israel-Hilfe" mit einer Million DM an, mit denen 10.000 Bäume gepflanzt werden konnten.[38]

In Schneiders Tätigkeiten als Leiter der Düsseldorfer Gemeinde, als Unternehmensgründer sowie als Auslandsjournalist begannen in den Jahren 1976– 1978 größere Schwierigkeiten aufzutreten. Die Gemeinde hatte sich finanziell mit dem Ankauf eines eigenen Hauses in der Grafenberger Allee für den Gottesdienst übernommen.[39] Sowohl dem „Jesus-House" als auch der „Israel-Hilfe" drohten Insolvenzverfahren, und Gerüchte über Spendenveruntreuung und Steuerhinterziehung kursierten,[40] so dass Schneider sich dazu entschloss, den Lebensmittelpunkt seiner Familie 1978 nach Israel zu verlagern.

In Israel führte Schneider nicht die Zeitschrift der inzwischen konkursgegangenen „Israel-Hilfe" weiter, sondern baute ein Medienunternehmen namens „Nachrichten aus Israel" (NAI) auf, dem seit den 1990er Jahren ein merklich wachsender Erfolg beschieden ist. Aushängeschild ist das monatlich erscheinende deutschsprachige Hochglanz-Magazin, das mit kürzeren Texten in einfacher Sprache und einer reichhaltigen Farbbebilderung die chiliastischen Israel-Interessen der christlichen Zielgruppen bedient. Auch die von 1990 bis 2006 publizierten „Israel-Jahrbücher" bieten neben einem jüdisch-christlichen Kalender wichtige statistische Informationen zu Israel sowie eine Vorstellung der israelischen Parteien und Regierungen einschließlich einer politischen Chronik über die wichtigsten Ereignisse. Sowohl in den Jahrbüchern als auch in der Zeitschrift finden sich neben religiösen, politischen und gesellschaftlichen As-

---

38 [Pressemitteilung]: Israel-Hilfe: Jährlich bis zu 25 Prozent Zuwachs. In: Idea Spektrum 23 (5.6. 1978), S. 5.
39 Eisenläufel kritisiert den Kauf des dreistöckigen Gebäudes mit Kinosaal für eine Summe von zwei Millionen DM als einen „geradezu waghalsigen Glaubensschritt". Eisenlöffel, Freikirchliche Pfingstbewegung, S. 212.
40 Vgl. dazu Kloke, Martin: Mobilmachung im Milleniumsfieber. Israel und der christliche Fundamentalismus in Deutschland. In: Israel & Palästina. Hintergrundinformationen. Hrsg. vom Deutsch-Israelischen Arbeitskreis für Frieden im Nahen Osten 59 (Apr. 2000), S. 16; Pülz, Klaus Mosche: Mannigfache Irrlehren gefährden den Bestand der Christen. In: Bote neues Israel 144 (Okt.–Dez. 2002), S. 5–23, hier S. 20; Pülz, Klaus Mosche: Das Zeugnis der „Messianischen Bekenntnisgemeinschaft" im Lande Zions. In: Bote neues Israel 147 (Juli–Sep. 2003), S. 26–40, hier S. 27.

pekten Witze und Comics zur kurzweiligen Unterhaltung des Leserpublikums. In allen Formaten sollen Interpretationen und „Informationen aus erster Hand" vermittelt werden, bei denen der vielgerühmte „jüdische Humor" nicht fehlt:

> Nur wer selbst dabei ist, kann auch das bringen, was andere weglassen. Darum ist NAI auch dabei, wenn in der Grabeskirche das „Hl. Feuer" der orthodoxen Christen fällt oder messianische Juden eine Konferenz haben, wenn der Grundstein für den III. Tempel gesalbt wird[41] oder Moslems im Namen Allahs Autos verbrennen. Das Aktuellste im Lichte der Bibel – besonders jetzt, wenn es um Jerusalem als Laststein geht.[42]

Für eine kostenpflichtige „Jerusalem-Hotline" bearbeitete die Redaktion jeweils das Tagesgeschehen zielgruppenorientiert in deutscher Sprache und nahm es auf einen automatischen Anrufbeantworter auf. Nach der Geschäftsübergabe an Aviel Schneider[43] wurde das Unternehmen unter dem neuen Namen „Israel heute" verstärkt auf die neuen Medien hin ausgerichtet. Neben CDs mit den Vorträgen seines Vaters besteht nunmehr eine attraktive Internetseite, eine Facebook-Seite und mit Youtube verlinkte TV-Nachrichten. Da diese Arbeit nur durch bezahlte Mitarbeiter zu leisten ist, ruft das Unternehmen in seinen diversen Sparten auch zu Spenden auf.

Seit seiner Gründung bietet das Unternehmen Israeldevotionalien an – darunter Weine, Kosmetika vom Toten Meer und T-Shirts. Während zahlreicher Reiseführungen führte Ludwig Schneider im Laufe der Jahrzehnte Zehntausende deutsche Besucher durch das Heilige Land;[44] mit seinen Vortragsreisen durch den deutschsprachigen Raum möchte er alleine im Jahr 1995/1996 in 55 Vorträgen 33.000 Besucher erreicht haben.[45] Bei einer Auflagenhöhe von 16.000 monatli-

---

41 Vgl. zu diesem Ereignis Schneider, Ludwig: Schamir – שמיר. Das große Geheimnis. In: Israel-Jahrbuch 1999. Jerusalem 1998. S. 79–90, hier S. 88–89.
42 Schneider, Ludwig: Israel-Jahrbuch 1994. Jerusalem 1993, S. 196.
43 Lambrecht, Oda u. Christian Baars: Mission Gottesreich. Fundamentalistische Christen in Deutschland. Berlin 2008. S. 150. Das Buch ist jedoch streckenweise unsachlich.
44 Vgl. beispielsweise die Anzeige [Red.]: II. NAI-Wüstenseminarreise: Friedensreise auf den Spuren der Propheten „Bereitet dem Herrn den Weg in der Wüste (Jes. 40)". In: Nachrichten aus Israel 196 (Dez. 1994), S. 20–21.
45 [Red.]: Dankbarer Rückblick. In: Nachrichten aus Israel 213 (Mai 1996), S. 31. Die Vortragstitel lauten „3000 Jahre Jerusalem – Zwischen Krieg und Frieden. 1996 ist das Jahr, an dem Jerusalem auf den Verhandlungstisch kommt"; „Jerusalem als Herausforderung zum Heiligen Krieg. Die Gefahr militanter Moslems und Juden"; „Juden und Christen als Lebens- und Leidensgemeinschaft. Gedanken der Urchristen für uns heute wieder aktuell". Vgl. den Zwischenbericht mit den Terminankündigungen der zweiten Deutschland-Tournee. [Red.]: I. Deutschland-Tournee: Nachrichten aus Israel 210 (Feb. 1996), S. 24–25.

chen Exemplaren[46] und einem Vielfachen an Lesern, Hörern und Usern hat das mittlerweile auf 25 Mitarbeiter[47] angewachsene Unternehmen Ludwig Schneiders das Bild vom Judentum und Israel im deutschen Sprachraum nachhaltig beeinflusst.[48]

4.2 Klaus Mosche Pülz: „Zelem Neuer Bote Israel"

In Klaus Mosche Pülz fand der charismatische Ludwig Schneider einen erbitterten Konkurrenten um die Gunst der Evangelikalen in Deutschland. Zwar kann Pülz mit einer Bestätigung der Jüdischen Gemeinde Halle/Saale nachweisen, dass seine Eltern Mitglieder der dortigen Synagogengemeinde waren,[49] doch wirkt er schwerfälliger, kämpferischer, aber auch nüchterner als Schneider.

Der jüdische Hintergrund des am 1. März 1936 in Halle/Saale geborenen Pülz wurde – wie er schreibt – „durch eine gnädige Führung Gottes" nach der Shoah bekannt.[50] Seine Eltern hatten ihm seine jüdische Abstammung verheimlicht, die er im Alter von 26 Jahren selbst entdeckte.[51] 1965 fand der 29-Jährige nach Israel, wo er in einem galiläischen Kibbuz als Schafshirte arbeitete.[52] Seine offizielle Einwanderung nach Israel erfolgte zwei Monate vor Beginn des Sechs-Tage-Krieges 1967, den er seinen Lesern als seine bedeutendste religiöse Erfahrung beschreibt: „[…] anläßlich meines ersten Besuches in Jerusalem am 21.5.1967 bat ich den Herrn vom Berg Zion darum, uns den Ostteil Jerusalems und Judäa und Samarien dem Staatsgebiet wieder zuzuschlagen. Drei Wochen später war dieses Gebet erhört worden."[53]

---

46 Eintrag „Israel heute" unter: Liste deutschsprachiger christlicher Zeitschriften und Zeitungen. de.wikipedia.org/wiki/Liste_deutschsprachiger_christlicher_Zeitschriften_und_Zeitungen (14.9. 2016).
47 Lambrecht u. Baars: Mission, S. 150–151. Vgl. das Mitarbeiterfoto im Israel-Jahrbuch 2006. [Red. Foto]: Wir berichten für Sie vor Ort. Ihr Jerusalemer nai-Team. In: Israel-Jahrbuch 2006. Jerusalem 2005. S. 204–205.
48 Die Vortragsreisen werden heute im Wesentlichen durch seine Söhne fortgesetzt. Vgl. u.a. [Red.]: Israel-Vorträge von Michael Schneider, 27.6.2016. israelheute.com/Nachrichten/Artikel/tabid/179/nid/30443/Default.aspx (14.9.2016).
49 [Jüdische Gemeinde Halle/Saale]: Abstammungsurkunde der Eltern von Klaus Mosche Pülz. zelem.de/aktuelles/Bescheinigung%20der%20Eltern.pdf (14.9.2016).
50 [Red.]: Referent Klaus Mosche Pülz. In: zelem.de/referent.html (14.9.2016).
51 Pülz, Klaus Mosche: Schalom für Israel. Messianisches Zeugnis im Heiligen Land. Lübeck u. Guntersblum 1995. S. 504.
52 [Red.]: Referent.
53 Pülz, Klaus Mosche: Auch Israel muß zu Jesus Christus umkehren [Leserbrief]. In: Idea Spektrum 38 (19.9.2001), S. 4–5, hier S. 5.

Zusammen mit anderen messianischen Juden gründete Pülz im Jahre 1980 die „Messianische Bekenntnisgemeinschaft" in Herzliya, die in den folgenden Jahren unter seiner Federführung die Zeitschrift *Bote neues Israel* herausgab. Die Zeitschrift enthält lange, mit zahlreichen Bibelzitaten angereicherte Ausarbeitungen mit nur spärlichen Abbildungen. Ein Jahr später folgte die Gründung des „Instituts für Israels universale Berufung".[54] In einem hebräischen Anzeigentext, den diese Institution in der israelischen Tageszeitung „Maariv" am 19. Oktober 1984 publizierte, werden die Kompetenzen des Instituts folgendermaßen beschrieben:

> Als Experten für die eschatologischen (endzeitlichen) Vorhersagen der Propheten sind wir bereit, allen interessierten Personen die Gründe unseres Exils und unserer gegenwärtigen Lage auseinanderzusetzen, die auch Antwort geben auf das Mysterium unserer Zukunft. [...] Wir errichten die Grundlagen einer Macht, die nicht von dieser Welt ist. Daher haben wir zu dem Allmächtigen und Seinem Messias zurückzukehren und Ihm zu vertrauen![55]

Diese Anzeige rief eine seit 1950 bestehende orthodoxe Organisation namens „Yad le-Achim" auf den Plan, die sich unter anderem der Bekämpfung der Judenmission und interreligiösen Mischehen auf die Fahnen geschrieben hat. Die aus deren Feder entstandenen Berichte bezichtigen Pülz und seine Gemeinde des Seelenfangs unter der Maske einer karitativ arbeitenden Kleiderkammer für Neueinwanderer und Arme.[56] Diese Argumentationsrichtung basiert auf dem 1978 erlassenen israelischen Antimissionsverbot, demzufolge Mission durch Anbietung materieller oder finanzieller Unterstützung verboten ist. Unter anderem wurden im Oktober 1984 und im November 2008 Brandanschläge auf Immobilien verübt sowie Gemeindemitglieder unter Druck gesetzt und belästigt.[57]

Im Jahre 1986 gründete Pülz in Deutschland den gemeinnützigen Verein „ZeLeM. Verein zur Förderung des messianischen Glaubens in Israel". Pülz ist in die „Konferenz der Bekennenden Gemeinschaften" und die pietistisch-evangeli-

---

54 Pülz, Schalom für Israel, S. 503.
55 Pülz, Klaus Mosche: Ha-Makhon le-Heker Am Olam [Anzeige]. In: Maariv (23. Tishri 5345), ohne Seitenangabe. Zitiert nach der deutschen Übersetzung: [Maariv vom 19.10.1984]. In: Bote neues Israel (Sondernummer Frühjahr 1998), S. 7.
56 Vgl. dazu die Dokumentation in Pülz, Klaus Mosche: Bote neues Israel (Sondernummer Frühjahr 1998). Ein großer Teil dieser Sondernummer setzt sich mit den Konflikten mit „Yad le-Achim" auseinander. Vgl. ferner Pülz, Klaus Mosche: Antisemitismus – gestern und heute. Holzgerlingen 2000. S. 90–96.
57 Der letzte Anschlag geschah etwa ein halbes Jahr nachdem der wegen mehrfachen Mordes verurteilte Yad le-Achim-Aktivist Yaakov Teitel am 20. März 2008 den 15-jährigen Ami Ortis mit einer Splitterbombe lebensgefährlich verletzte. Bei diesem Anschlag bestand das Motiv des Terroristen darin, dass die Familie Ortis eine messianisch-jüdische Gemeinde leitet.

kale „Bekenntnisbewegung" eingebunden und hat mit diesen die meisten theologischen Schnittstellen.[58] Neben der Zeitschrift unterhalten seine Organisationen einen bis heute gut funktionierenden Kassettendienst mit seinen Predigten und Vorträgen in deutscher Sprache. Sowohl seine jährlichen Bibelfreizeiten im Schwarzwald und der Schweiz[59] wie auch der Abdruck der aus Deutschland stammenden Leserbriefe im „Bote neues Israel" zeigen, dass er ein Segment anspricht, das älter als Fünfzig ist und eine größere Spendenbereitschaft zeigt.

5 Vermittlung von „Judentümern" und „Israel-Bildern" in die evangelikale Bewegung Deutschlands

Während Schneider seinen unsicheren jüdischen Hintergrund sowie die zahlreichen finanziellen Herausforderungen mit Leichtigkeit umschifft und eher die charismatisch-evangelikalen Gemeinden anspricht, kann sich Pülz auf den in Deutschland eingetragenen Verein und ein loyales Netzwerk in der pietistisch-evangelikalen Bekenntnisbewegung verlassen. Ferner existiert ein anderer, entscheidender Unterschied: Schneider bedient zwar die Interessen seiner deutschen Klientele an der Judenmission, vermeidet aber eine aktive Umsetzung und bindet stattdessen israelische Lokalpolitiker und die Siedlerbewegung in sein Netzwerk ein. Im Unterschied dazu leitet Pülz eine überwiegend russischsprachige Gemeinde, die aber zumeist aus älteren Mitgliedern besteht und sich darin von moderner auftretenden messianisch-jüdischen Gemeinden in Israel unterscheidet. Doch bei allen Unterschieden existiert neben den theologischen und politischen Überschneidungen eine unübersehbare Gemeinsamkeit: Beide Multiplikatoren vertreten den Anspruch, der deutschen Öffentlichkeit „authentische" Bilder von Judentum und Israel zu vermitteln.

---

58 Vgl. u. a. Pülz, Klaus Mosche: Wer ist „Knecht Gottes"? In: Bote neues Israel 142 (Apr.–Juni 2002), S. 12–23, hier S. 12. Sehr aufschlussreich ist der im *Bote neues Israel* mitgeteilte Wechsel im Vorstand des ZeLeM-Vereins vom Jahre 2002, in dessen Kontext sich das neue Vorstandsmitglied B. Meyer mit seinem spirituellen Lebenslauf vorstellt und auf die Tübinger Missionswissenschaft verweist. Mayer, Bernd: Wechsel im ZeLeM-Vorstand. In: Bote neues Israel 145 (Jan.–März 2003), S. 71. Vgl. auch die Debatten in: Konferenz Bekennender Gemeinschaften kappt Kontakte zu ZeLeM [17.10.2008]. irrglaube-und-wahrheit.ch/index.php?/topic/4621-konferenz-bekennender-gemeinschaften-kappt-kontakte-zu-zelem (14.9.2016).
59 Vgl. u. a. Bote neues Israel 142 (Apr.–Juni 2002), S. 67; Bote neues Israel 145 (Jan.–März 2003), S. 66–68.

5.1 „Judentum" und „Israel": Religiöse Dimensionen

Obwohl sowohl Schneider als auch Pülz in erster Linie als Juden auftreten und sich mit der historischen Schicksalsgemeinschaft identifizieren, haben sie dennoch kaum religiöse Schnittstellen mit dem rabbinischen Judentum. Dies erfordert eine genauere Beobachtung.

5.1.1 NAI/Israel heute

Ludwig Schneider versteht sich eher als Journalist und Manager denn als Geistlicher. Statt langer theologischer Ausführungen finden sich in den Produkten seines Unternehmens zahlreiche illustrierende Elemente und kürzere Texte in einfacher Sprache, in denen dem deutschen Publikum Nachrichten über „das Judentum" und „Israel" vermittelt werden. Bei „NAI/Israel heute" steht der Unterhaltungswert im Vordergrund. Weder Schneider noch sein Sohn entwickeln oder vermitteln eine messianisch-jüdische Theologie, sondern beschränken sich überwiegend darauf, säkulare, jüdisch-rabbinische, jüdisch-messianische und muslimische Positionen zum Teil polarisierend einander gegenüberzustellen. Jedoch stellt die Redaktion mit Hilfe von Duktus, Schlüsselbegriffen der protestantischen Tradition und der Zitation einschlägiger Bibelstellen sicher, dass die fehlende Eindeutigkeit durch das interpretierende Lesen des evangelikalen Publikums ergänzt und angepasst wird. In entscheidenden Fragen werden andere messianische Juden zitiert und damit die Erwartungen der Leser bedient, ohne dass man sich dabei festlegt. So erreichen sie eine möglichst große Zielgruppe innerhalb der verschiedenen protestantischen Flügel, die bekanntlich in eschatologischen Lehren weit auseinanderdriften.

Das betrifft beispielsweise die heikle Frage, ob Christen im Namen Jesu Juden missionieren sollten – ein Aspekt, der immer wieder in den Landeskirchen in Deutschland diskutiert wird[60] und für die Redaktion in Israel im Zusammenhang mit dem Antimissionsgesetz wichtig ist. Dazu äußern die Herausgeber sich allerdings nicht selbst, sondern lassen etwa Zwi Sadan zu Wort kommen, der die

---

60 Während der Vorbereitungen des 35. Deutschen Evangelischen Kirchentages, der Anfang Juni 2015 in Stuttgart stattfand, wurde seitens der Organisatoren eine entsprechende Stellungnahme publiziert: Stellungnahme des Präsidiums des Deutschen Evangelischen Kirchentages, warum christlichen Gruppen mit judenmissionarischer Intention und Praxis keine aktive Teilnahme an Kirchentagen gewährt werden kann. In: Beschluss des Präsidiums vom 31. Januar 2014: Judenmissionarische Gruppen, Messianische Juden und der Kirchentag. edi-online.de/app/download/11810968226/10_DEKT_2014_Praesidium_Beschluss_Judenmission.pdf (14.9.2016), S. 3–4.

Meinung der Zielgruppe ausdrückt: „Die Christen haben den Juden eine Menge Unrecht getan, aber es gibt kein größeres Unrecht, als einem Menschen die Liebe Jesu vorzuenthalten."[61] Vor dem Hintergrund der jüdischen Geschichte ist diese Aussage natürlich radikal und diskussionswürdig, jedoch könnte die Redaktion sich im Zweifelsfall darauf berufen, dass das lediglich die Meinung eines Gastautors darstellt.

Eine Seite weiter wird über den „Jüdisch-messianischen Jom-Kippur-Gottesdienst" in einer Gemeinde berichtet:

> Vor Beginn des Gottesdienstes, der bei Sonnenuntergang stattfand, nahmen die messianischen Familien gemeinsam das letzte Mahl vor dem Fasttag ein. Danach wurden jüdische Traditionsgebete rezitiert, begonnen mit dem von einem Kantor gesungenen Bittgebet *Kol Nidrei*. Die Männer trugen ihren Gebetschal, den *Talith*, und auch die Kopfbedeckung, die *Kippa*. Im Gegensatz zur Sitzordnung in Synagogen saßen Männer und Frauen beisammen. Nach dem einstündigen Abendgottesdienst mit Gebet und Lobgesang, in dem *Jeschua Ha-Maschiach* als Erlöser verherrlicht wurde, gingen einige zurück ins Hotel und andere zur Klagemauer, wo sich Tausende Juden versammelt hatten. So wie Jeschua zum jüdischen Volk gehört, so fühlten sich auch die messianischen Juden besonders an diesem Feiertag mit ihren Geschwistern verbunden. „Jeschua hat uns unsere Sünden vergeben, indem Er sich für uns geopfert hat. Diese Liebe werden einmal alle unsere jüdischen Geschwister erfahren", sagte ein messianischer Teilnehmer. [...] Das schöne daran war, dass sich jesusgläubige Juden mit dem restlichen jüdischen Volk vermischten.[62]

Der letzte Satz erweckt den Eindruck, die „jesusgläubigen Juden" bildeten bereits die Mehrheit innerhalb des „restlichen jüdischen Volkes". Dieser Text ist ein exemplarisches Beispiel für die geschickte Anlage dieses Textes, die mehrere mögliche Lesarten implementiert:

- Als neutraler Bericht;
- als eine kurze Einführung in das Judentum für Christen – was als ein sinnvoller Beitrag zur Verständigung betrachtet werden könnte;
- als Solidaritätsbekundung messianischer Juden zum rabbinischen Judentum;
- als deutliches Zeichen für jene, die sich eine Hinwendung des rabbinischen Judentums zu Jesus als Erlöser wünschen;
- als sichtbares Zeichen für die Vision, dass Juden und Christen gemeinsam einem Gott – nämlich Jesus von Nazareth – dienen. Die beiden letzteren Lesarten sind evangelikale Auffassungen.

---

61 Sadan, Zwi: מתי פרק כ"ח Matthäus, Kapitel 28. In: Israel heute/Nachrichten aus Israel 290 (Okt. 2002), S. 22.
62 [Red.]: Jüdisch-messianischer Jom-Kippur-Gottesdienst. In: Israel heute/Nachrichten aus Israel 290 (Oktober 2002). S. 23.

Auf der nächsten Doppelseite der Ausgabe, die den Marsch zum Laubhüttenfest illustriert, werden die beiden letzteren Positionen vor allem ikonographisch untermauert. Gezeigt werden unter anderem Fotos, auf denen „Magavnikim" der israelischen Grenzschutzpolizei neben christlichen Aktivisten des „International Christian Zionist Centers" laufen, die, in weiße Kleider der Priester gekleidet, eine Nachbildung der Bundeslade mit sich tragen. Dem weniger informierten Leser wird hier eine geistige Einigkeit und Geschlossenheit suggeriert. Der Begleittext bedient deutlich erkennbar die christliche Sehnsucht nach einem eschatologischen Friedensreich. Besonders zu beachten ist, wie nun die Bezeichnungen „Israel" und „Christen" zu einem „Wir" verschmelzen:

> Am Israel chai! [...] Am deutlichsten wird dieser Festjubel, wenn Tausende Israelis [!], zusammen mit Christen [!] aus aller Welt, trotz allem Terror durch Jerusalems Straßen ziehen, singen und tanzen, Fähnchen schwingen und einander umarmen, als wollten sie aller Welt zurufen: „Wir lassen uns nicht klein kriegen! Wir sind aus über 140 Nationen nach Zion heimgekehrt [!], um hier zu bleiben! Weder Arafats Terror noch Saddam Husseins Raketen können uns schrecken oder vertreiben! Das Volk Israel lebt, weil Gott es am Leben erhält!" Jung und alt freuen sich, Juden und Christen werden eins! Ein Vorgeschmack auf die in Sacharja 14 verheißene Zukunft in Friede und Freude, wenn alle Völker zum Laubhüttenfest nach Jerusalem hinaufziehen werden. Komm und sieh, das Volk Israel lebt.[63]

„NAI/Israel heute" verwendet die Topoi „Judentum," „Juden", „Israel" sowie zahlreiche Bezeichnungen jüdischer Traditionen ohne die genaueren chronologischen Abgrenzungen und Definitionen, die die jüdische Religionsgeschichte eigentlich verlangt. Die Leser werden nicht darüber informiert, dass das Bild vom „Judentum" als biblisches „Israel" nicht mit dem rabbinischen Judentum identisch ist, wie es sich nach der Zerstörung des Zweiten Tempels entwickelte. Während Teile der israelischen Gesellschaft mit „Am Israel hai" einen national-spirituellen Widerstandsruf verbinden, erkennt der Leser der „NAI/Israel heute" hierin einen Beweis für die Parusie Jesu. Diese Ungenauigkeiten zwischen vollkommen verschiedenen Phänomenen sind intendiert, um ein gemeinsames „Wir" – eine Schicksals- und Wertegemeinschaft zwischen Juden und Christen – zu konstruieren. Worauf das abzielt, wird später deutlich werden.

---

63 L[udwig] S[chneider]: Jüdisch-messianischer Jom-Kippur-Gottesdienst. In: Israel heute/ Nachrichten aus Israel 290 (Okt. 2002), S. 24. Hervorhebungen NR.

5.1.2 Der Bote neues Israel

Der von Klaus Mosche Pülz und dem Zelem-Verein herausgegebene *Bote Neues Israel* ist dagegen leicht einzuordnen. Die „Grundsatzerklärung der ‚Messianischen Bekenntnisgemeinschaft' in Israel" ist unmissverständlich:

> Wir wollen die Botschaft Jeschuas (= Heiland) nach den Gesichtspunkten ergründen, die für unsere Erlösung wesentlich sind und darüber hinaus feststellen, was das Evangelium auch auf gesellschaftspolitischem Gebiet unserem Volke zu sagen hat. So werden die bekennenden messianischen Juden in Loyalität zu ihrem Staat einen besonderen Beitrag an der Sache der Freiheit, der Gerechtigkeit und des Friedens leisten.[64]

Zu den sich ergebenden Spannungen zwischen jüdischer Identität und christlichem Glauben heißt es:

> Es ist ein Mißverständnis, wenn die Menschen unseres Volkes davon ausgehen, daß sie mit ihrem Bekenntnis zu Jeschua als dem verheißenen Messias nicht nur ihre Religion, sondern auch ihre nationale Identität verlören. Eher das Gegenteil trifft zu, denn mit der Erkenntnis des Hauses Israel zu Jeschua, dem „el-gibor" (= Gottheld Jes. 9,5 und 10,21), findet das erwählte Volk erst zu seiner eigentlichen Berufung als Priestervolk zurück. Der Apostel Paulus vergleicht diesen kreatürlichen Vorgang als ein Wiedereinpfropfen der natürlichen Zweige in den „eigenen Ölbaum" (Röm. 11,24), d. h. messianischer Glaube ist für unser Volk Israel nichts Artfremdes, sondern der wahre und tiefe Sinn unserer nationalen und geistigen Existenz.[65]

Während die charismatisch-evangelikale Position in der Regel die Berechtigung und Weiterpflege der Gesetze des biblischen Judentums anerkennt, distanziert sich Pülz vollständig von jedem „Formalismus" im religiösen Leben. In der Ablehnung des Religionsgesetzes als eine überflüssig gewordene Erscheinung[66] kritisiert er häufig das rabbinische Judentum:

> Orthodoxem Judaismus konnte es nicht gelingen, daß das Allerheiligste, Gottes Schechina, allem Volke zugänglich gemacht werden konnte, wie es das Geschehen auf Golgatha bewirkte (Matth. 27,51), sondern kann sich höchstens als ein funktionelles Arrangement verstehen, das mit Hilfe der jüdischen Exiltradition das Überleben als Volk sicherstellte.[67]

---

64 Grundsatzerklärung der „Messianischen Bekenntnisgemeinschaft" in Israel. zelem.de/start.html (14.9.2016). Die runden Klammern befinden sich im Text. Die Grundsatzerklärung wird gelegentlich der Zeitschrift beigelegt.
65 Grundsatzerklärung, §7.
66 Vgl. u. a. Pülz, Klaus Mosche: [Vorwort]. In: Bote neues Israel 142 (Apr.–Juni 2002), S. 2–4, hier S. 2.
67 Grundsatzerklärung, §7.

Trotz seiner Kritik an der Substitutionslehre der christlichen Theologien,[68] greift Pülz selbst auf dieses Modell zurück: Das rabbinische Judentum habe in der Endzeit seine heilsgeschichtliche Funktion verloren. Das „messianische Judentum" und ein bibeltreuer Protestantismus würden sich – trotz unterschiedlicher ethnischer, nationaler und kultureller Hintergründe – zu einem „neuen Israel" verbinden.

5.2 Eschatologisch-politische Dimension

Im Folgenden sollen die eschatologisch-politischen Perspektiven der Akteure einander gegenüber gestellt werden.

5.2.1 NAI/Israel heute

Immer wieder ruft die NAI/Israel-heute-Redaktion ihre deutsche Leserschaft zur Solidarität mit dem modernen Israel als „jüdischen Staat" auf, der auf ihre Unterstützung angewiesen sei. Juden und Christen werden so zu einer gemeinsamen Schicksal- und Wertegemeinschaft verschmolzen, die gegenüber einer antigöttlichen Macht verteidigt werden müsse. So schreibt Schneider etwa im Jahr 1999:

> Das heiße Eisen ist jedoch die Jerusalemfrage, denn jedes Friedensabkommen zwischen Israel und den Palästinensern sowie den moslemischen Araberstaaten wird an der Jerusalemfrage scheitern. [...] Ein geteiltes Jerusalem ohne Mauer würde dagegen bei den Arabern die Hoffnung wachhalten, in Kürze das gesamte Jerusalem zu gewinnen. [...] Das Endziel der Feinde Israels ist nicht, Westbank-Territorien zu gewinnen, auch nicht Jerusalems Gassen zu kontrollieren, sondern ihnen geht es um den Tempelplatz, um zu verhindern, daß dort – wie in der Bibel verheißen – wieder ein jüdischer Tempel erbaut wird. Daß in dieser Verhinderungsfront Moslems und a-religiöse Juden zusammen an einem Strang ziehen, liegt auf der Hand, das darf uns nicht verwundern.[69]

---

68 Vgl. u. a. Pülz, Antisemitismus, S. 178–179; Pülz, Klaus Mosche: Die wahre Gemeinde und der Rest aus Israel. In: Bote neues Israel 142 (Apr.–Juni 2002), S. 23–26, hier S. 23; Pülz, Klaus Mosche: Die Verheißungen für Israel. In: Bote neues Israel 145 (Jan.–März 2003), S. 13–16, hier S. 15.
69 [Red.]: Was wird aus Jerusalem. In: Israel heute/Nachrichten aus Israel 252 (Aug. 1999), S. 13. Interessant sind auch die zahlreichen Artikel, die sich mit dem Friedensabkommen und der Ermordung Rabins auseinandersetzen. Vgl. u. a. [Red.]: Wort aus Jerusalem. Gottes Halt im letzten Augenblick. In: Israel heute/Nachrichten aus Israel 218 (Okt. 1996), S. 11 und Oria Amrani: Pardon, aber ich habe Rabin nicht getötet. In: Israel heute 463 (Dez. 2017), S. 6.

Zahlreiche Artikel der Online- und Printausgaben lassen die Konturen dieser Schwarzweiß-Malerei deutlich hervortreten. Im Fokus der politisch-gesellschaftlichen Berichterstattung stehen die verschiedenen Phasen des Friedensprozesses,[70] die Siedlerbewegung[71] sowie terroristische Anschläge. Bilder mit eindeutiger Ikonographie wie etwa weinende Israelis, mit erhobenen Waffen jubelnde „Araber" oder Leichen von Terroropfern[72] erzeugen eindeutige Assoziationen. In Schneiders unzähligen Vorträgen im deutschsprachigen Raum – mit jährlichen Zuhörerschaft von über 33.000 – vermittelt er diese Botschaften auch im landeskirchlichen Bereich. Für die vier Vorträge, die Schneider im Februar 2002 in der Berliner Christuskirche hielt, wurde er allerdings vom „Bundesverband Jüdischer Studenten in Deutschland" mit folgenden Worten „aufs Schärfste verurteilt":

> So spricht er in seinem kürzlich in aggressivem Ton gehaltenen Vortrag „Israel zwischen Krieg und Frieden" von einem „Heiligen Groß-Krieg", den es zu führen gelte. (Man beachte die Begrifflichkeit, welche an das islamisch-fundamentalistische Vokabular des Dschihad erinnert.) Nach Ludwig Schneider sind jegliche Friedensverhandlungen oder Abkommen mit den Palästinensern „von Gott verboten" und würden Israel unbedingt ins Verderben führen. Stattdessen müsse Israel die „Pflugscharen in Schwerter" umschmieden und einen erfolgreichen „Heiligen Krieg" gegen die, „die dich, oh Gott, hassen" (= Muslime) führen.[73]

---

70 Vgl. u. a. zum Mord an Yitzhak Rabin: Schneider, Ludwig: Jitzchak Rabin ל"ז starb für den Frieden. In: Israel-Jahrbuch 1996, S. 36: „Weil er [Rabin] jedoch bereit war, für einen Frieden mit Israels Nachbarn von Gott Israel zugesprochenes Land herzugeben, spaltete er das jüdische Volk, das sich am Ende bis zu 74 % gegen seine Politik aussprach, denn er warf Israels Kernland Judäa und Samaria, den Golan und auch Ost-Jerusalem als Preis für den Frieden in die Waagschale. [...] Auch wenn wir [NAI] Ministerpräsident Rabin wegen seiner Ausverkaufs-Politik nie gewählt hätten, so gehören wir doch zu den Trauernden, die erschüttert auf das Unbegreifliche blicken, wozu Menschen in ihrem Fanatismus fähig sind." Vgl. auch weitere Berichte des Buches.
71 Vgl. u. a. Shaked, Roni: Israel nach dem Abzug aus dem Gazastreifen. In: Israel-Jahrbuch 2006, S. 87–104.
72 Vgl. u. a. Schneider, Ludwig: Jerusalem unterm Halbmond. In: Israel-Jahrbuch 1996, S. 118–129, hier S. 126; [Red.]: Trügerische Ruhe. In: Israel heute/Nachrichten aus Israel 290 (Okt. 2002), S. 9; Shaked, Israel nach dem Abzug aus dem Gazastreifen, S. 91.
73 Bundesverband Jüdischer Studenten e.V.: Pressemitteilung vom 21.02.2002. Ludwig Schneider ruft zum Heiligen Krieg auf! bjsd.de/bjsd/presse/pe020221_schneider.html (14.9.2016). Die runden Klammern sind Einfügungen des BJSD. Inzwischen existiert die Internetseite nicht mehr (30.11.2017). Die Pressemitteilung findet sich aber noch beim Materialdienst Evangelischer Arbeitskreis Kirche und Israel in Hessen und Nassau: Ludwig Schneider ruft zum Heiligen Krieg auf! http://www.imdialog.org/md2002/022002md01.html (30.11.2017).

Welcher Krieg in den Augen Schneiders notwendig ist und was das Ziel des Krieges ist, macht er ein Jahr vor der Milleniumswende gelegentlich in Wort und Bild deutlich:

> Bis zum heutigen Tag steht der Tempelplatz unter moslemischer Hoheit,[74] er gehört nicht wieder dem jüdischen Volk. Selbst die Klagemauer als solche gehört den Moslems [...]. 1948 eroberte Israel das Land ohne Jerusalem und 1967 eroberte Israel Jerusalem ohne den Tempelplatz – *beim nächsten Krieg geht es um den Tempelplatz. Darum heißt dieser Krieg „Heiliger Krieg"*. Doch weil wir in der Endzeit leben – aller Augen richten sich auf das Kommen des Messias – sollten wir uns daran erinnern, daß zuvor laut Sacharja 1 und Offenbarung 11 in Jerusalem wieder der Tempel errichtet werden wird [...]. Weil die Moslems, oder besser gesagt der Geist, der sie treibt,[75] wissen, daß zur Vollendung der Heilsgeschichte der dritte Tempel gehört, beanspruchen sie so vehement diesen Platz, um dadurch die Ankunft des Messias zu verhindern – wie sie sagen. [...] Es geht in Wirklichkeit also nicht um Politik, sondern um den Sieg Gottes, denn Gott hat verheißen, daß Sein Tempelhaus wieder in Jerusalem sein wird und ER von dort aus alle Welt regieren wird.[76]

Wenn auch die „NAI/Israel heute" mehr als 17 Jahre später vergleichsweise moderater klingt, wird dieses Thema doch nur verdeckter präsentiert. Ein Beispiel hierfür ist ein Beitrag, in dem Ludwig Schneider verschiedene Positionen für und gegen den Bau eines dritten Tempels skizziert und abschließend eine „Kompromisslösung" vorschlägt:

> Kompromisslösungen, wie der von dem Juden Dr. Amos Orkan ausgearbeitete Vorschlag, dass, um des Friedens willen, der III. Tempel *neben* dem Tempelplatz, auf Säulen über der Fläche des Klagemauer-Vorplatzes errichtet werden solle (siehe Foto), stößt bei orthodoxen Juden und auch bei nationalgesinnten Israelis auf energischen Widerstand, da das Erste Gebot lautet, keine anderen Götter *neben* Gott (JHWH) zu dulden.[77]

Nicht nur die „Kompromisslösung", sondern grundsätzlich der Bau des dritten Tempels ist für das orthopraxe Judentum nicht relevant, da dies alleinige Aufgabe eines davidischen Messias sein könne, der sich vor der ganzen Welt

---

74 Israel und Jordanien unterzeichneten 1994 einen Friedensvertrag, der dem Staat Jordanien die administrative Aufsicht über alle muslimischen Heiligtümer zusicherte. Vgl. dagegen die gegenteilige Aussage im Kontext des illegalen Betens auf dem Tempelplatz von Tsvi Sadan: Bloß nicht die Lippen bewegen! In: Israel heute 458 (2017), S. 16.
75 In Umkehrung zu Röm. 8,14 ist damit der „Antichrist" gemeint.
76 [Red.]: Tempelgeräte, Bundeslade und Tempelbau. In: Israel heute/Nachrichten aus Israel 253 (Sep. 1999), S. 28. Kursive Hervorhebungen erscheinen im Text in Fettdruck und roter Farbe; vgl. auch [Red.]: Das jüdische Jerusalem: Eine „Beleidigung" für den Islam? In: Israel heute 463 (Dez. 2017), S. 13.
77 L[udwig] S[chneider]: Streit um den III. Tempel. In: Israel heute/Nachrichten aus Israel 290 (Okt. 2002), S. 13. Hervorhebungen von Schneider.

zweifelsfrei erweisen müsse. Aus halachischen Gründen darf bis dahin der Tempelberg nicht von Juden betreten werden.[78] Verschiedene nationalreligiöse Gruppierungen drohen jedoch, dieses Tabu aufzuweichen, den Tempel an der Stelle der Al-Aksa-Moschee zu errichten und einen Krieg von unbekannter Größenordnung auszulösen. Weder für das Judentum noch für den Islam besteht das Problem darin, dass zwei strengmonotheistische Religionen ihre Gotteshäuser in unmittelbarer Nähe errichten, sondern dass in der „Kompromisslösung" die gesamte Höhe des Tempels die der Moscheen überragt. Die im Wunsch nach der baldigen Errichtung eines dritten Tempels eingravierten Konflikte sind daher nicht zu übersehen. Die Zeitschrift bedient weiterhin gezielt die Endzeitsehnsucht seiner Leser.[79]

5.2.2 Bote neues Israel

Der kämpferische Pülz teilt nach allen Seiten aus: Die christlichen Kirchen hätten sich am Judentum vielfach verschuldet, indem sie es zunächst unterdrückten, dann sich an der Shoah beteiligten und aus dem daraus resultierenden Schuldempfinden nunmehr der göttlichen Aufgabe verweigerten, den Juden das Heil zu bringen.[80] Den Staat Israel kritisiert er für eklatante Mängel im Umgang mit den Menschenrechten – insbesondere den Schutz von Meinungs- und Religionsfreiheit.[81] In seinem Artikel „Das Dilemma von Israels Friedenssuche"[82] taucht die Nahost-Problematik erst am Schluss auf: Für Pülz bestehen Israels Herausforderungen in der alltäglichen Gewalt, in Brutalität und Skandalen sowie in der

---

[78] Siehe u. a. RaMBaM: Mishne Tora, Sefer Avodah, Hilkhot Bet ha-Bekhira §7,7. Cohen, Yoel: The Political Role of the Israeli Chief Rabbinate in the Temple Mount Question. In: Jewish Political Studies Review 11/1–2 (1999), S. 101–126.
[79] Vgl. dazu auch den neueren Artikel von Aviel Schneider, der zuerst in einer unbekannten Printausgabe der „Israel heute" erschien: 3. Tempel führt zum 3. Weltkrieg. http://anavim.org/index.php?3-tempel-fuehrt-zum-3-weltkrieg (30.11.2017); Aviel Schneider: Wie lange wird das dritte Königreich bestehen? In: Israel heute 463 (Dez. 2017), S. 4–5; Tsvi Sadan: Die drohende Apokalypse: Wo Religion und Wissenschaft sich treffen. In: Israel heute 463 (Dez. 2017), S. 18–19.
[80] Vgl. u. a. Pülz, Klaus Mosche: Der zweite Verrat an dem Messias Jeschua. In: Bote neues Israel 142 (Apr.–Juni 2002), S. 10–11; Pülz, Verheißungen für Israel, S. 15.
[81] Vgl. unter unzähligen anderen beispielsweise Pülz, Klaus Mosche: Eine historische Ketzerei. Keine Einheit und Perspektive unter den orthodoxen Juden. In: Bote neues Israel 143 (Juli-Sep. 2002), S. 43–50; Ders.: Israel unter einer neuen Regierung. In: Bote neues Israel 146 (Apr.–Juni 2003), S. 44–52. Zu Israels Problem mit steigender Kriminalität siehe Ders.: Die andere Seite Israels. In: Bote neues Israel 146 (Apr.–Juni 2003), S. 6–15.
[82] Pülz, Schalom für Israel, S. 75–104.

Übermacht seines Erzfeindes – der als parasitär beschriebenen Ultraorthodoxie in Gestalt der „Schas-Partei" und „Yad le-Achim".[83] Neben dem Buddhismus und den New-Age-Bewegungen gilt ihm der Islam hingegen lediglich als eine von vielen anderen Religionen, die den Menschen von seinem wahren Erlöser ablenken.[84]

Pülz' Auffassung zufolge sind die Nationen der Welt unfähig, „wahren Frieden in der Welt zu stiften, weil dieser Friede nicht durch politische Entscheidungen, sondern nur durch positiv veränderte Menschenherzen ausgehen kann".[85] In der folgenden Argumentation und an zahlreichen anderen Stellen wird nun seine Nähe zur pietistischen Frömmigkeit deutlich:

> Der Messias Jeschua in seiner Knechtsgestalt ist ein [sic!] Metapher für die Zerbrechlichkeit des Menschen. [...] Israels Fehler besteht darin, sich für so stark zu halten, um nicht nur die Gegner besiegen zu können, sondern auch davon ausgeht [sic!], mit Gott aufgrund seiner Thoratreue rechten zu können.[86]

Auch wenn Pülz den Nahostkonflikt häufig in die apokalyptischen Kriege einordnet, so ist er in erster Linie an einer innerlichen Erneuerung der israelischen Gesellschaft interessiert. Insofern ist nachvollziehbar, dass er an der Thematik des „Dritten Tempels" und einer Wiederaufnahme des Ritus kein Interesse zeigt.

6 Schlussüberlegungen

Aufgrund eines modernen, fließenden Identitätsbegriffs können „messianisch-jüdische" Gemeinden als Bestandteil des Judentums betrachtet werden. So stellt Frederico Dal Bo das messianische Judentum als sechste Denomination neben die Orthodoxen, die Konservativen, das Reformjudentum, den Neo-Rekonstruktivismus sowie neben die jüdischen Humanisten.[87] Gleichzeitig weist das mes-

---

83 Vgl. die verschiedenen Artikel in: Pülz, Klaus Mosche: Bote neues Israel (Sonderausgabe Frühjahr 1998).
84 Pülz, Klaus Mosche: Mannigfache Irrlehren gefährden den Bestand der Christen, S. 5–23; Ders.: Glaubensabfall im Lande Luthers. Eine Bilanz des Ökumenischen Kirchentages. In: Bote neues Israel 147 (Juli-Sep. 2003), S. 17–26.
85 Pülz, Wer ist „Knecht Gottes", S. 15.
86 Pülz, Wer ist „Knecht Gottes", S. 15. Die Syntax ist im Original korrupt.
87 Dal Bo, Federico: The Theological and Cultural Challenge of „Messianic Jews". Towards a New Jewish Paradigm? In: Jesus in the Jewish Culture of the 19th and 20th century. Hrsg. von Nathanael Riemer, Avidov Lipsker u. Michał Szulc. Potsdam 2015. S. 33–58.

sianische Judentum auch große, religiöse und politische Schnittmengen mit dem evangelikalen Christentum auf.

Im Hinblick auf das spezielle Verhältnis zwischen „Deutschen" und „Juden" sowie zwischen „Deutschen" und „Israelis" haben Schneider und Pütz einen wesentlichen Beitrag zur Verständigung geleistet. Die Solidarität der evangelikalen Bewegung zu einem wie auch immer verstandenen „Israel" und „Judentum" ist infolge dessen in den letzten Jahren signifikant gewachsen. Während die gewöhnlichen Touristen in gewalttätigen Krisenphasen ihre Reisen nach Israel absagen, bieten sie für diese Gruppen geradezu einen Anlass, ihre „Liebe zu Israel" zu bezeugen. Hiermit greife ich nicht nur die einschlägigen Erfahrungen israelischer Reiseführer, sondern auch die Werbung der „NAI/Israel heute" (Abb. 1) auf.[88] Letztere zeigt eine Darstellung des Tempelbergs – ohne den Felsendom und ohne die Al-Aqsa-Moschee.

Diese Solidarität und „Liebe" vieler christlich-messianisch orientierten Gruppen zu Israel ist jedoch nicht von ihren chiliastisch-millenaristischen Bemühungen zu trennen, durch die der moderne Staat Israel zur Wahrnehmung seiner eschatologischen Aufgaben befähigt werden soll. Die Unterstützung dieser Interessengruppen hat neben anderen Initiativen mit dazu beigetragen, dass die USA Jerusalem am 6. Dezember 2017 als Hauptstadt des Staates Israel anerkannte. Bei allen unterschiedlichen Konzepten eint sie doch die gemeinsame Vorstellung, das universale Friedensreich Jesu werde nicht ohne einen apokalyptischen Endkrieg auf israelischem Boden („Armageddon" bzw. Har Meggido) stattfinden.[89] Insofern ist es interessant, dass „NAI/Israel heute" beispielsweise mit den Initiativen der „Temple Mount Faithful Movement" sympathisiert.[90] Diese 1967 gegründete nationalreligiöse Gruppierung trifft konkrete Vorbereitungen für die Wiederaufnahme des Opferritus auf dem Tempelberg.[91] Besonders aktiv ist eine jüngere Organisation, „The Temple Institute", die vor kurzem ein 3D-Video über die Innenarchitektur eines geplanten Dritten Tempels sowie einen Trailer auf YouTube publik machte, in dessen letzter Bildeinstellung der Dritte Tempel anstelle der beiden Moscheen zu

---

88 [Anzeige]: Jetzt in Israel zu sein, ist die beste FreundschaftsBEZEUGUNG! Noch zwei Solidaritätsreisen. In: Israel heute/Nachrichten aus Israel 290 (Okt. 2002), S. [48].
89 Vgl. Weber, Timothy P.: On the Road to Armageddon. How Evangelicals Became Israel's Best Friend. Grand Rapids, MI 2004.
90 Vgl. u. a. die obigen Zitate, ferner die fehlenden Moscheen auf Abb. 1; Schneider, Schamir, S. 88–89; Sadan: Bloß nicht die Lippen bewegen; Oria Amrani: Weckruf Tempelberg. In: Israel heute 458 (Juni 2017), S. 20–21.
91 The Temple Mount Faithful/Working to Rebuild the Temple on the …, http://www.temple mountfaithful.org (14.9.2016).

Abb. 1: Ausschnitt aus einer Werbeanzeige der NAI

sehen ist (Abb. 2).[92] Zahlreiche Berichte israelischer Medien zeigen, dass es sich hierbei keineswegs mehr um eine Splittergruppe handelt und die Welt gerade

---

92 The Temple Institute: 3D BEIT HAMIKDASH יומא פרוייקט: המקדש בית [26.3.2012]. youtu.be/E6oEnOJX9Mk (14.9.2016); The Temple Institute: Tisha b'Av: The Children Are Ready III [27.7.2014]. youtu.be/B6C_zfpEwUI (14.9.2016), letzte Bildeinstellung 1:54–1:58 min. Die Bildeinstellung wählt die Perspektive von der Haas-Promenade im Jerusalemer Stadtteil Talpiot und zeigt den Tempel anstelle des Felsendoms, während sich rechts davon ein riesiger Baukran anstelle der Al-Aqsa-Moschee befindet. Vgl. auch The Temple Institute: The Golden Menora. Moving Closer to its Destination [24.12.2007]. https://www.youtube.com/watch?v=7Hng2mVVjJs (30.11.2017).

aufgrund der nun verstärkten Rolle Jerusalems in Zukunft mehr von ihren Aktivitäten hören wird.⁹³

Abb. 2: Ausschnitt aus dem Video „Tisha b'Av. The Children Are Ready III" mit dem Tempelneubau anstelle der Moscheen. © The Temple Institute

Die Beschwörung einer jüdisch-christlichen Wertegemeinschaft sollte grundsätzlich vorsichtig stimmen. Wie unter vielen anderen Gershom Scholem und Almut Bruckstein dargelegt haben,⁹⁴ ist diese ein sehr junges, sachlich nicht ganz richtiges und äußerst problematisches Konstrukt, das eklatante Versäumnisse und Katastrophen in der europäischen Geschichte korrigieren möchte. Dieser fromme Wunsch, eine solche „Symbiose" nachzuholen, sollte nicht zu Lasten anderer Re-

---

93 Hasson, Nir: Temple Mount Faithful: From the Fringes to the Mainstream [4.10.2012]. haaretz.com/israel-news/temple-mount-faithful-from-the-fringes-to-the-mainstream-1.468234 (14.9. 2016). Vgl. die nun schon etwas ältere Publikation von Inbari, Motti: Jewish Fundamentalism and the Temple Mount. Who Will Build the Third Temple? Albany, NY 2009. Interessant sind diverse zusammengeschnittene Nachrichten, die sich auf YouTube finden: SignsofThyComing: Israel: Israeli Housing Minister calls for the building of the Third Jewish Temple (5.11.2014) [5.11.2014]. youtu.be/Xq8hjbG3QgM (14.9.2016). Die Besuche auf dem Tempelberg und die Anschläge der Jahre 2014/2015 sind unmittelbar miteinander verknüpft.
94 Scholem, Gershom: Wider den Mythos vom deutsch-jüdischen „Gespräch". In: Judaica 2. Frankfurt/Main 1970. S. 7–19; Bruckstein-Çoruh, Almut S.: Die jüdisch-christliche Tradition ist eine Erfindung [12.10.2010]. tagesspiegel.de/kultur/islam-debatte-die-juedisch-christliche-tradition-ist-eine-erfindung/1954276.html (14.9.2016).

ligionen, Kulturen oder Nationalitäten gehen und die Konstruktion von Feindbildern unterlassen, um neue Katastrophen zu vermeiden.

Linde Apel
Auf der Suche nach der Erinnerung. Interviews mit deutschen Juden im lokalhistorischen Kontext

Einleitung

„Wir waren [...] drei Frauen, die an einem Beitrag [...] über Frauengeschichte [...] arbeiteten. Jüdische Frauen waren unser Thema, wir hatten dazu viel gelesen. Aber jetzt suchten wir eine Gesprächspartnerin, die uns erklärte, wie in einer frommen jüdischen Familie die Religion von den Frauen gelebt wurde. Wir hatten Fragen, die uns, befangen wie wir waren, viel zu privat vorkamen. In Ursulas Wohnzimmer [...] beim Kaffee wagten wir uns vor: Wie wir unsere Fragen stellen könnten? Ob sie uns eine Gesprächspartnerin vermitteln könnte? Mit ihrer Hilfe brachten wir das, was wir wissen wollten, in Erfahrung und dann schließlich auch zu Papier."[1]

Das obige Zitat bezieht sich auf ein Zusammentreffen, das in den späten 1980er Jahren stattgefunden hat. Es umschreibt eine Facette der „Wiederentdeckung" des Jüdischen durch Nichtjuden im lokalhistorischen Zusammenhang, die ihre Hochphase in den 1980er und 1990er Jahren hatte.[2] Das damalige Interesse an der Mikrohistorie des Lokalen insbesondere in der NS-Zeit führte über kurz oder lang zu einer besonderen Art der Begegnung zwischen Nichtjuden und Juden.[3] Es waren Annäherungen zwischen jüngeren, nach Kriegsende geborenen, meist nichtjüdischen Historikerinnen und Historikern, die neue geschichtswissenschaftliche Methoden erprobten und neue Fragen stellten, und älteren Personen, die in der NS-Zeit als Juden verfolgt worden waren. Gemeinsame Schnittmenge war in diesem Fall die Stadt Hamburg, mit dem wesentlichen Unterschied, dass es für die Fragenden die gegenwärtige, für die Befragten die ehemalige Heimat war.

---

1 Hirsch, Erika: Nachruf auf Dr. h.c. Ursula Randt. In: Gedenkveranstaltung des Senats der Freien und Hansestadt Hamburg für Jens Michelsen, Ursula Randt, Günter Schwarberg. Hrsg. vom Senat der Freien und Hansestadt Hamburg. Hamburg 2009. S. 17–27, hier S. 17. Das oben erwähnte Gespräch hat 1987 stattgefunden.
2 Kritisch dazu Monika Richarz, Luftaufnahme – oder die Schwierigkeiten der Heimatforscher mit der jüdischen Geschichte, in: Babylon. Beiträge zur jüdischen Gegenwart 8 (1991). S. 27–33.
3 Diese etwas grobschlächtigen Kollektivbegriffe ließen sich ersetzen durch nichtjüdische Deutsche und (einstige) deutsche Juden. Sie verweisen auf Selbstbezeichnungen, Zuschreibungen und Stereotype sowie Wunschbilder und Idealisierungen gleichermaßen, in jedem Fall aber auf Vereinfachungen, denen in diesem Kontext schwer zu entkommen ist.

https://doi.org/10.1515/9783110570083-014

Als historische Quelle gelesen enthält das obige Zitat Hinweise auf den Einfluss der Frauenbewegung und ihrem Interesse an Frauengeschichte innerhalb der „neuen Geschichtsbewegung".[4] Es verweist außerdem auf neue Formen der Wissensgenerierung, in denen Wert auf Gruppenarbeit gelegt wurde sowie auf methodische Neuerungen, die Oral History, die sich im Interesse am direkten Gespräch äußerten. Überdies enthält es einen deutlichen Hinweis auf ein prägendes Merkmal im nichtjüdisch-jüdischen Verhältnis im Deutschland nach dem Holocaust: Die Befangenheit. Auch wenn nicht weiter ausgeführt wird, worin sie bestand, liegt die Vermutung nahe, dass sie mit der „Erblast der deutschen Geschichte"[5] zu tun hatte, wie Monika Richarz es genannt hat. Denn im Zitat heißt es wenig später: „Die letzten Kapitel in Ursulas Buch[6] wiesen mir den Weg zur Auseinandersetzung mit dem Teil der deutsch-jüdischen Geschichte, den ich bisher gemieden hatte: Leben und Leiden im Nationalsozialismus, Ausgrenzung, Vertreibung, Flucht und Deportationen."[7]

Die NS-Zeit hatte Ursula Randt mit einem jüdischen Vater und einer nichtjüdischen Mutter als von Verfolgung bedrohter, aber nicht vertriebener oder deportierter sogenannter Mischling 1. Grades überstanden.[8] Sie war also nicht etwa aus dem Exil zurückgekehrt, sondern lebte nach wie vor in der gleichen Stadt wie die zitierte Frauenforscherin. Ob der Kontakt leichter möglich war, weil sie sozusagen nur eine halbe Jüdin war, der zunächst als Nachbarin und Mithamburgerin und erst an zweiter Stelle als Opfer der NS-Verfolgung begegnet werden konnte, sei dahingestellt. Sicher ist, dass diese Begegnung der Beginn einer langjährigen persönlichen und professionellen Freundschaft war.[9]

---

4 So der zeitgenössische Begriff bspw. im SPIEGEL 23/1983, S. 36–42.
5 Richarz, Luftaufnahme, S. 27.
6 Randt, Ursula: Carolinenstraße 35. Geschichte der Mädchenschule der Deutsch-Israelitischen Gemeinde in Hamburg 1884–1942. Hamburg 1984.
7 Hirsch, Nachruf, S. 17.
8 Vgl. dazu das 1990 mit Ursula Randt (1929–2007) geführte Interview: Forschungsstelle für Zeitgeschichte/Werkstatt der Erinnerung (im Folgenden FZH/WdE) 14.
9 In der historischen Arbeit entstehende persönliche Beziehungen zu den „Untersuchungssubjekten" kennzeichnen die Aktivitäten der neuen Geschichtsbewegung. Vgl. dazu die Beschreibung der Begegnung mit einem „politischen Zeitzeugen" bei Gisela Wenzel: Der vergessene Widerstand. In: Geschichte entdecken. Erfahrungen und Projekte der neuen Geschichtsbewegung. Hrsg. von Hannes Heer u. Volker Ulrich. Reinbek bei Hamburg 1995. S. 223–231, hier S. 227.

Annäherungen an die gegenwärtige/einstige Heimat

Um die Bedeutung des Raums, der eigenen Stadt und damit der „Heimat" mit ihren unterschiedlichen Konnotationen im Rahmen der für die Lokalgeschichte typischen Befragungen von Frauen und Männern, die in der NS-Zeit als Juden verfolgt wurden, wird es im Folgenden gehen. Am Beispiel von Interviews, die in den frühen 1990er Jahren geführt wurden, sollen die Strukturen der Kommunikation zwischen Juden und Nichtjuden daraufhin untersucht werden, was sie über die Erkenntnisinteressen der Interviewer und Interviewerinnen und ihr Verständnis von Geschichte, aber auch über die wechselseitigen Bedürfnisse und Projektionen beider am Gespräch Beteiligter aussagen. Die Befragten der hier vorgestellten Interviews teilen die Erfahrung, in der NS-Zeit als Juden definiert und verfolgt worden zu sein. Welcher Art Judentum sie sich zugehörig fühlten, muss offen bleiben. Die Befragenden hingegen waren wesentlich jünger und stammen aus einer anderen Generation. Sie sind meist in den 1950er Jahren geboren. In ihrem Selbstverständnis waren sie stark von der Geschichtswerkstättenbewegung und den neuen sozialen Bewegungen der 1970er und 1980er Jahre geprägt, als Akademiker und Akademikerinnen von der Alltagsgeschichte. So verschieden sie als Individuen mit politischen Positionen, akademischen Ausbildungen und persönlichen Lebensentwürfen sein mögen, es eint sie die Tatsache, dass sie weder im kulturellen noch im religiösen Sinn dem Judentum zugerechnet werden können und dass sie die NS-Zeit nicht aus eigenem Erleben kennen.[10]

Die Interviews stammen aus der Werkstatt der Erinnerung, dem Oral-History-Archiv der Forschungsstelle für Zeitgeschichte in Hamburg. Diese Einrichtung wurde 1990 mit einem Beschluss des Stadtparlaments als befristetes Projekt ins Leben gerufen. Darin sollten Erinnerungen von Hamburger NS-Verfolgten gesammelt und der interessierten Öffentlichkeit zur Verfügung gestellt werden.[11] Damit ist diese Einrichtung, die in einer spezifischen städtischen (wissenschafts-)politischen Konstellation entstand und mit ihrer unterdessen langfristigen Perspektive sowie ihrem regionalgeschichtlichem Schwerpunkt bisher ohne Gegen-

---

10 Vgl. dazu Jessen, Ralph: Zeithistoriker im Konfliktfeld der Vergangenheitspolitik. In: Verletztes Gedächtnis. Erinnerungskultur und Zeitgeschichte im Konflikt. Hrsg. von Konrad Jarausch u. Martin Sabrow. Frankfurt/Main 2002. S. 153–175, hier S. 171.
11 Vgl. dazu Apel, Linde: Gesammelte Erzählungen. Mündliche Quellen in der Werkstatt der Erinnerung. In: Aus Hamburg in alle Welt. Lebensgeschichten jüdischer Verfolgter aus der „Werkstatt der Erinnerung". Hrsg. von Linde Apel [u. a.]. München/Hamburg 2011. S. 201–218.

stück blieb, selbst eine institutionalisierte Folge der Transformation von Geschichte des letzten Drittels des 20. Jahrhunderts.[12] Damals machte diese Entwicklung unter dem Schlagwort „Geschichte von unten" Furore. Sie war von alltags- und erfahrungsgeschichtlichen Erkenntnisinteressen ebenso geprägt wie von Debatten über den Umgang mit der nationalsozialistischen Vergangenheit. Betrieben wurde sie zu einem nicht geringen Teil von enttäuschten Mitgliedern der (selbsternannten) politisch linken Avantgarde der 1960er Jahre, die sich, als sie feststellten, „dass sie sich selbst und den Subjekten ihrer Planung zu viel an Veränderung und Wertewandel aufgebürdet hatten", von politischen Aktivitäten ab- und der historischen Arbeit zuwendeten.[13]

Die 1980er Jahre gelten als jenes Jahrzehnt, in dem sich der Umgang mit dem Nationalsozialismus entscheidend veränderte.[14] Betrachtet man die anwachsende Literatur zur Geschichte der neuen Geschichtsbewegung und ihrer inhaltlichen Konjunkturen, so ist es dennoch nicht ganz einfach, die Phase der „Entdeckung" der jüdischen Geschichte eindeutig zu verorten, und auch die darin angegebenen Gründe für die Beschäftigung mit der jüdischen Geschichte ändern sich.[15] An einer zeitnahen und mit einem zeittypischen Titel versehenen Veröffentlichung über die „andere Geschichte" fällt jedenfalls auf, dass die Einleitung zwar mit den Begriffen Holocaust und Heimat[16] beginnt, im Inhaltsverzeichnis

---

[12] Auch andernorts wurden in dieser Zeit thematisch vergleichbare Interviews geführt, ohne dass dies jedoch zur Gründung von Oral History-Archiven führte. Das etwa gleich alte Archiv „Deutsches Gedächtnis" entstand, um die Sekundäranalyse von Interviews zu gewährleisten, die in akademischen Forschungsprojekten entstanden waren.

[13] Laak, Dirk van: Alltagsgeschichte, in: Neue Themen und Methoden der Geschichtswissenschaft. Hrsg. von Michael Maurer. Stuttgart 2003 (Aufriss der Historischen Wissenschaften, Bd. 7). S. 14–80, hier S. 32; vgl. dazu auch Siegfried, Detlef: Die Rückkehr des Subjekts. Gesellschaftlicher Wandel und neues Geschichtsbewusstsein um 1980. In: Geschichte und Geschichtsvermittlung. Hrsg. von Olaf Hartung u. Katja Köhr. Bielefeld 2008 (Festschrift für Karl Heinrich Pohl). S. 125–146.

[14] Schmid, Harald: Von der „Vergangenheitsbewältigung" zur „Erinnerungskultur". Zum öffentlichen Umgang mit dem Nationalsozialismus seit Ende der 1970er Jahre. In: Öffentliche Erinnerung und Medialisierung des Nationalsozialismus. Eine Bilanz der letzten dreißig Jahre. Göttingen 2010 (Dachauer Symposien zur Zeitgeschichte 10). S. 171–202.

[15] Vgl. u.a. Geschichtswerkstätten gestern, heute, morgen. Hrsg. von Forschungsstelle für Zeitgeschichte. Hamburg 2004; Saldern, Adelheid von: Stadtgedächtnis und Geschichtswerkstätten. In: WerkstattGeschichte 50 (2008). S. 54–68; Strnad, Maximilian: „Grabe, wo Du stehst." Die Bedeutung des Holocaust für die Neue Geschichtsbewegung. In: Der Holocaust in der deutschsprachigen Geschichtswissenschaft. Bilanz und Perspektiven. Hrsg. von Michael Brenner u. Maximilian Strnad. Göttingen 2012 (Dachauer Symposien zur Zeitgeschichte 12). S. 162–198.

[16] Damit sind die im deutschen Fernsehen 1979 ausgestrahlten Fernsehserien von Marvin Chomsky (*Holocaust*) und Edgar Reitz (*Heimat*) gemeint.

Beiträge zur jüdischen Geschichte oder jüdischen Verfolgung nicht vorkommen, viel hingegen von der „schweren Zeit" und der Arbeitergeschichte zu lesen ist.[17] Ob dies Teil des nicht ganz seltenen Desinteresses an der Verfolgung der Juden in der Linken[18] war oder damit zu tun hat, dass die Beschäftigung mit der jüdischen Geschichte als staatstragende Aufgabe wahrgenommen wurde, für die man sich nicht zuständig fühlte, wäre an anderer Stelle zu prüfen. Für die hier stellvertretend in den Blick genommenen Personen gilt dies nicht. Auch zu den „traditionellen Heimatsforscher[n]", die sich von der jüdischen Geschichte fernhielten, weil „Juden [...] für sie nicht Teil der Heimat [waren]",[19] gehörten sie nicht, ganz im Gegenteil. Sie hatten die jüdische Geschichte ausdrücklich zu ihrer Sache gemacht.

Das gesellschaftliche Klima der Zeit, in der die hier exemplarisch vorzustellenden Gespräche mit emigrierten und zeitweilig in ihre Heimat zurückgekehrten Juden geführt wurden, lässt sich nicht nur anhand der jährlich gekürten „Unwörter" ins Gedächtnis rufen: 1991 bis 1993 hatten die Begriffe alle einen rassistischen Hintergrund.[20] 1990/1991 fand zudem der zweite Golfkrieg statt, währenddessen Israel aus dem Irak mit Raketen angegriffen wurde und einen Giftgasangriff erwartete, was in der bundesdeutschen Friedensbewegung zu kontroversen Debatten

---

17 Paul, Gerhard u. Bernhard Schoßig: Geschichte und Heimat. In: Die andere Geschichte. Hrsg. von Gerhard Paul u. Bernhard Schoßig. Köln 1986. S. 15–30, hier S. 15. Im kurz zuvor erschienenen Band Geschichte entdecken. Erfahrungen und Projekte der neuen Geschichtsbewegung. Hrsg. von Hannes Heer u. Volker Ulrich. Reinbek bei Hamburg 1995 wurde der einzige explizit ein jüdisches Thema behandelnde Artikel von einem jüdischen Autor verfasst: Jochanan Shelliem: Juden in Deutschland. Eine Expedition. S. 232–241. Viele Beiträge in diesem Band sind (Selbst-)Erfahrungsberichte. Kürzlich erschienene geschichtswissenschaftliche Veröffentlichungen über das sogenannte alternative Milieu beziehen die sich verändernden Formen, mit Geschichte umzugehen, in ihre Untersuchungen nicht ein. Vgl. dazu Reichardt, Sven: Authentizität und Gemeinschaft. Linksalternatives Leben in den siebziger und frühen achtziger Jahren. Berlin 2014; Reichardt, Sven u. Detlef Siegfried: Das alternative Milieu. Antibürgerlicher Lebensstil und linke Politik in der Bundesrepublik Deutschland und Europa 1968–1983. Göttingen 2001; Cordia Baumann [u. a.] (Hrsg.): Linksalternative Milieus und Neue Soziale Bewegungen in den 1970er Jahren. Heidelberg 2001.
18 Herbert, Ulrich: Arbeiterklasse und Gemeinschaftsfremde. Die Gesellschaft des NS-Staates in den Arbeiten Detlev Peukerts. In: Detlev Peukert und die NS-Forschung. Hrsg. von Rüdiger Hachtmann u. Sven Reichardt. Göttingen 2015 (Beiträge zur Geschichte des Nationalsozialismus 31). S. 39–48, hier S. 46. Dass eine Geschichtsschreibung über deutsche Juden durchaus existierte, sie jedoch weit überwiegend von jüdischen Historikern betrieben wurde, übersah die neue Geschichtsbewegung zunächst.
19 So formulierte es auf unnachahmlich lakonische Weise Richarz in: Luftaufnahme, S. 27.
20 http://www.unwortdesjahres.net/ (27.07.2016): 1991 „ausländerfrei", 1992 „ethnische Säuberung", 1993 „Überfremdung".

um die Bedrohung Israels führte. Zu dieser Zeit begann sich im Vorfeld des Erinnerns an das Kriegsende 1945 und die Befreiung der Konzentrationslager die Sorge durchzusetzen, bald keine Personen aus den Erlebnisgenerationen der NS-Zeit mehr zur Verfügung zu haben, die über ihre Erfahrungen Auskunft geben könnten. In zahllosen lokalhistorischen Initiativen entstanden nicht nur daher Interviews mit einstmals dort beheimateten Juden.[21]

Interview und Interaktion

Heute ist die anfangs umstrittene Alltags- und Erfahrungsgeschichte ein relativ konfliktfreier Teil der Geschichtswissenschaft und die in den 1980er Jahren konzipierte Werkstatt der Erinnerung ein Zeichen dafür, dass die Oral History als geschichtswissenschaftliche Methode einigermaßen etabliert ist. Interviewarchive mit ihrer langjährigen Archivierungspraxis lassen es zu, Oral History-Interviews heute unabhängig vom konkreten Entstehungszusammenhang als Quellen für die Wissensinteressen der Interviewer und Interviewerinnen und damit für zeitgenössische Erkenntniskonjunkturen zu lesen.[22] Es wird also im Folgenden der Fokus auf die Oral History als Methode gelegt, allerdings in ihrer besonderen Variante der Sekundärauswertung, bei der nicht wie üblicherweise die Aussagen der Befragten, sondern die Interviewer und Interviewerinnen und ihre Gesprächsführung, ihre Fragen, Kommentare, Reaktionen und Verhaltensweisen in den Vordergrund des Interesses rücken.[23]

Im Zentrum eines Oral History-Interviews sollte theoretisch stehen, was die Person, die befragt wird, erzählen möchte und für wichtig hält und nicht, was der/die Interviewende wissen will.[24] Da insbesondere in biographischen narrati-

---

[21] Vgl. dazu Klingenböck, Gerda: „Stimmen aus der Vergangenheit." Interviews von Überlebenden des Nationalsozialismus in systematischen Sammlungen von 1945 bis heute. In: „Ich bin die Stimme der sechs Millionen." Das Videoarchiv im Ort der Information. Hrsg. von Daniel Baranowski. Berlin 2009. S. 27–40.
[22] Ein Vergleich mit den im ähnlichen Kontext und zeitgleich entstanden Interviews mit emigrierten Juden aus Essen hätte sich angeboten. Die Interviews im Archiv der Alten Synagoge Essen lagen bei meinem Besuch jedoch lediglich als weitgehend unbearbeitete Kassetten vor. Vgl. dazu Zimmermann, Michael: Lebensgeschichtliche Interviews mit Juden aus Essen. Ein Erfahrungsbericht. In: Mündliche Geschichte im Rheinland. Hrsg. vom Landschaftsverband Rheinland, Archivberatungsstelle. Köln 1991. S. 319–323.
[23] Vgl. dazu Apel, Linde: Oral History reloaded. Zur Zweitauswertung von mündlichen Quellen. In: Westfälische Forschungen 65 (2015). S. 243–254.
[24] Vgl. dazu Maubach, Franka: Freie Erinnerung und mitlaufende Quellenkritik. Zur Ambivalenz der Interviewmethoden in der westdeutschen Oral History um 1980. In: BIOS. Zeitschrift für

ven Interviews ein Leben nicht in Gänze erzählt werden kann, muss die befragte Person signifikante Ereignisse nach ihren Relevanzkriterien auswählen. In der Praxis zeigt sich, wie sehr neben vielen anderen Aspekten die Fragen und damit die Erkenntnisinteressen der Interviewenden ein Interview beeinflussen. Für den Verlauf eines Interviews wie für die Sekundäranalyse sind Informationen über die Aushandlung des Interviews, die Erläuterung des Interesses für die Befragung und die Begründung der Auswahl der zu befragenden Person, die in der Regel vorab schriftlich oder mündlich stattfinden, von entscheidender Bedeutung. Diese Absprachen werden oft nicht dokumentiert, weil sie zwar als formal nötig, aber inhaltlich nicht relevant gelten. Die für das Verständnis von nicht selbst geführten Interviews so wichtigen Kontextbeschreibungen, in denen der Erstkontakt und die Interaktion über die eigentliche Befragung hinaus festgehalten werden, liegen in Interviewarchiven daher meist nur in Ausnahmefällen vor.[25] Bei der im Folgenden skizzierten Sekundärauswertung liegt der Schwerpunkt auf der Interaktion zwischen beiden am Gespräch Beteiligten. Damit soll gezeigt werden, dass es nicht nur im positivistischen Sinne anregend sein kann, die Aussagen der Befragten auf Sachinformationen zu untersuchen, wie es in den 1980er und 1990er Jahren insbesondere in der Lokalgeschichte überwiegend der Fall war, sondern dass auch die soziale Praxis in der Kommunikationssituation aufschlussreiche Hinweise auf zeithistorische Positionen, Deutungsmuster und Interessenskonjunkturen geben kann. Dabei wird auch die Asymmetrie zur Sprache kommen, die Interviews inhärent ist. Es geht nicht darum, den am Gespräch Beteiligten methodische Formfehler nachzuweisen. Interviews mit ihren vielfältigen Dynamiken sind zu komplex, um sie auf methodisch einwandfreie

---

Biographieforschung, Oral History und Lebensverlaufsanalysen 26 (2013). S. 28–52, hier S. 35–40; Niethammer, Lutz: Fragen – Antworten – Fragen. Methodische Erfahrungen und Erwägungen zur Oral History. In: „Wir kriegen jetzt andere Zeiten". Auf der Suche nach der Erfahrung des Volkes in nachfaschistischen Ländern. Hrsg. von Lutz Niethammer u. Alexander von Plato. Bonn 1985. S. 392–445; Plato, Alexander von: Interview-Richtlinien. In: Hitlers Sklaven. Lebensgeschichtliche Analysen zur Zwangsarbeit im internationalen Vergleich. Hrsg. von Alexander von Plato [u. a.], Wien/Köln/Weimar 2008. S. 443–450.

25 Diese fehlen häufig in der Werkstatt der Erinnerung, völlig bei den etwa zur gleichen Zeit und im vergleichbaren Kontext entstandenen Interviews im Archiv der Alten Synagoge Essen. Eine positive Ausnahme stellen die Interviews mit jüdischen Emigranten von Jürgen Meynert dar. Vgl. dazu Joergens, Bettina: Archivierte Erinnerung: Tonbandaufnahmen von Interviews mit Holocaust-Überlebenden – der Bestand D 80 A des Landesarchivs Nordrhein-Westfalen. In: Medaon. Magazin für jüdisches Leben in Forschung und Bildung 5/8 (2011). S. 1–6. http://www.medaon.de/de/artikel/archivierte-erinnerung-tonbandaufnahmen-von-interviews-mit-holocaust-ueberlebenden-der-bestand-d-80-a-des-landesarchivs-nordrhein-westfalen/ (27.07.2016).

Abläufe zu reduzieren.²⁶ Vielmehr sollen an ausgewählten Beispielen die unterschiedlichen Wissens- und Herkunftskontexte der Interviewerinnen in die Analyse von Oral History-Interviews einbezogen werden. Dies ist besonders dann möglich, wenn man Interviews nicht lediglich als Text, sondern auch als Interaktion versteht.²⁷

Erkenntnisinteresse vs. Erzählinteresse

Anhand von zwei Interviews aus den frühen 1990er Jahren, die beispielhaft für die deutsch-jüdisch/nichtjüdische Heimatforschung stehen, möchte ich zeigen, dass nicht nur die Interviewinhalte, sondern gleichermaßen die Kommunikation und das soziale Handeln im Interview Aufschluss über Erkenntnisinteressen geben. Das Interview mit der 65-jährigen Frau Lohner, das erste von zwei Fallbeispielen, hat 1991 stattgefunden, ihre Interviewerinnen waren 20 bis 30 Jahre jünger als sie.²⁸ Aus dem Interview ist zu schließen, dass Frau Lohner deshalb befragt wurde, weil sie 1926 in Hamburg geboren wurde und ihre Heimatstadt während der NS-Zeit mit einem „Kindertransport" verlassen musste. Mitten im Gespräch, während einer für das Selbstverständnis der Interviewerinnen und die Vorbehalte der Interviewten bedeutsamen Passage, setzt die Aufnahme ein. Frau Lohner spricht darin vorsichtig über ihre Ängste vor dem Interview. Denn sie war schon einmal um Auskunft gebeten worden. Im Anschluss daran hatte die erste Interviewerin einige ihrer Aussagen korrigiert, was Frau Lohner offenbar unangenehm gewesen ist. Dies erläutert sie folgendermaßen: „[...] weil, sonst geht's mir so 'n bisschen, ich komm da nicht mit den Daten so zurecht und ich musste sogar welche ausbessern, weil sie [die erste Interviewerin, L.A.] dann sagte, nein, es müsste so und so gewesen sein." An diesem unvollständig überlieferten Satz wird einiges deutlich: Die Befragte bittet um Verständnis, da sie in dieser Situation, unbekannten Interviewerinnen gegenüber unsicher ist. Sie möchte ihnen jedoch entgegenkommen. Sie hat aber auch Vorbehalte ihren eigenen Erinnerungen gegenüber und möchte erneute Eingriffe und Korrekturen ihrer Erzählungen von besser informierten Dritten vermeiden. Frau Lohner, das wird in dieser Passage ebenfalls sichtbar, hat sich offenbar selbst nicht als Zeitzeugin betrachtet oder gar als moralische Autorität, die Holocaustüberlebenden heute zugeschrie-

---

26 Dennoch gibt es sinnvolle methodische Empfehlungen, die auf langer Praxis basieren.
27 Vgl. dazu Arnulf Deppermann. Interview als Text vs. Interview als Interaktion, in: FQS 14 (3), Art. 13,
28 FZH/WdE 12, Interview mit Carla Lohner (Aliasname), 30.5.1991, Interviewerinnen: Sybille Baumbach, Beate Meyer.

ben wird. Es ist aber auch zu erkennen, dass die erste Interviewerin primär an „harten" Fakten und weniger an der Bedeutung interessiert war, die Frau Lohner den Ereignissen zusprach. Nach ihren Einwänden versuchen die Interviewerinnen sie zu beruhigen und erklären ihr: „Wir fragen meistens so chronologisch und vor daher, uns kommt es auch nicht so sehr auf das einzelne Datum an, sondern uns kommt es [...] auf das Leben an, nicht? Also die verschiedenen Abschnitte. Was wann wichtig war." Sie haben erkennbar die Unsicherheit ihres Gegenübers erspürt und signalisieren, dass sie sie verstanden haben. Mit ihrer Erwiderung möchten sie Ängste abbauen. „Also, da können Sie ganz sicher sein, dass es überhaupt nicht schlimm ist, wenn Sie mal irgendwie, wie Sie eben sagten, was verkehrt machen. [...] Das kann man alles korrigieren. Kein Problem. Das ist keine Befragung, die auf Geschichtszahlen abzielt oder so."[29] Damit endet das Vorgespräch und das eigentliche Interview setzt mit einer Frage ein. Auffallend daran ist, dass sich bereits die zweite Frage, wenige Minuten nach der obigen Beruhigung, auf ein konkretes Datum bezieht. Prompt kann Frau Lohner sie nicht beantworten. Ihre Ängste werden gewissermaßen sofort bestätigt.

Dieses zugewandte Aneinander-vorbei-reden prägt einige Passagen des Interviews und liegt an den unterschiedlichen „strategischen Zielen" beider am Gespräch beteiligten.[30] Frau Lohner, die bis zur Insolvenz ihres Vaters, eines Warenhausbesitzers, mit ihrer Familie in komfortablen Verhältnissen gelebt hatte, hatte mit einer Schilderung des ökonomischen Abstiegs der Eltern begonnen, einem zentralen Thema ihrer Lebenserzählung. Mit der unterbrechenden Nachfrage, ob sich dies auf die Zeit vor 1933 datieren lasse, versuchen die Interviewerinnen sich weniger in der erzählten Bedeutung zu orientieren, die Frau Lohner dem beimisst, als in der historischen Zeit mit ihren überlieferten Zäsuren. Am weiteren Verlauf des Gesprächs ist ablesbar, dass den Interviewerinnen historische Genauigkeit und Lokalisierbarkeit sehr wichtig war. So war die Interviewte als Kind mit ihren Eltern häufig umgezogen. Regelmäßig haken die Interviewerinnen nach und erfragen Straßennamen und Hausnummern. Erstaunlicherweise konnte Frau Lohner diese Fragen recht gut beantworten, obwohl zwischen Interview und dieser Phase der Kindheit nicht nur die sehr belastende Trennung von den Eltern und die Flucht in ein fremdes Land, sondern eine über 50 Jahre lange Zeitspanne lag, in der ein bewegtes Leben gelebt worden war. Folgt man dem Interviewverlauf, dann vermitteln die Fragen der Interviewerinnen den Eindruck, als seien ihnen Daten und Zeitspannen, vor allem aber Orte,

---

29 Dieses und die vorhergehenden Zitate FZH/WdE 12, Interview mit Carla Lohner (Aliasname), 30.5.1991, Transkript S. 1.
30 Vorländer, Herwart: Mündliches Erfragen von Geschichte, in: Oral History. Mündlich erfragte Geschichte. Hrsg. von Herwart Vorländer. Göttingen 1990. S. 7–28, hier S. 16.

Straßennamen und Adressen wichtiger gewesen als der Interviewten. Und das mag auch so gewesen sein, da diese Orte den Interviewerinnen zum Zeitpunkt des Interviews näher waren. Frau Lohner hingegen hatte Hamburg im Alter von 12 Jahren verlassen und die Stadt erst Jahre später wieder besucht. Gelebt hat sie dort nie wieder.

Ganz anders die Interviewerinnen, die dort wohnten und die verschüttete jüdische Geschichte ihrer gegenwärtigen Heimatstadt untersuchten. Sie fragten daher immer wieder nach, um das Leben von Frau Lohner topographisch in Hamburg verorten zu können. Die für die Oral History wertvollen Einschätzungsfragen, die auf die Deutung der Vergangenheit zielen, etwa danach, wo Frau Lohner gern gewohnt hat, wo sie sich in ihrer Geburtsstadt am wohlsten gefühlt hat, ob ihr die Umzüge viel ausgemacht haben u. ä., wurden dagegen nicht gestellt. Auch wenn die Interviewerinnen im Vorgespräch darauf hingewiesen hatten, dass es ihnen „aufs Leben" der Befragten ankommt, „darauf, was [ihr, LA] wichtig war", scheinen sie stärker an eindeutigen, nachweisbaren Aussagen interessiert gewesen zu sein als an der subjektiven Verarbeitung des Erfahrenen. Die Annahme liegt nahe, dass die Interviewerinnen Frau Lohner in erster Linie als „Wissensträgerin" betrachtet haben, die möglichst handfeste Informationen liefern sollte.

Damit ist dieses Interview für seine Zeit nicht ungewöhnlich.[31] Die anfangs erwähnte „Befangenheit" vor zu persönlichen Fragen über Privates oder belastende Verlusterfahrungen mag dabei ebenso eine Rolle gespielt haben wie die Tatsache, dass fehlende Kenntnisse über eine dem Lokalen verbundene Sozialgeschichte der Juden Hamburgs in der NS-Zeit als gravierender Mangel empfunden wurde.[32] Der Eindruck, dass das Interview den Interviewerinnen dazu dienen sollte, Lücken im historischen Wissen über die persönliche aktuelle Umgebung zu schließen, ist auch deshalb nicht von der Hand zu weisen, da sie zu dieser Zeit ein Buch über die jüdische Geschichte eines Stadtteils vorbereiteten. Auf den ersten Seiten dieser Publikation versinnbildlichten sie diesen Versuch, Erinnerungen zu

---

31 Selbstkritisch dazu Zimmermann, Interviews.
32 Louven, Astrid: Juden in Wandsbek 1604–1940. Hamburg 1989; Wamser, Ursula u. Wilfried Weinke: Ehemals in Hamburg zu Hause. Jüdisches Leben am Grindel. Hamburg 1991. Ueckert-Hillbert, Charlotte: Fremd in der eigenen Stadt. Erinnerungen jüdischer Emigranten aus Hamburg. Hamburg 1989; Herzig, Arno (Hrsg.): Die Juden in Hamburg 1590 bis 1990. München/Hamburg 1991; Bauche, Ulrich (Hrsg.): 400 Jahre Juden in Hamburg. München/Hamburg 1991.

lokalisieren mit einem Auszug aus einem aktuellen Stadtplan, der mit „Untersuchungsgebiet" betitelt ist.[33]

Trotz eines etwas holperigen Interview-Starts, trotz vieler Wo-Wann-Wer-Fragen und obwohl die Interviewerinnen zeitweilig zu wenig präsent haben, dass sie ihr Gegenüber überwiegend über eine Lebenszeit befragen, in der sie noch ein Kind war,[34] entwickelt sich das Gespräch zu einem langen, ausführlichen Interview, das eine der Beteiligten im Nachhinein Frau Lohner gegenüber als „eines der besten" bezeichnete.[35] Frau Lohner hingegen, der das Transkript des Interviews zur Verfügung gestellt worden war, reagierte zwar dankbar, rechtfertigte sich aber erneut für ihre nichtchronologischen Erinnerungen: „[...] man kann nach so langer Zeit seine Gedanken einfach nicht richtig einreihen und so hüpft man durch die Jahre hin und her [...]."[36] Während Frau Lohner also durch die Jahre „gehüpft" war und ihr wohl erneut klar geworden war, was sie verloren hat – so wurde ihr Vater, der mehrere Selbstmordversuche hinter sich hatte, nach Minsk deportiert und ermordet, sie selbst hatte lange in verschiedenen Waisenhäusern gelebt –, gruben die Interviewerinnen buchstäblich dort nach, wo sie selbst standen, nämlich in ihrer Heimatstadt Hamburg, und wurden ausgiebig fündig.[37] So ließe sich die Bewertung auslegen, dass es für sie eines der besten Interviews war. Es ist darüber hinaus für die Zeit kein Einzelfall. Eine genaue Lektüre bzw. aufmerksames Zuhören gibt nicht nur Aufschluss über die unterschiedlichen Erkenntnis- und Erzählinteressen sowie die Bedürfnisse und lebensweltlichen Hintergründe von Interviewenden und Interviewten, sondern es legt eine Fülle von Informationen über den Lebensweg einer exilierten Frau offen, und, nicht nur zwischen den Zeilen gelesen, auch über ihre Form, mit der Verfolgung umzugehen. Ihre biografische Sinnkonstruktion, das also, was narrative Interviews erkenntnistheoretisch wertvoll macht, ist in ihrer Erzählung trotz der Interventionen der Interviewerinnen deutlich zu erkennen.

Topografische Kenntnisse über die eigene Heimat spielen auch in anderen Interviews eine große Rolle. Während im ersten Beispiel die Interviewerinnen den

---

33 Baumbach, Sybille [u.a.] (Hrsg.): Wo Wurzeln waren. Juden in Hamburg-Eimsbüttel 1933–1945. München/Hamburg 1993. S. 12. Darin enthalten ist ein Anhang mit Namen, Wohn- und Geschäftsadressen der Eimsbütteler Juden (S. 259–268).
34 Dieses Frageverhalten gegenüber Personen, deren Eltern nicht mehr befragt werden können, kommt sehr häufig vor. Viele Interviews mit Überlebenden der Judenverfolgung sind verständlicherweise von diesem Bedürfnis nach Ersatzüberlieferung geprägt.
35 Forschungsstelle für Zeitgeschichte/Werkstatt der Erinnerung (FZH/WdE) 12. Brief vom 20.6.1991.
36 FZH/WdE 12. Brief vom 28.3.1993.
37 Vgl. dazu Lindquist, Sven: Grabe wo du stehst. Handbuch zur Erforschung der eigenen Geschichte. Bonn 1989.

Eindruck hinterlassen, die Aussagen von Frau Lohner wie auf einem Stadtplan abstecken, sie gewissermaßen dingfest machen zu wollen, verhält es sich im Interview mit dem 1915 in Hamburg geborenen Herrn Grevensteiner etwas anders.[38] Orte und konkrete Adressen scheinen auch hier den Interviewerinnen wichtiger zu sein als dem Befragten, er lässt sich jedoch weniger davon irritieren und vom Erzählen abhalten als Frau Lohner. Kommunikative Hindernisse enthält dieses Gespräch jedoch ebenfalls. Herr Grevensteiner war als Ältester von drei Geschwistern im März 1939 im Alter von 24 Jahren mit seinem jüngeren Bruder nach Shanghai geflohen und nach Kriegsende in die USA eingewandert. Im Interview, dem ein längerer Briefwechsel vorausgegangen war, sprudelt Herr Grevensteiner buchstäblich los und erzählt anschaulich und detailreich über die Verfolgungssituation, in der er und seine Familie sich in den 1930er Jahren befanden. Die Gesprächsinhalte ähneln zeitweilig denen des Interviews mit Frau Lohner, denn auch diese Familie war häufig umgezogen. Da Herr Grevensteiner versucht, dies erzählend zu rekonstruieren, geht es gleichermaßen laufend um Adressen. Im Gegensatz zum Interview mit Frau Lohner werden sie jedoch von den Interviewerinnen nicht abgefragt, sondern unterstützend dargeboten.[39] Die Interviewerinnen wissen es also zwar „besser", da er sich häufig nicht genau an die Straßennamen erinnert. Diese Einwürfe verunsichern ihn aber nicht, sondern wirken bestätigend, wohl auch, weil hörbar ist, dass es für die Interviewerinnen wichtiger war zu wissen als für ihn, in welche Straße die Familie gezogen ist. Eine geringfügige Veränderung im Kommunikationsverhalten, nicht direkt, sondern rhetorisch zu fragen, unterstützt in diesem Fall den Erzählprozess, selbst wenn das Erkenntnisinteresse der Interviewerinnen, die Verortung der Erzählten im lokalen Raum, das gleiche bleibt.

Interviews sind bekanntlich „Produkte gemeinsamer Anstrengungen", die durch „aktive Eingriffe" und spezifische Forschungsinteressen der Interviewenden entstehen und in denen die Perspektiven und Interessen von Interviewenden und Interviewten enthalten sind.[40] Im Mittelpunkt sollte eigentlich die durch einen Erzählimpuls ausgelöste Ersterzählung stehen, in der die befragte Person die

---

38 FZH/WdE 64, Interview mit Thilo Grevensteiner (Aliasname), 13.5.1990, Interviewerinnen: Sybille Baumbach, Beate Meyer, Dagmar Wienrich. Auf die Auswirkungen von geschlechts- und altersspezifischen Aspekten des Erzählens auf die Gesprächsdynamik gehe ich an dieser Stelle nicht ein.

39 Dazu ähnlich die von mir eingesehenen Interviews im Archiv der Alten Synagoge Essen: IN 548, Interview mit Morris Karl, 17.6.1993; IN 572, Interview mit Fred Roettgen, 20.7.1993.

40 Grele, Ronald J.: Ziellose Bewegungen. Methodologische und theoretische Probleme der Oral History. In: Lebenserfahrung und kollektives Gedächtnis. Hrsg. von Lutz Niethammer. Frankfurt/Main 1985. S. 195–220, hier S. 203.

Möglichkeit hat, in einer durch asymmetrische Kommunikationsbedingungen geprägten Situation möglichst selbstbestimmt zu entscheiden, was sie erzählen möchte. Denn auf diese Weise werden die Relevanzkriterien der Befragten sichtbar, die eine Analyse der biographischen Sinnkonstruktionen ermöglichen. Auch wenn in den hier vorgestellten Interviews dieser Impuls in der Regel nicht gegeben wird, entstehen Narrative, die die Interviewten gegen Detailnachfragen hinweg aufrechterhalten. Die Erzählinteressen der Befragten setzen sich letzten Endes gegen unterbrechende Interviewende durch. Allerdings können in dieser besonderen jüdisch-nichtjüdischen Gesprächskonstellation die zeittypische Befangenheit von nichtjüdischen Interviewenden und ihre Erkenntnisinteressen unbeabsichtigt dazu führen, dass die für ein Interview so wichtige Ersterzählung beendet und nicht wieder aufgenommen wird.

Dazu kommt es im Interview mit Herrn Grevensteiner. Mitten in seinem lebhaften Erzählfluss unterbrechen die Interviewerinnen, um ihm Akten mit einer Auflistung des Besitzes seines Vaters vor der geplanten Auswanderung zu zeigen, die von einem Archiv gerade erst zugänglich gemacht worden waren. Wie aufschlussreich die Interviewerinnen diese Akten finden, für wie verwerflich sie die bisherige Nichtherausgabe durch das Archiv halten, geben sie nachdrücklich zu verstehen. Die Gesprächsdynamik ändert sich daraufhin stark, da der ursprüngliche Erzählfaden von Herrn Grevensteiner nicht wieder aufgenommen wird. Wichtiger als ihn weitererzählen zu lassen, war den Interviewerinnen offensichtlich, ihm zu verstehen zu geben, wie abstoßend die Inhalte der Akte aus dem Oberfinanzpräsidium sind.

In dieser Kommunikationssituation offenbaren sich die Prioritäten der Interviewerinnen, die von der spezifischen jüdisch-nichtjüdischen Begegnung geprägt sind: ein verständliches Bedürfnis, ihm bisher vorenthaltene Akten zu präsentieren, und sich über die Gründe für den Vorenthalt zu empören. Schließlich hatte dies dazu geführt, dass Herrn Grevensteiners Familie eine Entschädigung verweigert wurde. Implizit wird in dieser Interaktion die hohe Bedeutung einer schriftlichen Überlieferung sichtbar. Zugespitzt könnte man sagen, dass der (lediglich) mündlich berichtende historische Akteur, der sprichwörtliche Kleine Mann, der eigentlich zum Sprechen gebracht werden sollte, hier der Aktenüberlieferung unterlag, denn die Akten brachten ihn, jedenfalls mit seiner Eingangserzählung, für einen Moment zum Schweigen. Das Gespräch wird dennoch fortgesetzt, die Interviewdynamik ist aber stark von der fehlenden Bereitschaft der Interviewerinnen geprägt, selbst zum Untersuchungsobjekt zu werden. Als der 85-jährige Herr Grevensteiner fragt, ob die Anwesenden verheiratet seien, wird das Mikrofon abgestellt. Später wird zwar wieder auf die Aufnahmetaste gedrückt. Als er aber Fragen zu einer von ihm beobachteten Demonstration von Ausländern stellt, wird die Aufnahme des Interviews beendet. Gründe, die Antworten der Interviewerinnen auf die Fragen des

Interviewten und damit die Umkehr der Rollenverteilung nicht aufzuzeichnen, gibt es sicherlich viele, sie sind jedoch nicht überliefert. Diese Verfahrensweise verweist auf die typischerweise asymmetrischen Beziehungen im Interview.[41] Denn hier wurde ja nicht die Auskunft über Beziehungsfragen oder politische Positionen verweigert, schließlich wurde das Gespräch fortgesetzt, wohl aber die Aufnahme und damit die Übernahme der Antworten ins Archiv.

Gewandelte Verhältnisse?

Zurück zur Befangenheit aus dem Eingangszitat. Befangen waren wohl nicht nur die nichtjüdischen Interviewenden, die sich um die Zäsur des nationalsozialistischen Völkermords wissend Jüdinnen und Juden zuwandten, sondern auch die Befragten. Das Aufeinandertreffen im Rahmen von Oral History-Interviews, die Gespräche und ihre Dynamik sind ohne den Holocaust, ohne die Lücke, die er hinterließ, ohne die womöglich auf beiden Seiten vorhandenen Ängste etwas falsch zu machen, ohne die Bedürfnisse, den jüdischen Befragten, aber auch den nichtjüdischen Fragenden möglichst weit entgegen kommen zu wollen, nicht zu verstehen. Zugleich sind die Kontexte beider am Gespräch Mitwirkenden in Hinsicht auf Alter, Lebens- bzw. Verfolgungserfahrung, akademische Ausbildung, Familienstand, politische Position, religiöse Zugehörigkeit und Geschlecht derart unterschiedlich, dass es verwundert, wie häufig am Ende der Interviews eine gelungene Kooperation stand, die sich in Zufriedenheit auf beiden Seiten äußerte. Denn die hier vorgestellten Interviews stehen stellvertretend für viele, die von allen Beteiligten als positive Begegnungen wahrgenommen wurden. Die nach 1945 geborenen Interviewerinnen lernten interessante und auskunftsfreudige ältere jüdische Damen und Herren aus ihrem Herkunftsort, in diesem Fall Hamburg, kennen und erhielten mehr als nur die „Fakten", die sie für lokalhistorische Forschungen und Publikationen benötigten. Die jüdischen Interviewten, die mit Vorbehalten in die Heimat kamen, aus der sie vertrieben worden waren und dort mit jungen, unfreiwilligen Repräsentanten ihrer einstigen Heimat sprachen, waren erfreut und dankbar, dass die Jungen sich für sie interessierten. Die Gespräche ebneten den Weg für weitere Annäherungen und Verbindungen zwischen den Generationen. Sie unterstützten jüdische Emigranten auf dem Weg zurück an den Geburtsort und vielleicht sogar dabei, den Bruch von Verfolgung und Flucht zu überwinden. Für manche, wie für Frau Lohner, die Hamburg fortan häufig be-

---

41 Vgl. dazu Abrams, Lynn: Oral History Theory. London/New York 2010. S. 153–174, hier S. 174.

suchte, war dies ein Schritt auf dem Weg zur Zeitzeugin.[42] Nicht zuletzt füllten die Ergebnisse dieser Begegnungen die Schubladen von Oral-History- und Stadtteilarchiven. Sie werden heute noch nachgefragt, ermöglichen historische Ausstellungen und Veröffentlichungen und prägen die gegenwärtige Erinnerungskultur. Sie sind trotz der nicht immer ganz geschickten Interviewführung, trotz der darin erkennbaren Ambivalenzen und Gegensätze der Ziele ein erstaunlich erfolgreicher Teil der nichtjüdisch-jüdischen Beziehungsgeschichte der späten Bundesrepublik, waren sie doch ein Schritt auf dem Weg zu einer integrierten Geschichte des Holocaust.

---

42 Ihre Aussagen wurden von Hamburger Jugendlichen zu einer mehrfach preisgekrönten Reportage verarbeitet und ihre Lebensgeschichte in mehrteiligen Zeitungsreportagen aufgegriffen.

David Ranan
Die Schatten der Vergangenheit sind noch lang. Zur Rolle der Juden in Deutschland

Im Jahr 1980 verlieh der Zentralrat der Juden in Deutschland dem israelischen Publizisten Robert Weltsch den Leo-Baeck-Preis. 34 Jahre vorher, im Mai 1946, notierte der damals in Palästina lebende Weltsch nach einem Deutschlandbesuch:

> Wir können nicht annehmen, dass es Juden gibt, die sich nach Deutschland hingezogen fühlen. Hier riecht es nach Leichen, nach Gaskammern und nach Folterzellen. Aber tatsächlich leben heute noch ein paar tausend Juden in Deutschland [...] Dieser Rest jüdischer Siedlungen soll so schnell wie möglich liquidiert werden.[1]

Robert Weltsch stand mit seiner Betrachtung nicht allein: Ebenfalls im Mai 1946 schrieb Hannah Arendt an Gertrud Jaspers: „Wie man es aber aushält, dort als Jude zu leben in einer Umwelt, die über ‚unser' Problem, und das sind ja heute unsere Toten, nicht einmal zu sprechen geruht, weiß ich auch nicht."[2] Und 1949 schrieb der Religionswissenschaftler Gershom Scholem aus Jerusalem an seinen Kollegen Hans-Joachim Schoeps, der bereits 1946 aus dem schwedischen Exil nach Deutschland zurückkehrte: „Ich staune, dass Sie in dieser Luft atmen können."[3] Dass Juden nach dem Holocaust wieder in Deutschland lebten, wurde sogar in einer Debatte im israelischen Parlament diskutiert, in der unter anderem die Ansicht geäußert wurde, dieser Umstand führe zu einer „Entwertung und Schwächung des Ehrgefühls" des jüdischen Volkes. Sogar in der liberalen Zeitung *Haaretz* verlangte 1949 der Chefredakteur, das automatische Einwanderungsrecht nach Israel, das jedem Juden auf der Welt zusteht, den in Deutschland lebenden Juden abzuerkennen.[4]

---

[1] Weltsch, Robert; Judenbetreuung in Bayern. In: Mitteilungsblatt 19, Tel Aviv 1946, zitiert bei Lorenz, Ina: Gehen oder Bleiben. Hamburg 2002.
[2] Arendt, Hannah: Brief an Gertrud Jaspers vom 30.5.1946. In: Hannah Arendt und Karl Jaspers Briefwechsel 1926–1969. München 1993. S. 77.
[3] Scholem, Gershom: Briefe II. München 1995, zitiert in: Boll, Monika u. Raphael Gross (Hrsg.): „Ich staune, dass Sie in dieser Luft atmen können." Jüdische Intellektuelle in Deutschland nach 1945. Frankfurt/Main 2013. S. 9.
[4] Kauders, Anthony: Unmögliche Heimat. Eine deutsch-jüdische Geschichte der Bundesrepublik. München 2007. S. 47.

Der Pariastatus der in Deutschland lebenden Juden darf nicht unterschätzt werden. So forderte in seiner ersten Nachkriegstagung 1948 in Montreux der Jüdische Weltkongress, Juden sollten sich nie wieder „auf der blutgetränkten Erde Deutschlands" ansiedeln.[5] 1960, also fünfzehn Jahre nach Kriegsende, beklagte der damalige Generalsekretär des Zentralrats der Juden in Deutschland Hendrik George van Dam in seiner Rede zum zehnjährigen Bestehen des Zentralrats „die starken Kräfte einer jüdischen Weltmeinung, die auf völlige Liquidierung der jüdischen Gemeinden Deutschlands durch Auswanderung drängte".[6] Und drei Jahre später wurde zum wiederholten Mal der Mitgliedsantrag des Bundesverbands Jüdischer Studenten in Deutschland von der World Union of Jewish Students (WUJS) abgelehnt.

Nichtdestotrotz blieben von den insgesamt ca. 250 000 DPs ca. 15 000 in Deutschland leben, die sich zu den in Nazi-Deutschland untergetauchten Juden hinzugesellten. Bis 1952 zogen weitere 5000 deutsche Juden zurück nach Deutschland und in den fünfziger, sechziger und siebziger Jahren kamen jüdische Immigranten aus Osteuropa hinzu. Dennoch schrumpften die jüdischen Gemeinden in Deutschland immer mehr: Ende 1989 lag die Zahl ihrer Mitglieder unter 28 000, in der DDR bei knapp 500. Das war der kümmerliche Rest: einige Mitglieder der ersten Generation, Holocaustüberlebende, deren Kinder und Kindeskinder.

Für eine Studie interviewte ich 50 junge Juden, deren Großeltern vom Holocaust betroffen waren und die sich sofort oder kurz nach dem Krieg in Deutschland angesiedelt habe. Unter den Enkeln der Überlebenden gibt es sowohl kleine Kinder wie auch über Vierzigjährige. Die Gespräche wurden mit Achtzehnjährigen und älteren Personen gehalten; die Kontakte zu den Gesprächspartnern wurden über jüdische Gemeinden, Studentenverbände und persönliche Beziehungen hergestellt. Um so offen wie möglich reden zu können, wurde vereinbart, das in der Studie veröffentlichte Material zu anonymisieren.

Es ging in diesen Interviews vor allem um vier Hauptthemen:

Wie viel weiß diese Generation über die Geschichte ihrer Großeltern, deren Leiden, ihre Anfänge in Deutschland und ihre Gedanken über das „In-Deutschland-Bleiben"? Haben sie – wenn sie die Großeltern noch kannten – mit ihnen über den Holocaust und ihre persönliche Leidensgeschichte geredet?

Die erste Generation in Deutschland wurde nie ein Teil der deutschen Gesellschaft und auch ihre Kinder sprachen noch immer von den „gepackten Kof-

---

5 Brenner, Michael: Geschichte der Juden in Deutschland. 1945 bis zur Gegenwart. München 2012. S. 10.
6 Boll, Monika: Max Horkheimers zweite Karriere. In: Boll u. Gross: „Ich staune...". S. 367.

fern", auf denen sie in Deutschland säßen. Mit dieser Redewendung wurden nicht nur die Ängste vor einer Wiederholung der Gefahr für Juden in Deutschland angedeutet, sondern sie sollte auch signalisieren, man sei sich bewusst, dass es falsch sei, in Deutschland zu leben; es handle sich vielmehr um einen temporären Aufenthalt.[7] Irgendwann behauptete dann die zweite Generation, genauer gesagt einige Repräsentanten der zweiten Generation, die Koffer seien nun ausgepackt. Wird in der dritten Generation noch immer über gepackte Koffer geredet? Existieren noch immer Schuldgefühle, weil man in Deutschland lebt? Oder hat sich die Einstellung der Juden in Deutschland zu „ihrem" Land normalisiert? Sind die Anführungszeichen überhaupt am Platz? Fühlt sich die dritte Generation mittlerweile in Deutschland zuhause?

Die dritte Frage schließ sich komplementär an die zweite an: Was für eine Rolle spielt der Staat Israel in ihrem Leben? Hat das Land, wie bei ihren Eltern und Großeltern, eine Art Heimatrolle eingenommen? Planen sie, früher oder später nach Israel auszuwandern? Fühlen sie sich für Israel verantwortlich? Fühlen sie sich für die deutsche Öffentlichkeit als Repräsentanten Israels? Sind sie aber auch bereit, Israel zu kritisieren?

Die meisten Juden in Deutschland definieren sich zwar über ihr Judentum, sind aber säkular. Sie lassen ihre Söhne beschneiden, gehen an den hohen Feiertagen, wie Rosh Hashana und Jom Kippur, in die Synagoge und essen kein Schweinefleisch, halten in der Regel aber nicht die strikten Kashrut-Gesetze ein und auch nicht den Schabbat. In vielen Fällen haben bereits die Großeltern, die zum größten Teil aus Osteuropa und in der Regel aus orthodoxen Familien stammen, nach den Holocausterfahrungen ihren religiösen Glauben verloren. Was bedeutet also für die Enkel-Generation das Jüdischsein?

Die Entscheidung von Juden, sich gleich nach 1945 oder in den ersten Jahren nach Kriegsende in Deutschland niederzulassen, war von Anfang an ein zentrales Thema in den jüdischen Gemeinden Deutschlands. Viele Jahre lang hatte man sich dafür geschämt. So erzählten etwa einige meiner Interviewpartner, man habe bei Besuchen in Israel oft verheimlicht, dass man in Deutschland lebe und stattdessen erzählt, man käme aus der Schweiz. Eine Gesprächspartnerin berichtet, was sie von ihrer Mutter hörte, die 1946 in einem DP Lager bei München geboren wurde:[8]

> Mir ist es nicht ganz klar, es hat was mit dem Selbstwertgefühl zu tun, es hat auch was damit zu tun, irgendwas zu rechtfertigen oder wegzuwischen, dass man jetzt in Deutschland sitzt.

---

[7] Vgl. Heenen-Wolff, Susann: Im Haus des Henkers. Gespräche in Deutschland. Frankfurt/Main 1992.
[8] Interview vom 15.3.2013.

> Das ist meine Analyse. Das hat mir niemand gesagt. Aber ich weiß von meiner Mutter zum Beispiel, dass, wenn sie als Jugendliche irgendwo hingefahren sind, das war sehr verbreitet in dieser Generation, dann hat man, wenn man im Ausland und besonders in Israel gefragt wurde, wo kommt ihr her, dann hat man gesagt, man kommt aus der Schweiz. Weil man sich geschämt hat zu sagen, dass man aus Deutschland kommt.

Ob diese Erinnerung auf den persönlichen Erfahrungen der Interviewpartnerin basierte oder eher einem kollektiven Gedächtnis entstammt ist unklar. Doch noch 2012 erzählte die ehemalige Präsidentin des Zentralrats der Juden in Deutschland Charlotte Knobloch, sie wäre beinahe ihr ganzes Leben der Kritik der restlichen jüdischen Welt ausgesetzt gewesen. „Seit sechs Jahrzehnten muss ich mich rechtfertigen, weil ich in Deutschland geblieben bin."[9]

Nachdem die erste Generation Deutschland als Domizil gewählt hatte, waren die meisten der Juden in Deutschland bemüht, ihre Loyalität gegenüber Israel, das ja stets bereit war, ihnen eine Heimat zu sein, auszudrücken. Ihre Repräsentanten entwickelten teilweise abstruse Ideen, um dem jüdischen Leben im Nachkriegsdeutschland einen Sinn zu geben, wie etwa die Behauptung, den jüdischen Gemeinden in Deutschland käme eine bedeutende Rolle im Aufbau der Beziehungen zwischen Israel und Deutschland zu. So versuchte Karl Marx, erster Herausgeber und Chefredakteur der *Allgemeinen Wochenzeitung der Juden in Deutschland*, der 1946 aus dem britischen Exil zurückkehrte, seine Leserschaft von der Aufgabe zu überzeugen, „Mittler zu sein zwischen den Deutschen [...] und den Juden in aller Welt, vor allem in Israel".[10] Doch weder die Israelis noch das vermeintliche Weltjudentum waren an dieser Vermittlerrolle interessiert und werden ihnen auch schwerlich diese merkwürdige Behauptung abgekauft haben.

Mit dieser eingebildeten Aufgabe wollten die damaligen jüdischen Funktionäre aber nicht nur die Schuldgefühle ihrer Gemeindemitglieder lindern, sondern sich auch bei der bundesrepublikanischen Politik anbiedern. Hofften sie mit ihrem Beteuern, nützlich für die deutsche Außenpolitik zu sein, sicherzugehen, gut behandelt zu werden? Schürten sie damit aber nicht ungewollt das antisemitische Vorurteil von Macht und Einfluss des „internationalen Judentums"?

Doch nicht nur mit den eigenen Leuten hatten die Juden in Deutschland es schwer. Mochten die Deutschen sie überhaupt wieder unter sich wissen? Die vielen Nazis, die ja nicht am 8. Mai 1945 plötzlich allesamt verschwunden waren, werden wohl auch nicht von heute auf morgen ihre Weltanschauung geändert haben. Und die, die keine Nazis waren, hatten vermutlich keine große Lust, den sie anklagenden, aus den KZs befreiten Juden auf der Straße zu begegnen. Der tief

---

9 Knobloch, Charlotte: Wollt ihr uns Juden noch? In: Süddeutsche Zeitung. 25.9.2012.
10 Kauders: Unmögliche Heimat. S. 85.

liegende Antisemitismus war auch nach dem Holocaust nicht aus den Köpfen vieler Deutscher gelöscht. Der verlorene Krieg, die totale Zerstörung des Landes, die gefallenen Väter, Ehemänner und Söhne – all das hat bei den meisten Deutschen nicht automatisch eine große „Judenliebe" entfacht.[11]

John McCloy, US-amerikanischer Hoher Kommissar für Deutschland,[12] sagte im Juli 1949 in einer Konferenz in Heidelberg:[13] „What this community will be, how it forms itself, how it becomes a part and how it merges with the new Germany, will, I believe, be watched very closely and very carefully by the entire world. It will, in my judgement, be one of the real touchstones and the test of Germany's progress towards the light." Das waren prägnante und prägende Worte, und diese Rolle, wie Kanarienvögel im Bergwerk als Sauerstoffdetektoren zu dienen, wurde mehrere Jahre von der Führung der jüdischen Gemeinde als wichtige Aufgabe bezeichnet. Nicht nur eine passive Rolle, sondern auch aktive „Pionierarbeit, die dem Ziel der Menschlichkeit untergeordnet ist", wurde, laut Heinz Galinski, dem ehemaligen Präsidenten des Zentralrats der Juden, von den Juden im Nachkriegsdeutschland geleistet. 1966 erklärte Galinski: „Viele Persönlichkeiten in den verschiedensten jüdischen Gemeinden und Institutionen haben ihre Aufgabe darin gesehen, ihren Teil dazu beizutragen, dass das neue Deutschland den demokratischen Weg einschlägt und auf ihm bleibt."[14] Dazu wird mit dieser behaupteten Rolle, eine Parallele zwischen den in Deutschland lebenden Juden und ihren Glaubensgeschwistern in Israel suggeriert: Sie leisten in Deutschland Pionierarbeit genauso, wie die in Israel Lebenden es in Israel tun.

Auch nachdem die „Kanarienvogel-Periode" beendet war, blieb das Konzept, Deutschland benötige jüdisches Leben, erhalten. Wobei das jüdische Leben in Deutschland nicht aufblühte, sondern eher im Gegenteil am Aussterben war, bevor die Kontingentflüchtlinge wie ein Deus ex Machina einwanderten. Für

---

11 Vgl. Bergmann, Werner: „Wir haben sie nicht gerufen." In: von der Lühe, Irmela et al. (Hrsg.): „Auch in Deutschland waren wir nicht wirklich zu Hause." Jüdische Remigration nach 1945. Göttingen 2008.
12 McCloy lehnte 1944, in seiner Rolle als Staatssekretär des US Kriegsministers, das Bittgesuch des War Refugee Boards, die Gaskammern in Auschwitz zu bombardieren, ab. Das War Refugee Board war eine 1944 gegründete US-amerikanische Regierungsstelle, die insbesondere jüdischen Flüchtlingen helfen sollte. Präsident Roosevelt erklärte, „it was urgent that action be taken at once to forestall the plan of the Nazis to exterminate all the Jews and other persecuted minorities in Europe".
13 Zitiert in Brenner, Michael: In the Shadow of the Holocaust: The Changing Image of German Jewry after 1945. Ina Levine Lecture. Washington 2008. www.ushmm.org/m/pdfs/Publication_OP_2010 - 08.pdf, Zugriff: 19.10.2016.
14 Kauders: Unmögliche Heimat. S. 96.

Bundeskanzler Helmut Kohl, der das sogenannte Kontingentabkommen,[15] das die Einwanderung von rund 220 000 Menschen ermöglichte, mit Heinz Galinski abgeschlossen hatte, waren diese sowjetischen Juden, die in Deutschland leben wollten, ein Symbol dafür, dass Deutschland für Juden wieder lebenswert war.

Das jüdische Leben in Deutschland wird immer wieder thematisiert, wie etwa am 9. November 2011, als anlässlich der Einweihungsfeier einer neuen Synagoge in Speyer der damalige Bundespräsident Christian Wulff erklärte: „Wir sind froh und dankbar dafür, dass es jüdisches Leben in Deutschland gibt. Dass Gemeinden lebendig sind, dass sie wachsen und gedeihen. Wir freuen uns darüber, dass neue Synagogen gebaut werden, dass in diesen Synagogen gebetet wird und das Gotteslob erklingt."[16] Und nach den antisemitischen Ausschreitungen im Rahmen der anti-israelischen Demonstrationen während des Gaza Kriegs im Sommer 2014 hob der damalige Außenminister Frank-Walter Steinmeier hervor: „Wir sind dankbar, dass nach der Shoah wieder so viele Juden hier leben wollen. Das ist keineswegs selbstverständlich."[17]

Auch von jüdischer Seite werden die nichtjüdischen Deutschen immer wieder an die Besonderheit des jüdischen Lebens in Deutschland erinnert, wie etwa zur Zeit der Beschneidungsdebatte, als der damalige Präsident des Zentralrats Dieter Graumann in einem Interview äußerte: „Ein schöneres Kompliment kann man Deutschland doch gar nicht machen, als dass so viele jüdische Menschen ihre Zukunft wieder diesem Land anvertrauen."[18] In Anbetracht dieser Denkweise sollten sich sowohl die deutsche Politik wie auch die Führung des Zentralrats der Juden nach dem Zweck dieser und ähnlicher Statements fragen und ob so die Normalisierung gefördert oder nicht vielleicht eher zum Gegenteil führe.

Eine klare, wenn auch befremdliche Ausführung, dass Juden in Deutschland eine Rolle erfüllen sollten, findet sich in einem Interview mit Rachel Salamander, einer deutschen Jüdin der zweiten Generation, die in einem DP-Lager bei Mün-

---

15 Das Abkommen, das eine Einwanderung von 220 000 Juden aus der ehemaligen Sowjetunion ermöglichte, ist durch die Hintertür der eigentlich schon toten DDR geglückt. Der DDR-Ministerrat beschloss im Juli 1990, Juden unbürokratisch aufzunehmen. Das nachfolgende Abkommen mit der Bundesrepublik war nicht leicht durchzusetzen, da das raison-d'être, die Rechtfertigung, Juden, die in der Sowjetunion verfolgt werden aufzunehmen, nach dem Fall der UdSSR nicht mehr existierte.
16 Bundespräsidialamt: Bundespräsident Christian Wulff bei der Einweihung der neuen Synagoge in Speyer am 9. November 2011in Speyer. www.bundespraesident.de/SharedDocs/Reden/DE/Christian-Wulff/Reden/2011/11/111109-Synagoge-Speyer.html, Zugriff: 19.10.2016.
17 Steinmeier, Frank-Walter, Gemeinsame Sache. In: Jüdische Allgemeine, 31.07.2014. www.juedische-allgemeine.de/article/view/id/19857, Zugriff: 19.05.2016.
18 Interview mit Dieter Graumann, „Beschneidung muss legal bleiben." In: Rheinische Post, 14.07.2012.

chen geboren und aufgewachsen war und die vor einigen Jahren zum sich veränderten deutsch-jüdischen Verhältnis und die Frage „wie bewahrt man diese Geschichte?" erläuterte:

> Jede Generation seit Kriegsende hat eine gewisse Funktion erfüllt. [...] Von der Bundesregierung her waren die Juden natürlich sehr wichtig, um in die Völkergemeinschaft aufgenommen zu werden. Der Umgang mit den Juden hat nach außen gezeigt, wie demokratisch Deutschland geworden ist. Meine Generation hat eine andere Funktion gehabt: Wir haben wirklich diesen Prozess der Aufarbeitung vorangetrieben. Wir haben ja ewig die Köpfe eingeschlagen und haben uns den Mund wundgeredet. Und jetzt geht es in eine andere Phase: Wir haben die Funktion der Aufarbeitung erfüllt, und wenn die Zeitzeugen verschwinden, wird es noch mal stiller werden. Und jetzt ist es an der Zeit zu fragen, wie wichtig sind die Juden für Deutschland heute noch? Und ich sehe da eher, dass wir da so langsam in eine defensive Position rutschen. Hat vielleicht was mit Normalität zu tun, aber ich sehe noch nicht, wohin es dann geht. Was soll da geschehen? Das Judentum, das jetzt kommt, ist ja nicht das Judentum, das wir waren. Einstiges deutsches Judentum gibt es nicht. Wir, die ja auch von ganz woanders kommen nach dem Zweiten Weltkrieg, sind wieder ein Judentum, das hier Fuß gefasst hat. Und jetzt, durch die Einwanderung der Juden aus den ehemaligen Sowjetstaaten, ist wieder ein völlig neues Judentum entstanden. Die meisten russischen Juden kommen nicht aus dem Holocaust-Hintergrund, haben damit ein anderes Gedächtnis, sollen aber in Zukunft das Gedenken daran bewahren.[19]

Den Prozess der Aufarbeitung des Holocaust vorangetrieben und sogar erfüllt zu haben – auch wieder als „Funktion" der zweiten Generation der Juden in Deutschland – könnte durchaus Thema einer kritischen Studie werden. Bemerkenswert ist auch die Sorge Salamanders, wie es weitergehen werde mit den russischen Juden, mit dem „neu entstandenen Judentum", das zwar nicht den „Holocaust-Hintergrund" habe, aber doch in Zukunft die Aufgabe übernehmen solle, das Gedenken an den Holocaust zu bewahren. Für sie scheint es selbstverständlich, dass die in Deutschland lebenden Juden eine besondere Rolle im Bewahren des Gedenkens an den Holocaust bekleiden. Sie meint, noch nicht einmal erklären zu müssen, weshalb und in wessen Namen diese Rolle erfüllt werden solle. Sollen sie etwa damit das gesamte jüdische Volk repräsentieren?

Interessanterweise meinten einige meiner Interviewpartner und Interviewpartnerinnen, dass manche Juden das Instrument, sich über Antisemitismus beschweren zu können, nicht aus der Hand geben wollten:

> Die Nichtjuden in Deutschland haben große Angst davor, sehr schnell als Antisemiten abgestempelt zu werden, wenn etwas mit Juden zu tun hat, deswegen wird „Jude" oder „jü-

---

[19] München TV, Menschen in München – Dr. Rachel Salamander im Gespräch mit Jörg van Hooven, www.youtube.com/watch?v=0fwpBWt3NvM, Zugriff: 19.10.2016.

disch" ungern ausgesprochen. Ich glaube, in der jüdischen Gemeinschaft hat man das sehr oft ausgenutzt. Ich glaube, dass die jüdische Gemeinschaft sehr viel Lobbyarbeit machen wollte und unterschwellig mit solchen Sachen gedroht hat. Man hat es halt ausgenutzt, okay, wir ziehen so viel raus wie wir können, das Schuldgefühl ist nur noch jetzt da, allzu lange nicht mehr. Das ist genau die gleiche Politik, die Israel betreibt, das ist sicherlich auch eine Sache, warum man in Deutschland vorsichtig ist. Ich glaube, dass Israel die Politik gegenüber Deutschland, dieses Schuldgefühl, den Antisemitismusvorwurf immer sehr gut ausgenutzt hat. Die Leute haben einerseits berechtigt, andererseits nicht berechtigt Angst, schnell den Antisemitismus vorgeworfen zu bekommen.[20]

Doch vor Antisemitismus in Deutschland zu mahnen und diesen zu bekämpfen sollte ja eigentlich ein Anliegen der gesamten deutschen Gesellschaft sein. Das wird auch, so meine ich, sehr ernst genommen, sowohl von der deutschen Politik wie auch von der Zivilgesellschaft: Es bleibt dennoch ein selbstverständliches Anliegen der Jüdischen Gemeinde in Deutschland. Deutschland und seine Juden erhalten in dieser Aufgabe Beistand vom American Jewish Committee (AJC), eine von amerikanischen Juden finanzierten Organisation, die seit 1998 auch in Deutschland ein Büro unterhält. Das AJC erklärt, seine Gewichtigkeit, Bedeutsamkeit und seinen Einfluss bei wichtigen Themen wie Antisemitismus, Demokratisierung, Toleranz und „jüdische Sicherheit" zu nutzen.[21] Damit meint das AJC wohl, diese angebliche Rolle der Juden in Deutschland, Demokratie im Land zu sichern, am Leben zu erhalten. Wie angemessen dieses Einmischen in Fragen zu Toleranz, Demokratisierung und Antisemitismus von einer ausländischen Lobby im demokratischen Deutschland des 21. Jahrhunderts ist, ist eine Frage, die sich sowohl die Juden in Deutschland als auch die deutsche Politik stellen sollten.

„Auf gepackten Koffern" sitzen die Juden in Deutschland nicht mehr und sind wohl auch nicht mehr so erpicht darauf, ihre Kinder nach Israel auswandern zu sehen. Vielmehr ist man bemüht, ein lebendiges Judentum in Deutschland aufzubauen und zu erhalten. Der Sinn und Zweck der Zionistischen Jugend Deutschlands (ZJD) etwa – die einst gegründet war, um jüdische Kinder aus Deutschland zur Auswanderung nach Israel zu animieren –, hat sich laut der Schilderungen meiner Interviewpartner geändert. So formuliert es ein 30-jähriger Frankfurter:

> Ich glaube, für jeden, der da [in die ZJD, DR] reingeht, war es in dem Alter eine realistische Möglichkeit oder ein Traum oder ein Wunschdenken zu sagen: Ich will auch in Israel leben.

---

20 Ranan, Die Schatten der Vergangenheit, S. 199.
21 Peck, Jeffrey M.: A Continuous Tradition of Dialogue and Tolerance: AJC in Germany. The American Jewish Committee. www.ajcgermany.org/atf/cf/{46AEE739-55DC-4914-959A-D5BC4 A990F8D}/AJCinGermanyweb.pdf, Zugriff: 20.10.2016.

> Das schon. Gleichzeitig waren wir hier sehr glücklich oder sind es auch immer noch, dass wir nicht, dass ich mich nie danach gefühlt habe, darauf hin zu arbeiten oder mich so zu entwickeln, dass ich irgendwann nach Israel ziehe.[22]

Das bereits erwähnte Thema der Identifikation mit Israel ist komplex. Die Beziehung zwischen den Juden in Deutschland und Israel begann als eines zwischen einer schwachen und schambelasteten Post-Holocaust-Gemeinde, die von einem zwar nicht sehr starken, aber dennoch stolzen Israel verachtet wurde. Die Generation der Großeltern wäre von ihren Schuldgefühlen sogar getrieben geworden, in Israel zu investieren, erklärt einer meiner Interviewpartner:

> Es ist kein Zufall, dass so viel prime real estate in Israel deutschen Juden gehört. Nicht nur wegen der zweiten Heimat, die man notfalls noch mal benötigt, sondern auch einfach wegen des schlechten Gewissens. Die Lust in den fünfziger, sechziger, siebziger, achtziger Jahren wirtschaftlich erfolgreich in Deutschland, in ein Dritte-Welt-Land mit Kriegsbedrohung sein Geld zu investieren? Ich glaube, das war ein hoher Grad an Selbstentschuldigung dafür, dass ich in Deutschland lebe und hier meine Kinder großziehe.[23]

Viel Erfolg hatte die Jüdische Gemeinde in Deutschland mit ihren Versuchen, die ihr entgegenschlagende Verachtung zu lindern, nicht. Israel hingegen nahm das Geld, das die in Deutschland lebenden Juden eifrig sammelten, gerne an und übte auch immer weiter Druck zur Erhöhung der Summen aus, zeigte aber nach wie vor kein Verständnis für jüdisches Leben in Deutschland.[24] Der spektakuläre Sieg im Sechs-Tage-Krieg änderte Israels Image. Nun konnten die Juden in Deutschland – wie auch in allen anderen Diaspora-Ländern – ihre Liebe zu Israel mit echtem Stolz füllen. In den ersten Jahren nach dem Krieg profitierten die Juden in der Diaspora von Israels militärischer Leistung und auch die Juden in Deutschland sonnten sich gern im israelischen Erfolg. Doch mittlerweile hat sich das Image Israels um 180 Grad geändert und ist tief gesunken. Die Besatzung und besonders die Siedlungspolitik werden in der ganzen Welt als nicht legitim, als moralisch inakzeptabel und als eine Verletzung der Menschenrechte angeprangert.

Juden in der Diaspora haben sich stets und werden in der Regel, besonders in Deutschland, mit Israel identifiziert. In mehreren Gesprächen wurde deutlich, dass Juden in Deutschland die israelische Politik, oft sogar gegen ihre eigene Überzeugung, verteidigen. Somit übernehmen sie wieder eine Rolle, anstatt ganz

---

22 Ranan, Die Schatten der Vergangenheit, S. 245.
23 Ranan, Die Schatten der Vergangenheit, S. 224.
24 So erklärte noch 1996 Israels Staatspräsident Ezer Weizmann während seines Staatsbesuchs in Deutschland, er könne nicht verstehen, dass Juden nach den Verbrechen der Nazis weiterhin in deren Land lebten.

klar zu sagen, dass sie – als deutsche Staatsbürger – keine Ansprechpartner für Fragen zur Politik Israels seien. Fast alle meine Interviewpartner haben das Bedürfnis, Israel vor Kritik zu verteidigen, und das, obwohl sie keine Schuldgefühle mehr für ihr Leben in Deutschland verspüren. Dafür spricht beispielsweise die folgende Aussage einer jungen Frau:

> Ich bin aufgewachsen mit der Ideologie, Israel muss es geben. Wenn es Israel gegeben hätte vor 1933, vor 1938, dann wäre unsere Familie nicht ausgerottet worden. [...] Es ist komplex, ich bin Deutsche, ich fühle mich hier wohl, aber es ist das Land, das meine komplette Familie umgebracht hat. Diese zwei Punkte, die diese blinde, fast schon dumme Loyalität ausmachen, lassen meine Zunge nicht vor Anderen Israel kritisieren. Ich denke, ich muss Israel auch in Dingen verteidigen, die ich Zuhause unter Juden nicht verteidigen würde. Was die Israelis mit der Siedlungspolitik anrichten, das ist fürchterlich! Aber das kann ich doch einem Menschen nicht sagen, der nur darauf wartet, aus meinem Mund ein schlechtes Wort über Israel zu hören. Weil ich lebe schon in Deutschland, ich bin schon eine Deutsche, wahrscheinlich werden meine Kinder noch deutscher sein als ich. Da werde ich nicht Israel noch kritisieren. Ich bin doch nicht verrückt.[25]

Kritik dieser Art sieht einer meiner Interviewpartner sogar als Verrat an Israel und ist der Ansicht, nur wenige seiner Generation seien öffentliche Israelkritiker. Eine junge Jüdin drückt es so aus: „Wenn ich glaube, Israel tut da was Falsches, dann halte ich mich lieber zurück, ich sage ungern was Negatives über Israel. Ich finde, es gibt genug Leute, die gegen Israel sind, die Israel bekämpfen, ich muss sie nicht noch verstärken."[26] Doch mit Israel identifiziert zu werden und sich mit dem Land zu identifizieren – ein Gefühl, das in den Jahrzehnten zuvor im Interesse der deutschen Juden war – ist nun für Viele zu einer Aufgabe geworden.

Manchmal wird mit Israels Politik innerhalb der Jüdischen Gemeinde auch interne Politik betrieben. So schildert ein politisch aktiver junger Jude aus Berlin die Solidaritätskundgebung für Israel anlässlich einer Welle von palästinensischen Messerattacken in Israel:

> Schwere Zeiten erfordern klare Worte! Die Kundgebung war erneut richtig gut! Trotz Kälte und Regen sind viele gekommen, um mit Stimme und Gesicht für Israel und gegen Terror einzustehen! Vom Vorstand der Jüdischen Gemeinde wieder keine Spur – aber die scheren sich schon seit vier Jahren nicht um Israel und die Belange ihrer Mitglieder. [...] Ich schäme mich, dass ich als einziger Repräsentant der Jüdischen Gemeinde zu Berlin hier stehe und rede, während unser nichtsnutziger Vorsitzender die Fresse hält und Wahlwerbung für sich selber betreibt. Wir wollen leben, wir werden uns verteidigen. Lieber habe ich ein Israel, das jeder hasst, als ein Auschwitz, das jeder bedauert. Wir werden leben. Israel wird leben. Ich

---

25 Ranan, Die Schatten der Vergangenheit, S. 81.
26 Ranan, Die Schatten der Vergangenheit, S. 221.

sage hier aus Berlin in Deutschland nach Israel *Am Israel Chai* [hebr: Das Volk Israel lebt, DR].[27]

Mitglieder der dritten Generation sind bisweilen allerdings auch der Meinung, der Zentralrat solle nicht als Israellobby agieren. So formulierte es etwa einer meiner Interviewpartner, der sich ausdrücklich als Zionist definiert und auch eine Zeit lang in Israel gelebt hatte, der „Zentralrat sollte sich darauf konzentrieren, die Interessen der jüdischen Gemeinschaft hier ohne Israel zu repräsentieren".[28]

Die Einstellungen der Mehrheit der Juden, die heutzutage das Judentum in Deutschland ausmachen, also der Juden aus der ehemaligen Sowjetunion und ihrer in Deutschland geborenen Kinder, wurden im Rahmen dieser Studie nicht erkundet, doch stellt sich die Frage, ob vielleicht das „neue" Judentum Deutschlands hier leben kann, ohne eine Rolle anzunehmen oder zu glauben, es müsse eine Rolle erfüllen. Vielleicht können sie hier leben, ohne „für Deutschland wichtig zu sein", ohne als Sprecher für Israel zu agieren und betrachtet zu werden. Innerhalb der immer größeren Vielfältigkeit der deutschen Gesellschaft wäre ein rollenfreies Leben der Juden in Deutschland genau der Beweis für die so lange herbeigesehnte Normalisierung.

---

27 Persönliche Überlieferung.
28 Ranan, Die Schatten der Vergangenheit, S. 203.

Verzeichnis der Autorinnen und Autoren

LINDE APEL, Dr. phil., leitet die Werkstatt der Erinnerung in der Forschungsstelle für Zeitgeschichte in Hamburg. Sie arbeitet schwerpunktmäßig zu den Themen Oral History, Geschichte des Holocaust sowie zur Zeitgeschichte der 1960er und 1970er Jahre.

FROUKJE DEMANT, Dr. phil., ist Senior Researcher am Nationalkomitee für den 4. und 5. Mai der Niederlande und Postdoktorandin am Deutschlandinstitut in Amsterdam. Ihre Promotion schloss sie 2015 an der Universität Amsterdam mit der Doktorarbeit „Distant Neighbours: Jews and non-Jews in the Shadow of the Holocaust" ab. In ihrer Arbeit beschäftigt sie sich mit dem Zusammenleben zwischen Juden und Nichtjuden in der deutsch-niederländischen Grenzregion von den 1920er bis in die 1950er Jahre.

STEFANIE FISCHER, Dr. phil., ist seit 2018 wissenschaftliche Mitarbeiterin am Zentrum für Antisemitismusforschung der Technischen Universität Berlin. Zuvor hatte sie die Michael Hauck Gastprofessur für interdisziplinäre Holocaust-Forschung an der Goethe-Universität Frankfurt am Main (2018) inne und war Guest Research Associate Professor und Adjunct Assistant Professor an der Universität Notre Dame, Indiana, USA (2016/2017). Sie beschäftigt sich in ihrer Forschung mit jüdischen Trauerpraktiken nach der Shoah und sowie mit dem Wechselverhältnis zwischen ökonomischem Vertrauen und antisemitischer Gewalt.

RAINER KAMPLING, Prof. Dr., ist seit 1992 Professor für Biblische Theologie/Neues Testament an der Freien Universität Berlin. Er ist Mitglied im Direktorium des Selma Stern Zentrums für Jüdische Studien Berlin-Brandenburg und dessen Verbundkoordinator.

JACK KUGELMASS, Prof. Dr., ist Professor für Anthropologie, Melton Legislative Professor und Direktor des Zentrums Jüdische Studien an der Universität Florida. Zuvor hatte er die Irving und Miriam Lowe Professur an der Arizona State Universität inne und war dort Direktor des Programms für Jüdische Studien. Er war außerdem Professor für Anthropologie und Direktor des Folklore Programms an der Universität Wisconsin, Madison.

DAVID JÜNGER, Dr. phil., ist seit September 2017 DAAD-Lecturer in Modern European History und Stellvertretender Direktor des Centre for German-Jewish Studies an der Universität Sussex in Brighton. Von 2012 bis 2017 war er wissenschaftlicher Mitarbeiter an der Freien Universität Berlin und am Selma Stern Zentrum für Jüdische Studien Berlin-Brandenburg. Zwischen 2007 und 2012 war er Promovend am Leibniz-Institut für jüdische Geschichte und Kultur – Simon Dubnow. In seinem Habilitationsprojekt beschäftigt er sich mit dem zionistischen Rabbiner Joachim Prinz (1902–1988).

ANNA JUNGE, M.A., ist seit Ende 2016 Doktorandin am Zentrum für Antisemitismusforschung der Technischen Universität Berlin. Sie arbeitet zu dem Thema Rückkehr jüdischer Überlebender 1945/1946 in ihre Herkunftsorte im hessischen Landkreis Marburg. Zuvor studierte sie Jura und im Masterstudiengang „Holocaust Communication and Tolerance" in Berlin.

MARKUS NESSELRODT, Dr. phil., ist seit 2017 wissenschaftlicher Mitarbeiter an der Europa-Universität Viadrina in Frankfurt (Oder). Zuvor studierte er Geschichts- und Kulturwissenschaften in Frankfurt an der Oder, Wroclaw und Warschau. 2017 promovierte er am Selma Stern Zentrum für Jüdische Studien Berlin-Brandenburg und an der Freien Universität Berlin.

LINA NIKOU, M.A., ist seit 2017 Postdoktorandin bei der Martin Buber Society of Fellows in the Humanities and Social Sciences an der Hebräischen Universität in Jerusalem. Sie wurde an der Universität Hamburg mit der Doktorarbeit „Einladungen in die alte Heimat. Besuchsprogramme deutscher Großstädte für ehemalige Verfolgte des Nationalsozialismus" promoviert.

STEFANIE MAHRER, Dr. phil., leitet seit Oktober 2018 das Projekt „Wissenschaft transnational. Die Schweiz und die akademischen Zwangsmigranten 1933 bis 1950" am Historischen Institut der Universität Bern. Sie promovierte 2011 am Zentrum für Jüdische Studien der Universität Basel, wo sie anschließend als Assistentin und wissenschaftliche Mitarbeiterin tätig war. Von 2013 bis 2016 war sie Postdoctoral Fellow am Minerva Rosenzweig Center an der Hebräischen Universität Jerusalem. Der vorliegende Beitrag ist ein Teilaspekt ihrer 2018 an der Universität Basel eingereichten Habilitationsschrift zur Biographie Salman Schockens.

DAVID RANAN, Dr. phil, ist seit 2015 Fellow am Zentrum für Antisemitismusforschung der Technischen Universität Berlin und seit 2018 Associate Research Fellow am Pears Institute for the Study of Antisemitism, Birkbeck University of London.

NATHANAEL RIEMER, Prof. Dr., studierte Jüdische Studien, Germanistik, Geschichte und Philosophie an den Universitäten Tübingen, Köln, Jerusalem, Potsdam und Tel Aviv. Seit 2013 hat er eine Juniorprofessur für Jüdische Studien mit dem Schwerpunkt Interreligiöse Begegnungen an der Universität Potsdam inne.

STEFANIE SCHÜLER-SPRINGORUM, Prof. Dr., ist Direktorin des Zentrums für Antisemitismusforschung an der Technischen Universität Berlin. Zu ihren Forschungsschwerpunkten gehören die deutsch-jüdische Geschichte, die Geschichte des Nationalsozialismus, spanische Geschichte sowie die Geschlechtergeschichte im 19. und 20. Jahrhundert.

ALEXANDRA TYROLF studierte Amerikanistik und Germanistik an der Universität Leipzig und war als wissenschaftliche Hilfskraft am Leibniz-Institut für jüdische Geschichte und Kultur – Simon Dubnow tätig. Von 2012 bis 2014 war sie Stipendiatin am Graduiertenkolleg „Geschlecht als Wissenskategorie" an der Humboldt-Universität zu Berlin. Sie beschäftigt sich in ihrer Forschung vor allem mit den besonderen Exilerfahrungen von Emigrantinnen jüdischer Herkunft.

IRMELA VON DER LÜHE, Professorin (a.D.) für Neuere Deutsche Literatur an der Freien Universität Berlin und (seit Oktober 2013) Senior Advisor am Selma Stern Zentrum für Jüdische Studien Berlin-Brandenburg. Ihre Forschungsschwerpunkte liegen im Bereich der deutsch-jüdischen Literatur-und Kulturgeschichte, der Literatur des Exils und der Shoah, der Literaturgeschichte weiblicher Autorschaft sowie der Thomas Mann-Familie.

Personenregister

Adorno, Theodor W. 61, 118, 159
Arendt, Hannah 1, 64f., 70f., 87, 133, 135, 137, 211
Arndt, Adolf 144

Berlinski, Shloyme 86f.
Böckel, Otto 16f.
Boder, David 51
Brandt, Willy 119, 124
Brecht, Bertold 118, 124, 136
Broder, Henryk M. 64, 131
Bruckstein, Almut 193
Buber, Martin 129

Celan, Paul 134

Dam, Hendrik George van 212
Davidson, Simon 85f., 88, 90–93
Davidson Pankowsky, Hanna 86, 88, 90f.
Diner, Dan 2f., 7, 26, 81f., 132, 159
Dischereit, Esther 132f.

Efros, Yisroel 37–39, 45

Feuchtwanger, Lion 117, 119f., 125, 128
Feuchtwanger, Marta 117, 119f., 122, 124–128
Fleischmann, Lea 131
Fonk, Wilhelm 96, 105, 107–109, 112–114
Freeden, Herbert 69
Friedheim, Wl. 77
Friedrich, Otto 68
Fuchs, Konrad 99

Gaebelein, Arno C. 172
Ginsburg, Bernard L. 85f.
Goldmann, Moschwa 102
Graumann, Dieter 216
Grinberg, Zalmen 44
Gross, Siggi 142
Grossmann, Kurt 63, 72–74, 144
Grüber, Heinrich 70

Gründgens, Gustaf 135–139
Gurwic, Bella 89f.

Harshav, Benjamin 90
Herz, Hanns-Peter 142

Jaspers, Gertrud 211
Jaspers, Karl 135, 211

Kaus, Gina 117–128
Klüger, Ruth 131, 174
Kolmar, Gertrud 131
Kortner, Fritz 135–139

Lang, Leon S. 66f., 72f.
Lasker-Schüler, Else 131
Leivick, H. 37f., 45f.
Leon, Perry 87f.
Liebhaber, Marek 77
Lipschitz, Joachim 144

Mann, Heinrich 118
Mann, Klaus 136, 139
Marx, Karl (Herausgeber der Allgemeinen Jüdischen Wochenzeitung) 136, 214
McCloy, John 215
McFadyean, Andrew 105
Mendelsohn, Erich 109
Mertz, Peter 131
Moses, Siegfried 100, 105

Pat, Jacob 43
Perlov, Yitskhok 87
Posener, Julius 92
Preuss, Richard 70
Prinz, Joachim 67f., 70, 72–74
Pülz, Klaus Mosche 167, 175, 177, 179–182, 185f., 189f.

Rabinowitz, Joseph 172
Richter, Hans Werner 134
Rome, Herzl 113

Sachs, Nelly   7, 129 f., 132 f., 135, 137
Sadan, Zwi   182 f., 188 f., 191
Salamander, Rachel   216 f.
Samet, Shimon   33–35
Schaver, Emma   37 f., 44, 47
Schechtman, Joseph   35
Schneider, Aviel   175, 178, 182, 189
Schneider, Ludwig   167, 175 f., 178 f., 182, 187 f.
Schocken, Salman   95–97, 99–103, 105–111, 113–115
Schocken, Simon   95
Schoeps, Hans-Joachim   211
Scholem, Gershom   131, 193, 211
Schoyer, Adolf   68 f., 72 f.
Schütz, Klaus   144
Shneiderman, Sh. L.   33–35, 41, 46
Shoshkes, Hayyim   33, 36 f., 42, 44 f.
Spiegel, Paul   53, 57
Stauss, Emil Georg von   98
Steinitz, Hans   142
Sternberg, Fritz   99
Sternberger, Dolf   70
Streicher, Julius   104

Tiburtius, Joachim   144
Tietz, Alfred   70, 98
Tietz, Gerhard   98
Toch, Lilly   117, 120
Trotsky, Ilya   37–41, 43
Tsanin, Mordkhe   33 f.
Tytelman Wygodzki, Rachela   83 f.

Völckers, Johannes   150

Wangenheim, Gustav von   138 f.
Weber, Alfred   70
Weil, Bruno   70 f., 74 f.
Weinmann, Erich   175
Weltsch, Robert   72 f., 211
Wertheim, Georg   53, 56, 98, 111
Wertheim, Ursula   98, 195 f., 204
Wisten, Fritz   138 f.
Wohl, Samuel   32
Wolff, Charlotte   148 f., 151 f.
Wolff, Victoria   117, 119–127

Zarnowitz, Victor   92 f.

www.ingramcontent.com/pod-product-compliance
Lightning Source LLC
Chambersburg PA
CBHW031812220426
43662CB00007B/606